Laura True

EX·LIBRIS

BIRGIT B.

Susanne von Dietze

BALANCE
IN DER BEWEGUNG

DER SITZ DES REITERS

Für meine Mutter,
die meinen Blick
in die richtige
Richtung lenkte

Susanne von Dietze

BAL**A**NCE
IN DER BEWEGUNG

DER SITZ DES REITERS

Impressum

Autorin:
Susanne von Dietze, Mannheim

Bildnachweis:
Jean Christen, Mannheim

Titelgestaltung:
Rudolf Strecker, Sassenberg

Lektorat:
Isabelle von Neumann-Cosel-Nebe,
Ladenburg

Verlag:
© 1993 FN-Verlag der Deutschen
Reiterlichen Vereinigung GmbH,
Warendorf
2. Auflage 1994

**Zeichnungen und grafische
Gesamtgestaltung:**
Rudolf Strecker, Sassenberg

Druck und Verarbeitung:
Hugo Matthaes Druck und Verlag, Stuttgart

ISBN 3-88542-258-1

Inhaltsverzeichnis

Vorwort

„Wer besser Reiten lernen möchte, muß den eigenen Körper kennen und verstehen, bevor er ihn beherrschen kann. Hier liegt der Schlüssel für das Geheimnis des reiterlichen Gefühls verborgen." Diese von der Autorin verfaßten Zeilen verdeutlichen den Anspruch des Buches.

Das Geheimnis des guten Sitzes liegt in der Verbindung von Sitz und Einwirkung. Ziel ist die harmonische äußere Form in Verbindung mit einer gefühlvollen, kaum sichtbaren Verständigung zwischen Reiter und Pferd. Die geschickte, fein abgestimmte und möglichst unaufwendige Verständigung des Reiters mit dem Pferd fassen wir unter dem Begriff „reiterliches Gefühl" zusammen. Es ist die Krönung aller reiterlichen Fertigkeiten.

Der Begriff „Gefühl" verweist zu Unrecht in einen für uns scheinbar unzugänglichen Bereich. Die Wissenschaft hat in den letzten Jahren jedoch bewiesen, daß Sinnesleistungen gelernt werden können und müssen. So ist das reiterliche Gefühl kein Geschenk, das ein „begnadeter" Reiter von Geburt an besitzt. Es wird durch die Gesamtheit sensibler Wahrnehmung und entsprechender Reaktionen allmählich ausgebildet. Ausbilder, die besonders sensibel sind, werden mit ihren Schülern besonders erfolgreich sein.

Mit den geschulten Augen einer Krankengymnastin und Amateurreitlehrerin betrachtet Susanne von Dietze in diesem Buch den „klassischen Sitz" des Reiters. Dabei vermittelt die Autorin dem Leser die überraschende, ja frappierende Einsicht, wie genial die in der traditionellen Reitlehre festgeschriebenen Anforderungen an den reiterlichen Sitz auf den menschlichen Körper zugeschnitten sind.

Die Autorin geht nie von einer statischen äußeren Idealform aus. Sie begreift das Zusammenspiel von Pferderücken und Reitergewicht in jedem Augenblick als Balance in der Bewegung. Sie appelliert eindringlich an die Verbesserung von Körperkenntnis, -wahrnehmung und -kontrolle. Die eigene Sensibilität soll geschult werden, damit sich das reiterliche Gefühl – unabhängig vom jeweiligen reiterlichen Niveau – ausprägen kann.

Das Buch ist eine Ergänzung zu den „Richtlinien für Reiten und Fahren", Band 1 und 2 sowie zur „Sportlehre · Lernen, Lehren und Trainieren im Pferdesport". Es sollte zur Pflichtlektüre für unsere Ausbilder und fortgeschrittenen Reiter werden.

Christoph Hess
Deutsche Reiterliche Vereinigung e.V.
Abteilung Sport – Referat Ausbildung

Susanne von Dietze

BALANCE
IN DER BEWEGUNG

DER SITZ DES REITERS

Noch ein Buch über Reiten?
Noch ein Buch über Reiten!

Dabei bin ich selbst der Überzeugung, daß es eigentlich genug Bücher über das Reiten gibt. Und zu allem Übel erscheint mir ein Buch als das denkbar schlechteste Medium, um sich dem Wesen des Reitens zu nähern. Ein Buch ist starre Theorie - Reiten aber lebt von Bewegung und Dynamik.

Die beim Sitz zu Pferde geforderte Balance ist ohne Bewegung undenkbar. Stellen Sie sich nur einen Fahrradfahrer vor, der vor einer roten Ampel durch Fahren im Zeitlupentempo versucht, die Balance auf dem Fahrrad zu halten. Sobald er steht, muß er, um sein Gleichgewicht zu retten, einen Fuß auf die Straße setzen. Balance ist immer nur in der Bewegung möglich.

Bewegung, besonders aber die Harmonie, ja sogar Schönheit einer Bewegung, hat mich schon früh fasziniert. Schon von weitem erkannte ich andere Menschen an ihren typischen Bewegungen, nicht am Gesicht. Die harmonische Übereinstimmung der Bewegungen von Pferd und Reiter waren in meiner eigenen Reitpraxis wichtigere Ziele als Turniererfolge. Mein Beruf lehrte mich schließlich, Bewegung zu analysieren und zu verstehen, denn als Krankengymnastin ist man Bewegungstherapeutin.

Bald erkannte ich, wie schwierig schon die selbstverständlichste Alltagsbewegung wird, wenn ein Muskel oder ein Gelenk aus irgendeinem Grund nicht funktioniert. Die Aufgabe einer Krankengymnastin ist es, einen Patienten individuell angepaßte, ökonomische Bewegungen zu lehren. Viele dieser Bewegungen geschehen unwillkürlich und unbewußt. Solches Bewegungsverhalten neu zu steuern, ist eine schwierige Herausforderung. Die Krankengymnastik orientiert sich immer an der gesunden Bewegung. Diese ist natürlich, funktionell und körperschonend. In meiner Ausbildung und während meiner beruflichen Erfahrungen wurde mein Blick für Bewegungen aller Art immer wieder neu geschult. So habe ich auch Reiten als

Bewegung begriffen und mich neu dafür interessiert, wie diese Bewegung funktioniert, und wie sie erlernt werden kann.

Mein eigenes Reitenlernen fand unter günstigsten Bedingungen statt. Ich wuchs in einer Reiterfamilie mit kleiner privater Zucht auf, saß auf dem Pferderücken, bevor ich laufen konnte. So hatte ich Vorteile gegenüber Problemen, die im Werdegang junger Reiter häufig auftreten: Ich lernte früh genug reiten, hatte ein gutes, abwechslungsreiches Pferdeangebot und wurde fachlich wie pädagogisch mit außerordentlich guter Hand angeleitet. Eigentlich hätte aus mir eine erfolgreiche Jugendreiterin werden können. Aber mit dem Beginn der Pubertät schoß ich extrem in die Länge und erreichte bald mein heutiges Gardemaß von 1,80 Meter. Damit kam der große Einbruch in meine Reiterei. Pferde, die vorher bei mir selbstverständlich am Zügel gingen, wurden plötzlich zu Giraffen; ich verlor mein selbstverständliches Gefühl auf dem Pferderücken, war unausbalanciert, bekam schnell Angst und flog dementsprechend häufig in den Sand. Der Geduld meiner Eltern und einiger besonderer Pferde und Ponys habe ich es zu verdanken, daß ich trotzdem bei der Reiterei geblieben bin.

Meine Mutter legte in der Ausbildung immer allergrößten Wert auf den korrekten Sitz. So lernte ich allmählich, mit meinen langen, schlaksigen Armen und Beinen wieder die Ruhe auf dem Pferd zu finden. Mit einer koordinativ feinen und dabei effektiven Einwirkung hatte ich allerdings noch sehr lange Probleme.

Im Verlauf meiner Ausbildung als Krankengymnastin wurde mein Reiten erstaunlicherweise um ein Vielfaches besser. Parallel zum besseren Verstehen der menschlichen Anatomie lernte ich meinen eigenen Körper besser kennen, konnte an meinen Bewegungs- und Haltungsschwächen arbeiten, sie kontrollieren und so besser reiten. Mit großer Faszination stellte ich fest, daß

sich die krankengymnastischen Grundlagen auch auf den reiterlichen Sitz übertragen lassen. Ich absolvierte eine Zusatzausbildung in Hippotherapie, der Behandlung von Patienten auf dem Pferd. Die Bewegung des Pferdes wird dabei genutzt, um natürliche, gesunde Bewegung zu schulen.

Meine eigene Reitausbildung führte mich nach der Amateurreitlehrerausbildung für einige Zeit als Bereiterin in einen Dressurstall. Der rege Gedankenaustausch mit Berufs- und Amateurausbildern, aber auch mein eigener Werdegang zeigten mir, wie wenig über das Problem des Reitenlernens gelehrt wird – ganz einfach deshalb, weil so wenig darüber gewußt wird.
Es herrscht allgemein eine riesige Diskrepanz zwischen dem Wissen über die Ausbildung eines Pferdes oder eines Reiters. Was das Pferd angeht, ist man sich weitgehend einig. Grundsätzliche Ausbildungsschritte sind in der Ausbildungsskala festgelegt. Konzepte, wie man ein Pferd muskulär auftrainiert oder falsche Bewegungsabläufe korrigiert, gibt es genug.
Für den Reiter allerdings wird immer nur das starre Idealbild des Könners herangezogen. Daran gemessen, können alle Abweichungen nur als Fehler registriert werden. Eine generell verbindliche Sequenzierung in kleine Lernschritte gibt es nicht. Selbst die „Gelehrten" streiten sich, ob zuerst mit oder ohne Bügel, Leichttraben oder Aussitzen, „Kopf hoch" oder „Absatz tief" gelehrt werden muß. Da mir die Wahl zwischen meinen beiden Berufen außerordentlich schwerfiel, verwirklichte ich sie schließlich beide: Ich arbeitete halbtags in einer Krankengymnastik-Praxis mit dem Schwerpunkt „Wirbelsäule" und verbrachte den Rest des Tages in einem Reiterverein. Ich unterrichtete dort Kinder und erwachsene Anfänger, behandelte Hippotherapie-Patienten und verlegte mich zunehmend auf Sitzschulung für fortgeschrittene Reiter.
Dabei knotete ich sozusagen zwei weit voneinander entfernt scheinende Enden

Es ist einfach verblüffend, wie anders die ganze Welt aussehen kann, wenn man sie „auf den Kopf" stellt.

meiner beiden Berufe zusammen und stellte fest: der Knoten hält!

Oft hilft es zu neuer Erkenntnis, bekannte Tatsachen von einer neuen Warte aus zu betrachten. Von einer ausgedehnten hippologischen Australien-Reise habe ich mir eine ganz besondere Weltkarte mitgebracht. Sie steht – aus unserer Sicht – auf dem Kopf und Australien liegt genau in der Mitte. Es ist einfach verblüffend, wie anders die ganze Welt aussehen kann, obwohl die Geographie nicht verfälscht wurde:

Genauso verblüffend ist es, wie sich manche Schwerpunkte verlagern, wenn man den Mut hat, Dinge „auf den Kopf zu stellen". So hatte ich eine Fülle alter / neuer Aha-Erlebnisse, als ich die Reiterei, die ich auf dem klassischen Weg ja selbst von kleinauf erlernt hatte, durch die Brille einer Krankengymnastin betrachtete. Manche Sachverhalte habe ich erst dadurch richtig verstanden.

Reiten ist ein ganzheitlicher, komplexer Sport, der in allen geforderten Bewegungen immer natürlich bleibt. Es werden keine unnatürlichen Verrenkungen verlangt. Ein gesundes, normales Bewegungsverhalten ist die beste Voraussetzung, gut Reiten zu lernen. Der Umkehrschluß gilt auch: Gutes Reiten hilft, gesunde, natürliche Bewegungen zu schulen. Eine wichtige Erkenntnis für die heutige bewegungsarme Zeit, in der Defizite im menschlichen Bewegungsverhalten an der Tagesordnung sind.

In diesem Buch möchte ich keine neue Reitlehre schreiben. Im Gegenteil – die gültige Reitlehre wird aus einem anderen Blickwinkel betrachtet. Deswegen folgen nun Exkurse in die Bewegungsentwicklung und in die Anatomie des Menschen.

Wer besser Reiten lernen möchte, muß den eigenen Körper kennen und verstehen, bevor er ihn beherrschen kann. Hier liegt der Schlüssel für das Geheimnis des reiterlichen Gefühls verborgen.

Kein Buch kann eine gute Ausbildung durch einen erfahrenen Ausbilder ersetzen. Aber ein guter Unterricht enthebt den Reiter keineswegs der Verpflichtung, sein eigenes Körpergefühl selbständig zu schulen und zu versuchen, eine bessere Kontrolle über den eigenen Körper zu erreichen. Im Gegenteil: Hier treffen sich die Intentionen einer zeitgemäßen Reitausbildung mit dem Anliegen dieses Buches.

1.

Bewegungslernen und Reitenlernen

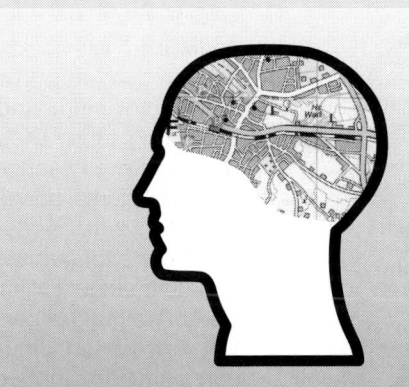

1.1 Bewegungslernen vom Kind, Jugendlichen und Erwachsenen

„Leben ist Bewegung!" Diesen Ausspruch einer bekannten Therapeutin sollte man sich in der heutigen bewegungsarmen Zeit immer wieder vor Augen halten. Wie aber definiert sich Bewegung, wie entsteht sie, wie wird sie erlernt und angewandt?

Das Bewegungsverhalten ist etwas ganz Individuelles. Jeder Mensch bewegt sich anders, hat seine eigenen für ihn typischen Bewegungen. Diese sind abhängig von Körperbau, Konstitution und der gesamten Persönlichkeit des betreffenden Menschen. Bewegung wird vom menschlichen Gehirn aus gesteuert. Bewegungsmuster – wie zum Beispiel Gehen, Stehen, Sitzen, Hüpfen können so im Gehirn gespeichert werden, daß sie bei Bedarf automatisch zu Verfügung stehen. Bis zur Geburt reifen im Gehirn Zellen, die sich durch Zellteilung immer weiter vermehren. Mit der Geburt hört die Zellteilung auf. Nun beginnt der Prozeß des Lernens. Einzelne Zellen werden miteinander über Synapsen verknüpft. Es entsteht ein regelrechtes Netz von Bahnen und Leitungen.

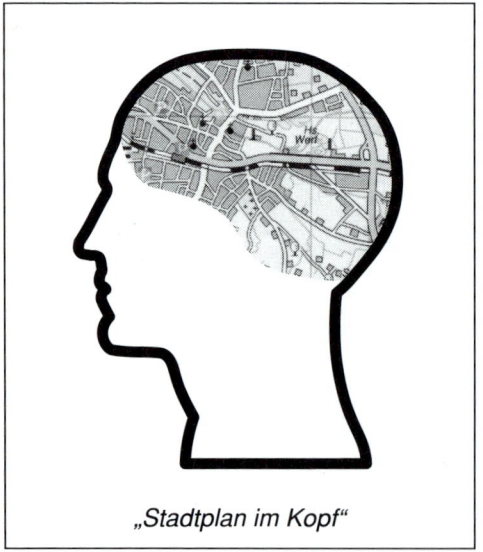

„Stadtplan im Kopf"

Solche Netze enthalten den individuellen Vorrat an Bewegungsmustern. Mit dem Beginn der Pubertät wird ein Hormon freigesetzt, welches das weitere Verknüpfen von Zellen unmöglich macht. Das bedeutet, neue Bahnen können dann nicht mehr angelegt werden. Deshalb ist die Kindheit für alle Bereiche des Lebens von so prägender Bedeutung.

Um diesen Prozeß ein wenig anschaulicher darzustellen, vergleiche ich das Gehirn gerne mit einem Stadtplan.

Zum Zeitpunkt der Geburt stehen im Kopf viele einzelne Häuser, und man beginnt Straßen zu bauen. Ein ganzes Verkehrsnetz entsteht. Wenn man beispielsweise von A nach B fährt, so baut man dabei gleich eine direkte Straße, auf der man dann immer diesen Weg fährt. So lernen Kinder spontan komplexe Bewegungsabläufe. Der Erwachsene muß in seiner Stadt im Kopf zunächst suchen, ob es eine direkte Straße von A nach B gibt. Wenn nicht, so kann er B vielleicht über C erreichen.

Ein Erwachsener setzt folglich eine neue Bewegung aus bereits vorhandenen Bewegungselementen zusammen und greift auf bekannte Bewegungen zurück. Er kann in seiner Stadt keine neuen Straßen mehr bauen. Dabei ist er davon abhängig, wie gut sein Verkehrsnetz im Kopf ausgebaut ist und wie gut er sich darin auskennt – denn es kommt durchaus vor, daß direkte Wege verschüttet sind, und man eine unnötige Umleitung fährt. Dieses Bild erklärt auch, warum ein Erwachsener eine Bewegung vielleicht einmal ausgeführt hat, aber diesen Weg nicht zum zweiten Mal finden kann. Ein über Umleitungen gefundener Weg muß gebahnt, eingeschliffen werden, damit man die Abzweigungen nachher „im Schlaf" findet. Der Erwachsene muß daher neue Bewegungsabläufe einüben und trainieren.

Die Leitung der Nervenbahnen im Gehirn ist unvorstellbar schnell. So kann auch eine Umwegebahn fast ohne Zeitverlust benutzt werden. Im Hochleistungssport jedoch haben

die meisten Sportler ihre Disziplin schon im frühen Kindesalter erlernt, und die wenigen Spitzensportler, die erst später angefangen haben, konnten als Kinder eine Vielzahl von Bewegungserfahrungen sammeln.
Straßen im Gehirn, die nicht benutzt werden, können defekt, verschüttet und reparaturbedürftig werden. Je weniger man als Erwachsener seine Bewegungsvielfalt trainiert, desto mehr geht verschütt. Dies äußert sich in Haltungsproblemen und einer Dysbalance des gesamten Bewegungsverhaltens, unserer Zivilisationskrankheit. Verschüttete Bahnen frei zu räumen und wieder zu neuem Leben zu erwecken, ist eine mühsame, kraft- und zeitraubende Arbeit.

Wenn Sie nun nicht als Kind mit dem Reiten angefangen haben, so klappen Sie bitte das Buch jetzt nicht zu, und betrachten sich nicht als hoffnungslosen Fall. Gerade das Reiten ist eine Sportart, die auf einer Vielzahl bekannter Bewegungsmuster aufbaut. So wird im therapeutischen Reiten der Schritt des Pferdes genutzt, weil der Pferderücken auf den Rumpf des Reiters das normale Gangbild überträgt. Das Reiten hat mit dem Gehen sehr vieles gemeinsam. Die Bewegungen und geforderten Reaktionen im Rumpf sind häufig nahezu identisch. Dies ist mit ein Grund für den hohen gesundheitlichen Wert des Reitens. Und man kann auch als „Seiteneinsteiger" mit späteren Jahren ein guter Reiter werden!

Bewegung ist der Ausdruck der ganzen Persönlichkeit eines Menschen. Der „innere" Mensch beeinflußt die Qualität der Bewegung entscheidend. Wenn es einem gut geht, wird man sich ganz anders halten und bewegen als in einem seelischen Tief. Aufrichtung, ein gerader und freier Gang ist immer ein Zeichen von innerer Sicherheit und Ausgeglichenheit. Wer in sich zusammensackt, versteckt nicht nur den Kopf zwischen den Schultern, sondern auch seine ganze Persönlichkeit vor der Umwelt.
Feinde des Bewegungslernens sind Angst,

Streß, Monotonie, Chaos, kräftemäßige und koordinative Überforderung. Angst blockiert Bewegungsabläufe. Wer Angst bekommt, weicht in Schutzreflexe wie Klemmen, Hochreißen der Hände, Beugemuster im Rumpf (im Extremfall bis zur embryonalen Kauerhaltung) aus. Streß dagegen erzeugt nur Automatismen. Unter Streß kann man nur noch automatisch reagieren, aber eine adäquate Feinabstimmung auf die aktuelle Situation ist nicht mehr möglich. So kann man beim Reiten unter Streß nicht mehr auf die akuten Forderungen des Augenblicks reagieren, und schon gar nicht neue Bewegungserfahrungen ausprobieren. Ein gestreßter Reiter wird beispielsweise eine ganze Parade immer nur nach „Schema F" absolvieren, ohne sich auf die subtile Botschaft des Pferdes für die nötige Dosierung und Abstimmung der Hilfen einstellen zu können.
Monotonie, erstarrte Routine, sture Wiederholung, pure Langeweile schließlich machen Fortschritte unmöglich, denn Lernen ist untrennbar mit der Lust auf neues Erleben verknüpft. Das krasse und ebenso unfruchtbare Gegenteil ist das Chaos, in dem zwischen Neuem und Vertrautem gar nicht mehr unterschieden werden kann. Das wirklich gute Lernen bewegt sich in kleinen Schritten auf einem schmalen Grat zwischen Monotonie und Chaos.
Wenn Neues dazukommt, müssen die übrigen Grundvoraussetzungen konstant bleiben. Auf einem neuen Pferd wird man zunächst vertraute Lektionen reiten. Eine neue Lektion dagegen wird man sich in kleinen Schritten mit steigendem Schwierigkeitsgrad erarbeiten: Die Ganze Parade zunächst in einem bestimmten Abschnitt der langen Seite, dann am geforderten Punkt auf dem Hufschlag, erst zuletzt ohne Anlehnung an der Bande bei X ...
Kräftemäßige und koordinative Überforderung ist meist die Folge einer falschen Zielsetzung. Die falschen Ziele setzt aber oft nicht der Reitlehrer, sondern der Reitschüler sich selbst.

Am Modell kindlicher Bewegungsentwicklung lassen sich drei klare Grundsätze ablesen:

- **Vom Rumpf zu den Extremitäten**
- **Über die Grobform zur Feinform**
- **Über Bewegung zu Haltung**

Der Rumpf entwickelt sich vor den Extremitäten, da er diesen stabilen Halt gewährleisten muß. Zuerst lernt das Kind den Stütz auf der Schulter, dann Ellenbogen, dann Handstütz, und wenn der sicher ist, beginnt das Greifen der Finger. Gezielte Bewegungen der Extremitäten sind erst möglich, wenn der Rumpf stabil ist: Vom Rumpf zu den Extremitäten

Bewegungen sind zunächst größer und werden mit mehr Aufwand als nötig durchgeführt. Sie werden dann optimiert und mit dem geringst nötigen Kraftaufwand ökonomisch angewandt: von der Grobform der Bewegung zur Feinstform.

In einer neuen Position kann man sich zuerst bewegen, bevor man die Koordination für die Haltung bekommt. Ein Kind wird im Vierfüßlerstand zunächt wackeln und wippen, bevor es diesen ausbalancieren kann; es kann zuerst laufen, dann still stehen: Über Bewegung zu Haltung.

Wenn nun jemand Reiten lernen möchte, so ist er auch diesen Grundsätzen unterworfen. Zuerst muß der Rumpf stabil werden, bevor an eine Kontrolle der Extremitäten zu denken ist. Absatz tief und Hände still in der ersten Reitstunde zu verlangen wäre blanker Unsinn! Vom Rumpf zu den Extremitäten. Wer sich gleich die Feinstform vornimmt, wird einem viel zu weit entfernten Ziel entgegengehen. Man muß sich zunächst mit einer Grobform zufriedengeben, und an dieser dann Stück für Stück feilen und arbeiten: Über die Grobform zur Feinform.

Die feine Balance, das scheinbar ruhige Sitzen wird zunächst über ein vermehrtes Bewegen erreicht. Der typische unruhige Sitz eines Anfängers ist kein Fehler, sondern der erste Schritt auf dem Weg, Balance in

der Bewegung zu finden: Über Bewegung zu Haltung.

Die genaue Vorstellung einer Bewegung ist dabei hilfreich. Gute Reiter zu beobachten, ist von großer Wichtigkeit für die Schulung des eigenen inneren Bewegungsbildes. Ein Kind kann sich eine neue Bewegung direkt spontan abgucken. Es beobachtet zum Beispiel ein anderes Kind beim Leichttraben, und kann es dann auch, ohne daß man ihm einzelne Schritte zeigen oder erklären muß. Ein Erwachsener benötigt beides, Bewegungsbild und eine Erklärung. Der Erwachsene lernt viel bewußter, kopflastiger. Er verlangt viel mehr Details, Erklärungen der Lernschritte; jede neue Bewegung wird strukturiert und zusammengesetzt. Das Bild der fertigen, korrekten Bewegung ist eine wichtige Vorstellung, damit sich seine Puzzleteile der Bewegung richtig sortieren und zusammensetzen.

Ein typisches Beispiel ist ein Anfänger, den man zum ersten Mal von der Longe „frei läßt" und ihn das Pferd im Schritt trockenreiten läßt. Der Erwachsene wird sofort fragen: „Wie reite ich an, was muß ich machen, wie lenke ich ...?" Und wenn man ihm dann eine technische Beschreibung gibt, die natürlich nicht funktioniert, weil sie nicht auf das Pferd abgestimmt werden kann, ist der Frust da. Viel eher sollte sich der Reitschüler darauf einlassen, die Situation zu erleben, auszuprobieren, sich der Pferdebewegung anvertrauen. Das wiederum ist die Domäne der Kinder. Sie bezeichnen ihr Schulpferd als ihren Freund und vertrauen sich diesem viel unbefangener an. Sie sind viel offener, vom Pferd zu lernen. So ein wenig Kind bleiben, den technisch denkenden Kopf ausschalten können und sich neuem Erleben unbefangen öffnen, das wünsche ich vielen Reitern.

Das Bewegungslernen geschieht folglich nicht nur in der Praxis, sondern zu einem nicht unerheblichen Maße auch im Kopf. Das wird im Sport als *mentales Training* bezeichnet und genutzt. Mentales Training besteht in planmäßigem, wiederholtem und bewußtem Sich-Vorstellen eines Bewegungsablaufes mit optimalem inneren Ablauf- und Ergebnisfeedback. In dieser Definition ist eine geballte Ladung an Information. Eine Bewegung wird genaustens durchdacht und sich immer wieder innerlich vorgestellt. Dabei wird diese Bewegung optimiert, man stellt sich positiv auf die Bewegung ein. Ablauf und Erfolg der Bewegung und damit der Sinn und die Zweckmäßigkeit werden verdeutlicht. Wenn ein Reiter versteht, warum es notwendig ist gerade zu sitzen, wird er sich mehr bemühen, diesen Sitz einzunehmen. Gerade auch im Leistungssport ist eine mentale Vorbereitung von großer Wichtigkeit, denn wie schnell kann sich ein Reiter durch Streß, Angst, Leistungsdruck von innen oder von außen so blockieren, daß er sein eigentliches Können nicht entfalten kann. Hier bietet das mentale Training eine gute Hilfestellung an.

`1.2` *Ausbildungsweg des Reiters*

Nirgends gibt es so viel Unsicherheit, so viele verschiedene Meinungen als bei der Fragestellung, in welchen Lernschritten sich das Reitenlernen vollzieht. Was sollte zuerst, was zweitrangig erlernt werden? Worauf sollte man achten? Soll ein Reitanfänger zuerst mit oder ohne Steigbügel reiten, zuerst Leichten Sitz oder zuerst Dressursitz ... Auf all solche Fragen gibt es sicherlich viele verschiedene Antworten. Deutlich werden die individuell verschiedenen Meinungen bei der Plazierung von Führzügelwettbewerben und Jugendreiterprüfungen. Es ist wichtig, einen Reitschüler nicht als Zusammensetzung von Fehlern (Kopf wackelt, Beine liegen falsch, Hände verdeckt ...) zu betrachten, sondern als einen Lernenden, der auf seinem Weg schon einige Dinge kann, und andere noch nicht.

Für einen erfolgreichen Unterricht muß der Reitlehrer sehen, was sein Schüler als nächsten Schritt dazulernen wird. In allen anderen Sportarten ist das Erlernen der Sportart in genaue Lernschritte unterteilt, die aufeinander aufbauen. Reiten als sehr komplexe Sportart bringt für das Lernen besondere Schwierigkeiten mit sich. Der Lernerfolg ist nicht nur vom Reiter, sondern auch vom Umfeld und ganz besonders vom Pferd abhängig. Man kann Reitenlernen nicht in ein Schema pressen. Die von Eltern oder erwachsenen Anfängern oft gestellten Fragen: „Wieviele Longenstunden benötigt man, um frei zu reiten?" oder „Wie viele Reitstunden braucht man, um Reiten zu können?" kann man unmöglich beantworten.

Eine Reitschule ist keine Fahrschule, in der eine Mindestzahl an Stunden für den Pferdeführerschein Pflicht ist, und sich die Schüler im Unterbieten der Stundenzahl übertreffen wollen. Situation und Pferd spielen hier eine wichtige Rolle. Und frühes freies Reiten muß nicht unbedingt von Vorteil sein. Reitschüler, die länger an ihrer Sitzschulung an der Longe gearbeitet haben, machen hinterher oft größere Fortschritte, da sie nicht gleich mit allen Anforderungen auf einmal konfrontiert werden. Nicht umsonst leistet sich eine Institution wie die Wiener Hofreitschule, deren Reiter für ihren vorzüglichen Sitz berühmt sind, eine monatelange reiterliche Grundausbildung ausschließlich an der Longe.

Dafür hat das freie Reiten wiederum einen großen psychologischen Effekt und stellt eine hohe Motivation dar. Beides miteinander abzuwägen, ist die anspruchsvolle Aufgabe an den Reitlehrer. Reiten läßt sich nicht nach einem sturen Schema erlernen. Und doch gibt es Kriterien für das, was zuerst erlernt werden soll, und was danach darauf aufbauen kann. Die Reitlehre unterteilt dies in *Sitz*, *Hilfengebung*, *Gefühl* und *Einwirkung*. Diesen Ausbildungsweg des Reiters möchte ich im folgenden darstellen, wobei ich die einzelnen Bereiche noch weiter unterteilt habe. Vergleichbar ist der Ausbildungsweg des Reiters mit der Ausbildungsskala eines Pferdes.

1.

Kontakt

Der Kontakt zum Pferd ist die wichtigste Grundvoraussetzung, um Lernen zu ermöglichen. Ein guter innerer Draht zum Pferd baut Ängste ab, schafft eine beidseitige Vertrauenssituation. Und nicht selten ist solch ein innerer Draht stärker als technisches Können. Wer kennt nicht die Beobachtung, daß manche Pferde, die immer für einen Satz, eine unliebsame Überraschung gut sind, dies aber niemals unter Kindern zeigen würden. Und die wirklich großen Leistungen basieren auf diesem inneren Kontakt, dem Sich-Kennen von Reiter und Pferd.

Balance

Auf dem Pferd wird vom Reitschüler als erstes Ziel die Balance gefordert. Ohne Balance würde er fallen oder sich mit Kraft festhalten müssen. Balanceschulung besonders für den Oberkörper ist Voraussetzung für jeden weiteren reiterlichen Ausbildungsweg. Hier bietet es sich an, auch einmal ohne Sattel zu reiten, um die Bewegung des Pferdes direkt zu spüren und darauf reagieren zu müssen. Sich in jeder Gangart senkrecht und quer zum Pferderücken auszubalancieren, immer in der Bewegung zu bleiben, ist das erste Ziel des jungen Reiters.

Losgelassenheit

Wer sein Gleichgewicht in der Bewegung gefunden hat, benötigt nicht mehr Kraft als notwendig für die konkrete Situation. Kein Muskel steht unter Dauerspannung, es erfolgt ein rhythmisches An- und Entspannen der Muskulatur parallel zu der Pferdebewegung. Losgelassenheit ist nicht zu verwechseln mit Lockerheit, Schlaffheit der Muskeln. Die Muskulatur arbeitet unter der korrekten Losgelassenheit ökonomisch, für den eigenen Körper optimal, und die Grundspannung der Mukulatur ist der geforderten Situation angepaßt – im Versammelten Trab höher als im Schritt am langen Zügel. Erst ein losgelassener Sitz ermöglicht die Kontrolle und unabhängige Bewegung der Extremitäten, auf der eine feine Hilfengebung basiert.

Geschlossenheit

Voraussetzung für eine effektive Einwirkung ist ein tiefer, geschlossener Sitz. Die gesamte Muskulatur, die für die Aufrichtung im Sitz verantwortlich ist, muß eine gute Grundspannung aufweisen, ohne daß die Losgelassenheit dabei verlorengeht. Sein Pferd so am Sitz zu kontrollieren gehört zu dem Geheimnis des Reitens. Der Reiter sitzt dann *im* Pferd, nicht mehr *auf* dem Pferd, Pferd und Reiter werden eins.

Parallel zu der Sitzschulung verläuft das Erlernen der Hilfengebung.

Geschicklichkeit

Die Hilfengebung wird zunächst rein technisch erlernt; da liegt das Bein, so wird die Hand eingedreht ... Der Reitschüler wird zunächst sicherlich eine grobere Hilfengebung ausüben müssen, bis er sie immer feiner abstimmen kann. Ein Anfänger wird sein Pferd mit viel mehr Aufwand um eine Kurve steuern als ein fortgeschrittener Reiter. Isoliert lassen sich Hilfen nur sehr bedingt üben. Der Reiter ist gleich mit einer ganzen komplexen Aufgabe gefordert, nicht selten überfordert. Die Anwendungssituationen müssen vom Reitlehrer deshalb vielfältig auf das Können des Schülers abgestimmt werden.

Gefühl

Das reiterliche Gefühl, die optimale Kommunikation zwischen Reiter und Pferd, gilt als die Krone reiterlicher Fähigkeiten. Dieses Gefühl ist nicht etwa das angeborene Privileg einiger weniger begnadeter Talente, sondern ein Hauptlernziel für den jungen Reiter. Die sensible Verständigung mit dem Pferd muß von der ersten Stunde an gelernt und gelehrt werden. Nur so wird der Reitschüler es erreichen können, seine Hilfen auf die geforderte Aufgabe und zugleich auf die Reaktion des Pferdes abzustimmen.

2.

Physiologie der Bewegung

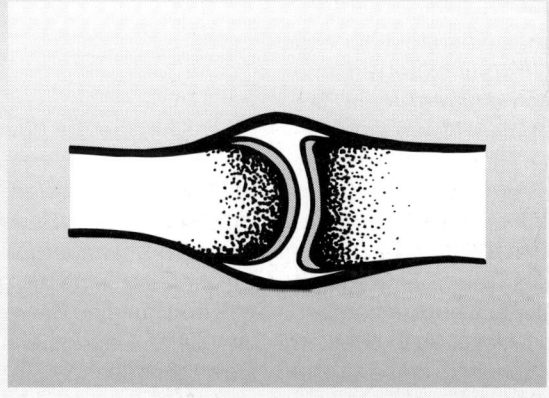

2.

Gelenke:
Aufbau Funktion und
Biomechanik

Ein *Gelenk* ist die bewegliche Verbindung zweier Knochen. Gelenke ermöglichen Bewegung und geben durch ihren Aufbau bestimmte Bewegungsrichtungen und -ausmaße vor.

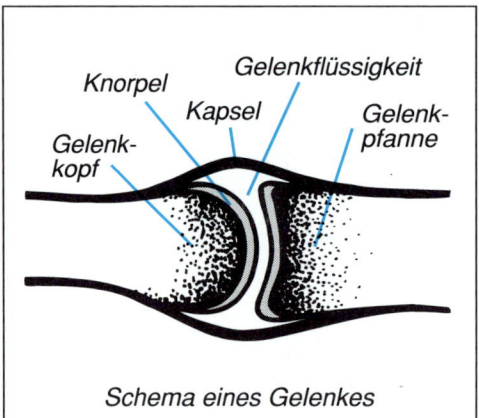

Schema eines Gelenkes

Das Gelenk besteht aus einem *Gelenkkopf* und einer *Gelenkpfanne*. Die sich gegenüberstehenden Gelenkflächen sind mit einer Knorpelschicht überzogen, die wie ein Puffer den Knochen schützt. Außen wird das Gelenk durch die *Kapsel* begrenzt. Die Gelenkhöhle ist von einer Flüssigkeit ausgefüllt, die als Gelenkschmiere dient. Zusätzlich befinden sich in dieser Flüssigkeit Nährstoffe für den Knorpel, da dieser nicht durchblutet wird und sich nur durch Diffusion ernähren kann. Die Gelenkkapsel ist mit feinem Nervengewebe umflochten, dort sitzen *Rezeptoren*, die jede auch noch so kleine Veränderung des Gelenkes bezüglich Gelenkstellung und Spannung der Kapsel melden. Die Muskulatur als Beweger zieht über das Gelenk hinweg und setzt mit der Sehne an der Knochenhaut an. Manchmal strahlt ein Muskel auch direkt in die Gelenkkapsel ein (Schulter), diese Kapsel ist dann noch empfindlicher auf kleinste Veränderungen, verkrampfte Schultern zum Beispiel blockieren das gesamte Schultergelenk.

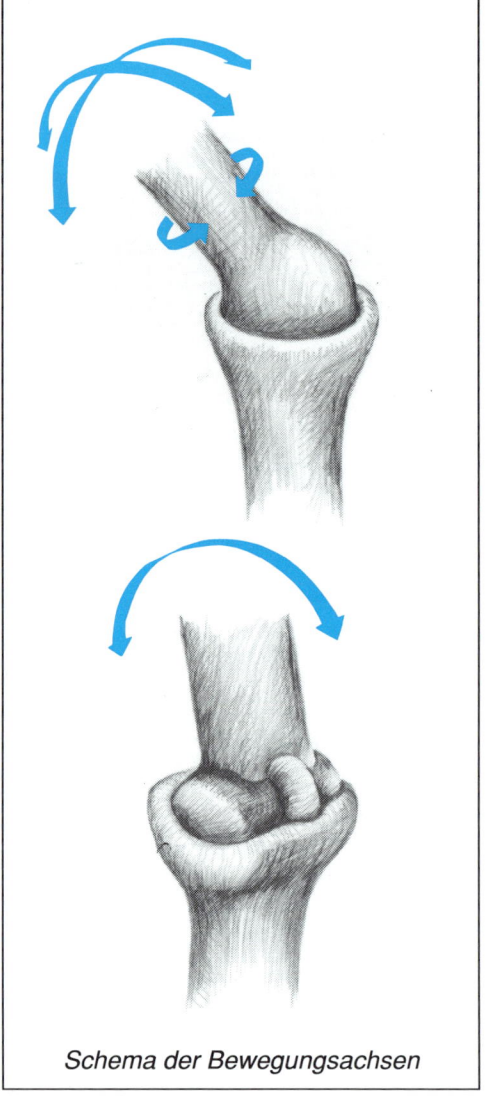

Schema der Bewegungsachsen

In Gelenken können je nach Gelenktyp unterschiedliche Bewegungen stattfinden. In einem *Scharniergelenk*, zum Beispiel am Finger, kann man beugen und strecken. Es gibt dort nur eine Bewegungsebene. Anders ist es im Handgelenk. Dort gibt es zwei Bewegungsebenen, man kann es strecken und beugen, und zum Daumen oder zum kleinen Finger hin bewegen. Das Kreisen im Handgelenk ist eine Mischbewegung dieser zwei Hauptbewegungsrichtungen. Noch

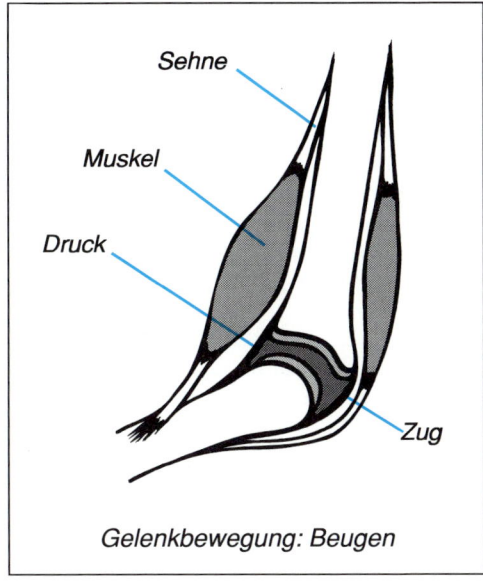

Gelenkbewegung: Beugen

komplizierter wird es in einem *Kugelgelenk*, wie der Schulter oder der Hüfte. Dort gibt es drei Bewegungsebenen, die miteinander verknüpft werden können: nämlich Beugen und Strecken, Abspreizen und Heranziehen und Drehen nach innen und nach außen.

Würden wir uns nur in den gedachten Bewegungsebenen bewegen, dann sähen die Bewegungen eckig wie bei einem Roboter

aus. Eine schöne, ökonomische Bewegung verbindet immer alle drei Ebenen und ist fließend und rund.

Dreidimensional muß also eine Bewegung stattfinden – zum Glück hat man noch kein Denkmodell für die vierte Dimension entwickelt.

Was passiert nun im Gelenk selbst, wenn es bewegt wird? Wie Sie auf der Zeichnung sehen können, gleitet der eine Gelenkpartner um den anderen herum. Dabei entsteht auf der einen Seite Zug-, auf der Gegenseite Druckbelastung für das Gelenk. In der Mittelstellung eines Gelenkes ist die Kapsel am entspanntesten, und das Gelenk hat den geringsten Gelenkinnendruck. Die Nerven melden dies als Normalwert. In dieser Stellung kann auch Diffusion am besten stattfinden. Ist der Gelenkinnendruck zu hoch, können dort keine Nährstoffe mehr diffundieren, was auf Dauer dem Knorpel und somit dem Gelenk schadet.

Die Gelenkrezeptoren der Gelenkkapsel melden deshalb sofort Abweichungen von der Mittelstellung, damit die Muskulatur automatisch darauf reagiert und den Normzustand wieder herstellt. Deshalb ist auch die Muskulatur in der Gelenkmittelstellung am entspanntesten.

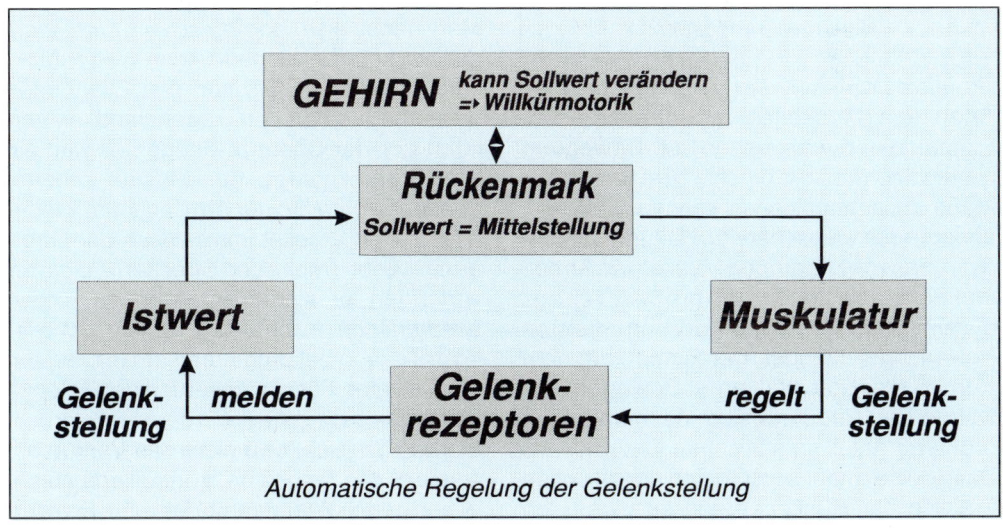

Automatische Regelung der Gelenkstellung

2.

2.2 Muskulatur: Aufbau Funktion und Biomechanik

Die *Muskulatur* ist unser wichtigstes Bewegungsorgan. Ihr Aufbau ist der Vielzahl und der Funktion unserer Bewegungen angepaßt. Wie eine Apfelsine ist der ganze Muskel in einzelne längliche Fasern aufgeteilt. Jede einzelne Faser besitzt elastische, kontraktile Elemente, die sich verkürzen und dehnen.

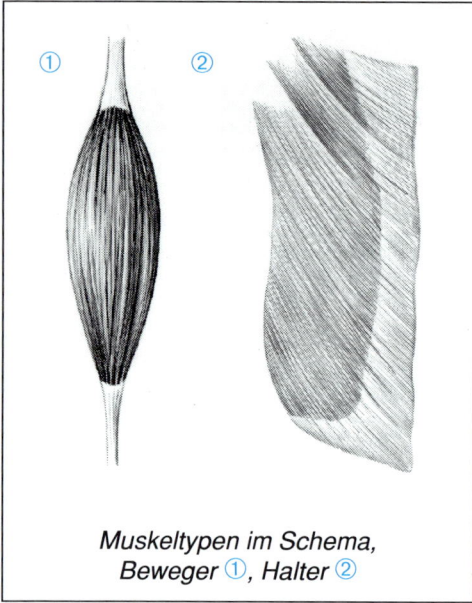

Muskeltypen im Schema,
Beweger ①, Halter ②

Grundsätzlich lassen sich zwei verschiedene Arten von Muskelfasern unterscheiden. Einmal die *dynamischen* für Bewegung zuständigen Fasern, die sich zu einem hohen Maße zusammenziehen können, und zum anderen die *statischen* für Haltung zuständigen Fasern. Die großen Muskeln an Armen und Beinen bestehen zum größten Teil aus dynamischen Fasern, da dort am meisten Bewegung stattfindet. Der Rumpf, der dem Körper die Stabilität zum Bewegen gewährleisten muß, besitzt deshalb einen größeren Anteil an statischen Fasern. Dies sollte man auch beim spezifischen Training der Muskeln berücksichtigen. Ich

denke hierbei besonders an das beliebte Bauchmuskeltraining in Form von Sit-up's oder Klappmessern. Dabei müssen die Bauchmuskeln Weg zurücklegen, sie werden auf Bewegung, nicht auf Haltung trainiert. Man erreicht mit solch einem Training nur einen geringen Anteil der Bauchmuskelfasern, der erhoffte Erfolg bleibt trotz des schweißtreibenden Trainings oft aus! Was passiert nun im Muskel, wenn er arbeitet?

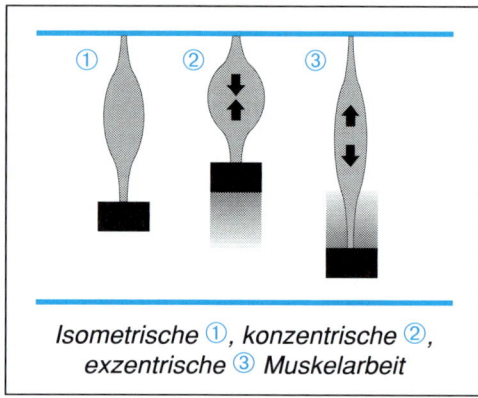

*Isometrische ①, konzentrische ②,
exzentrische ③ Muskelarbeit*

Um sich die drei Hauptarbeitsweisen eines Muskels zu verdeutlichen, nehmen Sie einen schweren Gegenstand in die Hand und halten ihn mit einem etwa rechtwinklig gebeugten Ellenbogen vor dem Körper. Hierbei muß der Oberarm-Beuger Haltearbeit verrichten. Man nennt dies *isometrische Kontraktion*, der Muskel arbeitet, ohne einen Weg zurückzulegen. Beugen Sie nun den Ellenbogen weiter und heben den Gegenstand, so verkürzt sich der Oberarm-Beuger, es wird ein Weg zurückgelegt, der Muskel arbeitet *konzentrisch*. Wird der Arm langsam wieder gesenkt, so arbeitet immer noch der Oberarm-Beuger (Nicht der Strecker!), diesmal verlängert er sich beim Arbeiten. Diese *exzentrische Kontraktion* ist die schwierigste, davon bekommt man am leichtesten Muskelkater. Für die Sicherung der Gelenke ist dies die wichtigste Form der Muskelarbeit. Merken Sie sich, daß nicht das Verkürzen, sondern das langsame, kontrollierte Nachgeben gegen Widerstand (Gewicht, Schwerkraft ...) für den Muskel die wichtigste Arbeit darstellt, und daß man so einen Muskel am besten trainiert.

Ein Muskel ist stark durchblutet, da er für seine Arbeit viel Sauerstoff benötigt. Steht ein Muskel unter Dauerspannung, so kann durch den vermehrten Druck im Muskel keine Durchblutung stattfinden. Zu den einzelnen Fasern werden keine neuen Nährstoffe mehr transportiert. Ist das Vorratsdepot an Sauerstoff aufgebraucht, kann der Muskel nicht mehr funktionsgerecht arbeiten. Zusätzlich wird die Milchsäure, die beim Stoffwechsel des Muskels als Abfallprodukt entsteht, nicht mehr abtransportiert. Die Säure führt zu Schmerzen im Muskel, der sich dann meist krampfartig zusammenzieht und dadurch weiterhin wenig durchblutet wird ... ein nicht seltener Teufelskreis. Arbeitet hingegen ein Muskel rhythmisch mit Pausen im Wechselspiel mit seinen Gegenspielern, so kann er stets neuen Sauerstoff erhalten und lagert keine Milchsäure an.

Merken Sie sich, daß über längere Zeit nur der Muskel sinnvoll arbeiten kann, der keine Dauerspannung eingeht, sondern in einem rhythmischen Zusammenspiel mit anderen Muskeln steht.

Das Muskelzusammenspiel

Bei jeder gezielten, gerichteten Bewegung in einem Gelenk arbeitet nie ein einzelner Muskel, sondern immer ein Muskel konzentrisch mit einem exzentrischen Gegenspieler. Wenn der Strecker konzentrisch arbeitet, das heißt bewegt, so bremst der Beuger exzentrisch nachgebend die Bewegung und sie kann dadurch millimetergenau ausgeführt werden. Das Gelenk ist also bei jeder guten Bewegung von allen Seiten muskulär geführt und gesichert!

Eine Bewegung findet in der Regel nicht in einem einzelnen Gelenk statt, sie beginnt und pflanzt sich durch den ganzen Körper in sogenannten *Muskelketten* fort. Sie können das leicht nachspüren, wenn Sie beide Arme seitlich hängen lassen und beginnen, die

Daumen nach vorne außen zu drehen. Die Bewegung läuft weiter, die Handflächen zeigen nach außen, die Schultern kommen nach hinten, der Brustkorb richtet sich auf und der Kopf hebt sich. Dies wird als *Streckmuster* bezeichnet. Drehen Sie die Hände in die andere Richtung, so runden sich Schultern, Rücken und Kopf, es entsteht ein *Beugemuster*. Auf das Reiten übertragen ist dies eine interessante Beobachtung bezüglich der Handhaltung. Wieviel schwerer

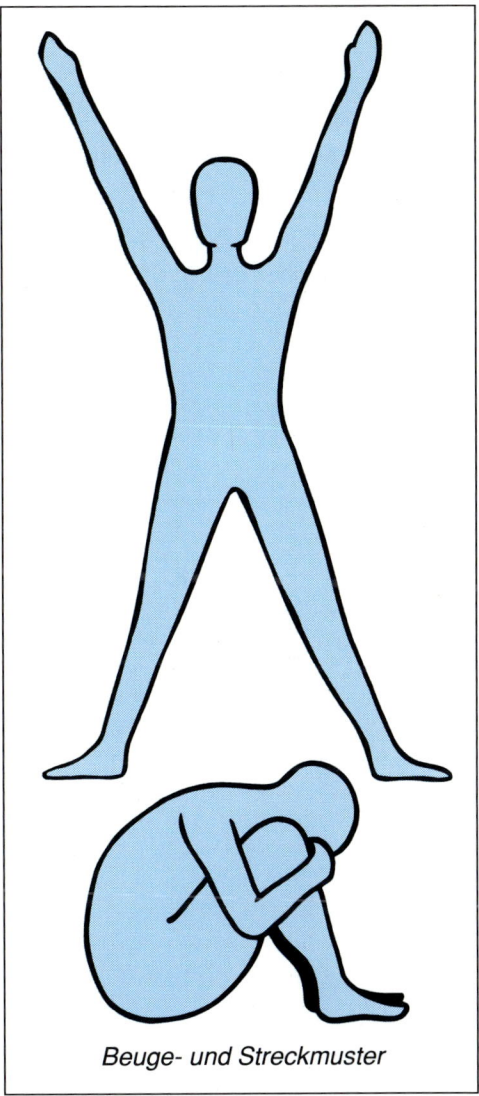

Beuge- und Streckmuster

wird es jemandem fallen, mit verdeckten Händen aufrecht zu sitzen, weil zwei gegenläufige Muskelketten aktiviert sind!

Der weitaus größte Teil unserer Bewegungen geschieht unbewußt. Die Innervation eines Muskels erfolgt aufgrund bestimmter Reflexe. Die Muskulatur steht unter einer bestimmten Grundspannung, dem *Tonus*, der zum Beispiel im Liegen niedriger ist als im Stehen. Das Verändern dieser Grundspannung geschieht der Lage/Situation angepaßt, ohne daß man darüber nachdenken muß. So bestimmen Gelenkstellungen und Körperhaltung einen Großteil unseres Bewegungsverhaltens. Nur wenn die Grundspannung der Situation angepaßt ist, kann ein Muskel optimal reagieren und arbeiten.

Das Besondere beim Reitsport wird nach diesem Kapitel schon deutlich. Beim Sitz auf dem Pferd befinden sich die meisten Gelenke in ihrer physiologischen Mittelstellung. Die Muskulatur wird keiner Dauerkontraktion ausgesetzt, vielmehr wird ein hochkoordinatives geschicktes Muskelzusammenspiel des gesamten Organismus gefordert. Der Situation angepaßt arbeitet der Rumpf stabilisierend, die Extremitäten eher bewegend, mit feinster Einwirkung auf das Pferd.

In der Gelenktherapie der Krankengymnastik gewinnt übrigens die kleine bis kleinste Bewegung aus der Gelenkmittelstellung immer mehr an Bedeutung, und die Kräftigungs- und Trainingsgeräte weichen immer mehr einem Koordinations- und Geschicklichkeitstraining. Dazu ist es nötig, den eigenen Körper auch besser zu kennen und wahrzunehmen, um ihn sowohl im Alltag als auch im Sport ökonomisch gut einsetzen zu können – der Schlüssel zu manchem Erfolg.

3.

Bewegungszentrum Becken

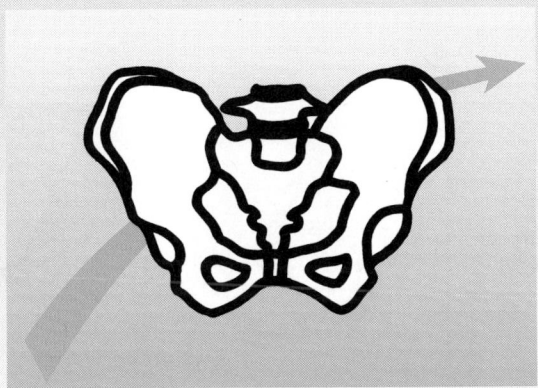

Anatomische Grundlagen

Die Schaltstelle unserer Bewegungen ist das *Becken*. Es ist daher wichtig, einige anatomische Grundlagen zu kennen, um dann das Gefühl für die Beckenstellung und -beweglichkeit zu entwickeln. Rein anatomisch gesehen ist das Becken ein knöcherner Ring, der aus drei Hauptteilen besteht, den beiden großen Beckenschaufeln und dem *Kreuzbein*, das hinten in die Beckenschaufeln einmündet und es somit zu einem festen Ring zusammenfügt.

Funktionell, das heißt unter Bewegungsgesichtspunkten betrachtet, gehören zum Becken immer das *Hüftgelenk* und die *Lendenwirbelsäule* mit dazu. Jede Bewegung des Beckens bedingt zwangsläufig eine Bewegung in diesen Gelenken.

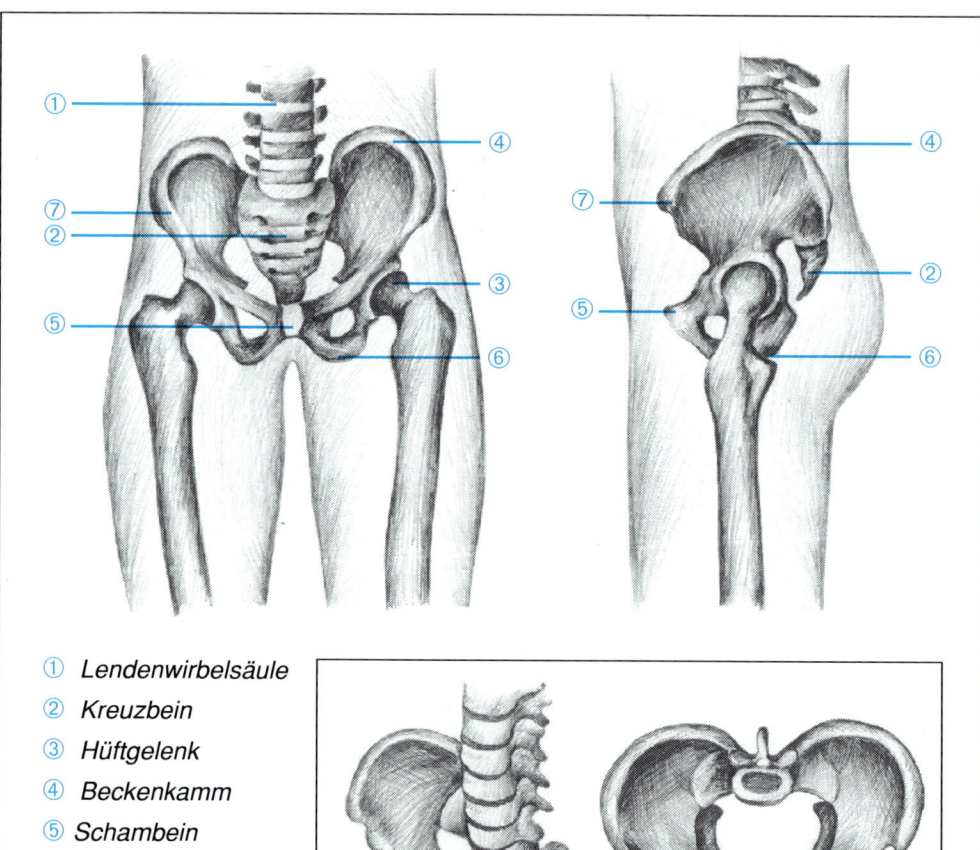

① Lendenwirbelsäule

② Kreuzbein

③ Hüftgelenk

④ Beckenkamm

⑤ Schambein

⑥ Sitzbeinhöcker (Gesäßknochen)

⑦ Spina

Becken von oben

Becken mit Hüfte und Lendenwirbelsäule von vorne und von der Seite

3.2 Körperproportionen und individuelle Konstitution

Das Becken teilt die Körperlänge in zwei Hälften. Freilich sind diese Hälften nicht immer gleich groß. Daraus lassen sich wichtige Schlußfolgerungen für die Balance ableiten.

Es wird jemandem mit kurzem Oberkörper und langen Beinen leichter fallen, sich auf dem Pferderücken auszubalancieren, als dem Reiter mit längerem Oberkörper. Deutlich werden diese Unterschiede z.B. bei Kindern und Jugendlichen in den Wachstumsschüben. Zwei Kinder mögen im Sitzen gleich groß erscheinen, im Stehen kann fast eine Kopflänge Längendifferenz zu sehen sein. Verständlich werden diese Unterschiede, wenn man sich die Entwicklung des Wachstums vom Kind zum Erwachsenen verdeutlicht.

Der Körperbau eines Kindes ist gekennzeichnet durch einen großen Kopf und langen Rumpf; Arme und Beine sind im Verhältnis dazu kurz. Das Wachstum verläuft in Schüben, von denen mal der Rumpf, mal die Extremitäten betroffen sind. Oft sehen die Jugendlichen dann unharmonisch, mal schlaksig, mal gedrungen aus, bis die Proportionen wieder stimmen. Dann sollten die Beine genauso lang sein wie Rumpf und

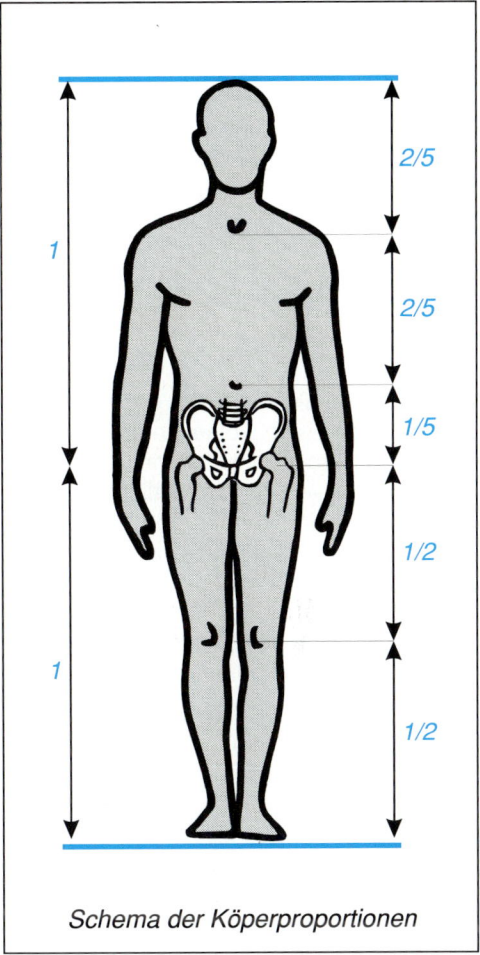

Schema der Köperproportionen

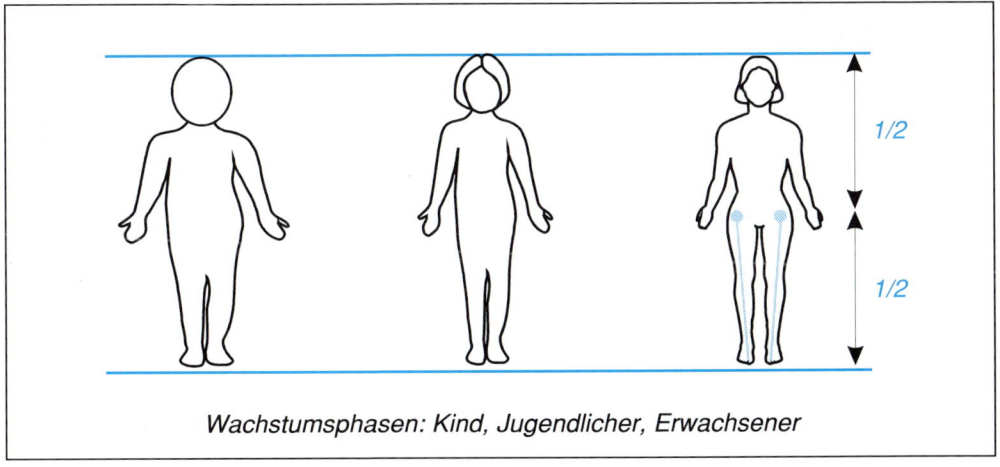

Wachstumsphasen: Kind, Jugendlicher, Erwachsener

Kopf. Bleibt der Rumpf der längere Hebel, so spricht man von den sogenannten „Sitzriesen", sind die Beine länger, so bemerkt man das erst, wenn sich der Betreffende aus dem Sitz zu seiner vollen Länge entfaltet. Zur Einschätzung der Körperproportionen ist es wesentlich, daß man die gedachte Teilungslinie wirklich in Höhe der Hüftgelenke ansetzt und nicht in der Taille! Oft täuscht ein langes Becken lange Beine vor, doch der längere Hebel in Bezug auf die Hüftgelenke ist doch der Oberkörper.

Die unterschiedliche Breite des Beckens spielt für das Reiten eine untergeordnete Rolle. Das Becken von Mann oder Frau unterscheidet sich im wesentlichen in der Breite des Beckenkamms, die eigentliche Sitzbasis der Beckenkufen weist nur geringe Unterschiede auf. Wichtig für die Beckenbreite ist eine gute Paßform des Sattels, damit sich das Gewicht möglichst gleichmäßig über die Beckenkufen verteilen kann.

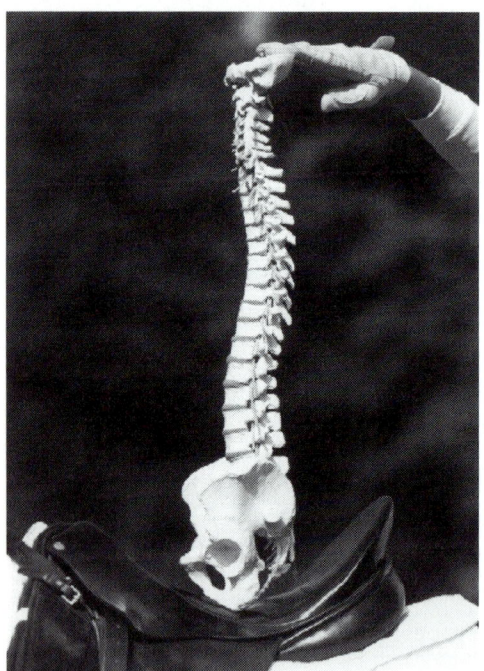

Knöchernes Becken und Wirbelsäule auf einem Sattel

Viel entscheidender für ein gutes Sitzgefühl ist die Breite und Rückenform des Pferdes. Anatomische Vorteile für das Reiten lassen sich offensichtlich nicht am „kleinen Unterschied" festmachen. Männer und Frauen reiten beide mit großem Erfolg, und es gibt keine Reitlehre, die eine verschiedenartige Hilfengebung für Männer und Frauen darstellt, es sei denn, die Frau säße im Damensattel! Es gibt nicht nur keine geschlechtsspezifischen Reitlehren, es gibt auch keine geschlechtsspezifischen Vorteile von Männern oder Frauen im Sport. Vom Leistungsvermögen her scheinen in allen drei klassischen Disziplinen – Dressur, Springen und Vielseitigkeit – Männer und Frauen absolut gleichberechtigt zu sein (was in den wenigsten anderen Sportarten der Fall ist).

3.3 **Ertasten der wichtigsten Orientierungspunkte am eigenen Körper**

Nur die starre Anatomie zu kennen, ist wenig hilfreich für das Reitenlernen. Um dieses leider so wichtige Anatomiekapitel mit Leben zu füllen, wäre es sinnvoll, wenn Sie sich jetzt einen Hocker holen, eine kurze Turnhose anziehen, am besten einen Notenständer für das Buch aufstellen (um beide Hände frei zu haben) und sich vor einen Spiegel setzen. Wenn Sie beide Hände in die Taille stützen, stoßen Sie von oben auf den *Beckenkamm.* Bevor Sie weitertasten, müssen ein paar wichtige Begriffe geklärt werden. Manche Wörter haben im Volksmund und in der Anatomie eine unterschiedliche Bedeutung. So redet man im Volksmund von Kreuzschmerzen, egal ob der Schmerz zwischen den Schulterblättern, im Lendenbereich oder tiefer sitzt. In der Anatomie ist das *Kreuz* nur der knöcherne Fortsatz der Lendenwirbelsäule, der in das Becken einmündet (siehe Zeichnung). Ein weiterer solcher Begriff, der im Volksmund weitläufig gebraucht wird, ist die *Hüfte.* Man umschreibt allgemein damit

*Der spitze, vordere Hüftknochen –
die Spina*

den Beckenkamm (das Hüftbein), das Hüftgelenk und den oberen Teil des Oberschenkels. In diesem Buch steht das Wort *Hüfte* immer gleichbedeutend mit *Hüftgelenk*, da dort die Bewegung stattfindet. Tasten sie nun erneut den *Beckenkamm*, indem Sie beide Hände in die Taille stützen und fahren Sie mit dem Zeigefinger den Beckenkamm entlang nach vorne, bis Sie an eine spitze Ecke gelangen. Hier ist der Knochen häufig dicht unter der Haut, und man kann sich daran empfindlich stoßen. Diese Ecke ist zum Beobachten und Erfühlen der Beckenstellung sehr wichtig, sie wird *Spina* genannt.

Ausgehend von den Händen in der Taille können die Daumen hinten eine ähnlich spitze Ecke ertasten. Bei vielen Leuten sieht man an dieser Stelle die sogenannten *Kreuzbeingrübchen* in der Haut.
Zwischen diesen beiden hinteren *Spinae* mündet das *Kreuzbein* in den Beckenring

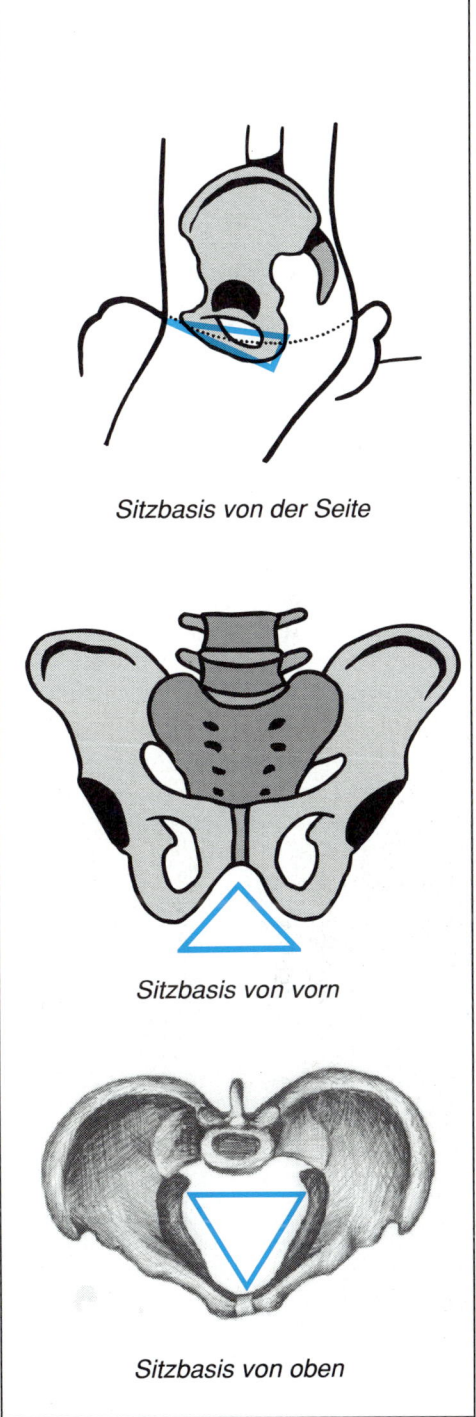

Sitzbasis von der Seite

Sitzbasis von vorn

Sitzbasis von oben

ein. Das Kreuzbein läßt sich bis hinunter zum *Steißbein* verfolgen; das *Kreuzbein* selber ist beim Sitzen nicht belastet.

In der klassischen Reitlehre findet sich der so grundlegende Satz: „Der Reiter sitzt auf den beiden Gesäßknochen und dem Spalt." Die beiden *Gesäßknochen* sind je nach Härte des Hockers oder individueller Polsterung schnell zu spüren. Schwieriger läßt sich der *Spalt* lokalisieren. Gemeint ist damit der *Schambeinast*, aber nicht der obere, sondern der untere Anteil!

Das *Schambein* läßt sich leicht ertasten, wenn man vom Bauch aus mit den Fingern nach unten gleitet, bis man auf den knöchernen Widerstand kommt. Man tastet dort die obere Ecke, das *Schambein* verläuft von dort schräg nach unten hinten. Von der unteren Ecke aus teilt es sich in zwei Äste, die zu den *Sitzbeinhöckern*, den Gesäßknochen, führen. Es entsteht also tatsächlich eine *Sitzbasis* mit einer dreieckigen Form, die beim korrekten aufrechten Sitz gleich-

mäßig belastet werden sollte. Eine Drei-Punkte-Belastung ist immer besonders stabil. – Ein dreibeiniger Hocker kippelt nie im Vergleich zu seinem vierbeinigen Verwandten. Am ganzen menschlichen Organismus taucht die Zahl Drei immer wieder auf. Optimale Drei-Punkte-Belastung der Füße (Fersen, Kleinzehen-, und Großzehenballen), der Aufbau der einzelnen Wirbel, die dreidimensionalen Bewegungen ...

Funktionell gehören zum Becken das *Hüftgelenk* und die Lendenwirbelsäule (*LWS*). Die LWS läßt sich leicht anhand der *Dornfortsätze* ertasten. Bei gerundetem Rücken sind sie besonders deutlich spürbar, dagegen verschwinden sie in einer Kuhle, je mehr man den Rücken hohl macht.

Die Lokalisation des *Hüftgelenkes* allerdings ist nicht so leicht. Der Aufforderung, die Hand in die Hüfte zu stützen, folgen die meisten Leute, indem sie ihre Hand in der Taille aufsetzen, aber dort landen sie – wie Sie selber bereits gespürt haben – auf dem Beckenkamm.

Lokalisation des Hüftgelenks von der Seite

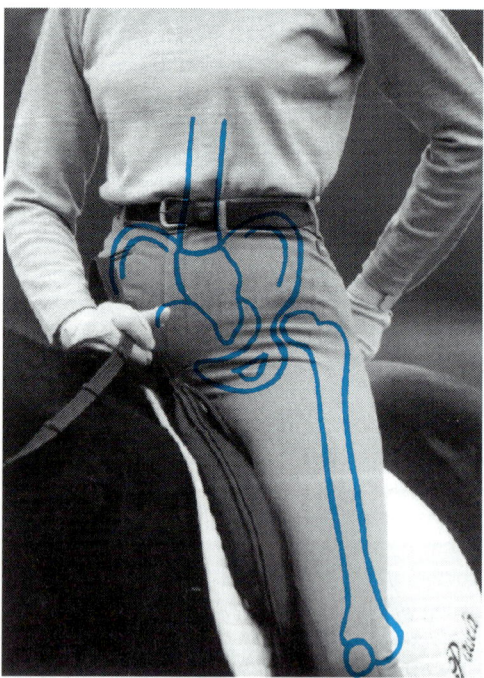

Becken von Vorne

Am einfachsten tastet man die *Hüfte* im Stehen. Seitlich in Höhe der *Hüftgelenke* kann man den *Hüftknochen* tasten. Dort ist die breiteste Stelle des Beckens. Wird das ganze Bein nach außen oder innen gedreht, so kann man die Vor- / bzw. Rückbewegung des Hüftknochens spüren. Das *Hüftgelenk* liegt ungefähr auf der halben Strecke zwischen dem Hüftknochen und dem Schambein. Dort kann man den Puls der Beinarterie spüren, die genau über dem Hüftgelenk verläuft.

Wenn Sie sich jetzt die Zeichnung nochmals genau anschauen, so können Sie erkennen, daß das *Hüftgelenk* höher als die Sitzbasis liegt. Das bedeutet, daß die Hüfte beim Sitzen nicht belastet ist, sondern frei und losgelassen hängen kann!

Die meisten Muskeln des Beckens gehören zu den Hüftmuskeln, auf die ich im Beinkapitel näher eingehen werde. Wichtig für die Beckenstellung ist es, die Beine so weit zu öffnen und hängen zu lassen, daß das Becken möglichst tiefen Kontakt mit dem Sattel aufnehmen kann.

Der große *Gesäßmuskel* (Pobacken) kann die Gesäßknochen sogar ein Stück anheben. Dies kann man auf einem Hocker gut nachspüren. Wichtig ist vor allem das Gefühl des Tiefersinkens, wenn man dem Muskel wieder entspannt.

Die sogenannten *Klemmer* können das Becken auch aus der tiefen Position herausheben. Ihr Ansatz ist am Schambein besonders gut zu tasten, wo ein fester Sehnenstrang entlangläuft. Tatsächlich entspringen diese *Adduktoren* entlang des ganzen Schambeinastes, bis hin zum Sitzbeinhöcker. Wenn sich diese anspannen, das heißt verkürzen und damit dicker werden, dann sitzt man statt auf den Gesäßknochen auf den Klemmern.

Leider lassen sich die Muskeln beim Reiten nicht immer so an- oder besser gesagt entspannen, wie man das gerne möchte. Darum ist es wichtig, daß man die Kontrolle

dieser Muskulatur in vielen anderen Situationen übt. Das ist oft nicht einfach, da viele Muskelgruppen unwillkürlich, das heißt vollautomatisch, arbeiten. Sie sind nicht zwingend unserer Willkür unterworfen und ihr Anspannen und Lösen dringt nicht unbedingt in unser Bewußtsein vor. Ein wichtiges Beispiel dafür ist die *Beckenbodenmuskulatur*. Sie verspannt den Boden des Beckenrings und trägt die inneren Organe. Sie führt in dem Sinne keine Gelenksbewegungen aus, und doch ist sie für das Reiten von entscheidender Wichtigkeit. Sie haben es sicher schon erlebt, wie schlecht man losgelassen sitzen kann, wenn man dringend aufs Klo muß. Aber auch viele andere Ursachen wie Angst, Streß, Unsicherheit ... können den Beckenboden fest machen. Diese Muskulatur reagiert sehr fein auf alle inneren Stimmungen und Schwankungen. Sicherlich kann man nicht mit jedem Reitlehrer über die Beckenbodenmuskulatur diskutieren. Wichtig ist, zu wissen, daß man eine innere Ausgeglichenheit und Losgelassenheit braucht, um den Beckenboden zu öffnen.

Die letzte wichtige Muskelgruppe ist die *Bauchmuskulatur*. Von der Spina zum Schambein verläuft ein straffes Band. Darunter liegen Muskeln, Nerven und Gefäße. Die Bauchmuskulatur setzt in einem mittleren geraden und zwei diagonalen Zügen am Schambein, dem Band zwischen Schambein und Spina und der Innenseite der Beckenschaufeln an und ziehen zum Brustkorb an die Rippen. Am deutlichsten lassen sich die wichtigen unteren Ansätze tasten, wenn man sich auf den Rücken legt, die LWS fest auf den Boden drückt, die Beine in Hüfte und Knie im rechten Winkel anhebt und mit den Händen auf den Bauchmuskelansätzen tastet. Ihre Rolle beim Reiten werde ich in den nachfolgenden Kapiteln näher erläutern.

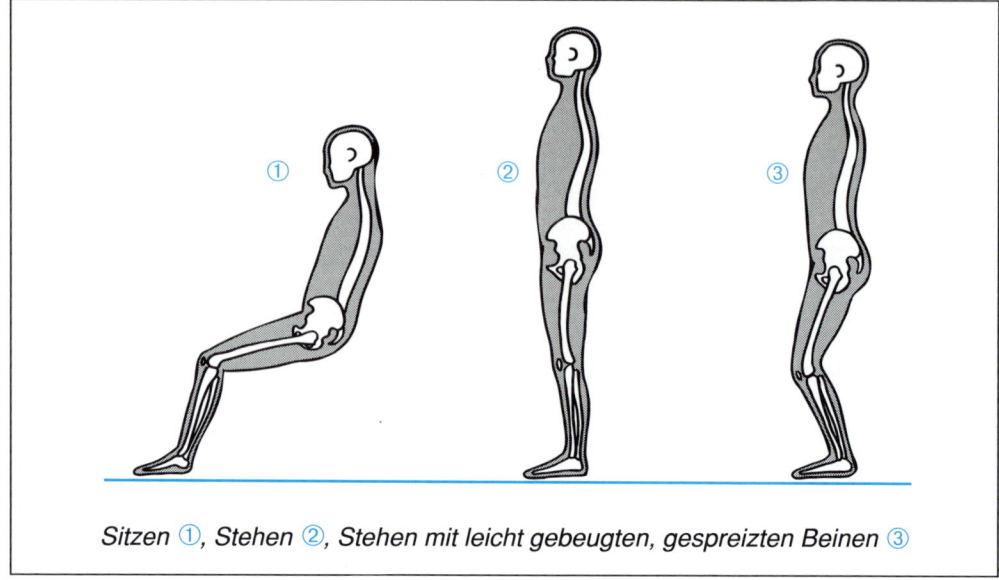

Sitzen ①, Stehen ②, Stehen mit leicht gebeugten, gespreizten Beinen ③

3.4 *Idealtypus der Becken- stellung auf dem Pferd*

Dressursitz

Elegant und mühelos, voller Harmonie und Ruhe, so sollte ein guter Dressursitz aus- sehen. Schon der griechische Feldherr Xeno- phon beschreibt in seiner aus der Antike überlieferten Reitlehre, daß der Sitz nichts mit dem Sitzen auf einem Stuhl gemeinsam hat, sondern vielmehr dem Stehen mit leicht gespreizten und gebeugten Beinen gleicht.

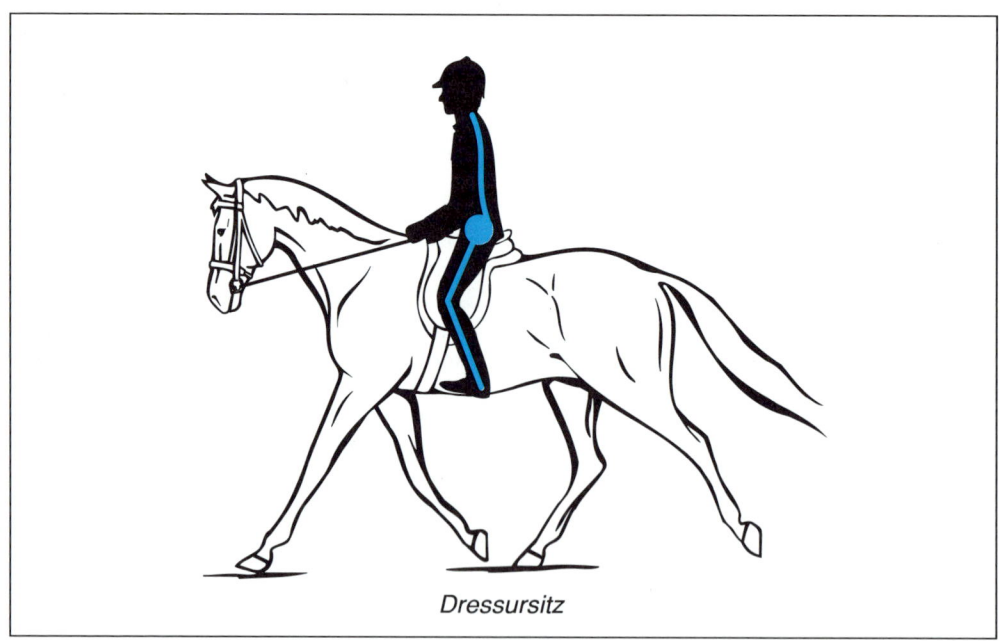

Dressursitz

Leichter Sitz

Besonders wichtig ist dieser Vergleich bei näherer Betrachtung der Beckenstellung. Die vorderen Spinae stehen auf der gleichen Höhe wie das Schambein. Man kann sich eine senkrechte Linie denken, die beide Punkte berührt. In dieser mittleren Beckenstellung kann das Sitzbasis den besten Kontakt mit dem Sattel aufnehmen. Zusätzlich kann jede von unten kommende Bewegung aus einer mittleren Gelenkstellung heraus optimal aufgefangen und abgefedert werden.

Die LWS soll ihr natürliches leichtes Hohlkreuz behalten; würde sie geradegestellt, so wäre der Reiter steif wie ein Stock.

Für die Hüfte ist das wichtigste Kriterium die Losgelassenheit. Schauen Sie sich möglichst viele verschiedene Reiter an und versuchen Sie den Unterschied zu sehen: Wer schwingt wirklich in der Hüfte (Lokalisation!) losgelassen mit, und wer wackelt bei festgestelltem Hüftgeglenk lose in der Taille?

Insgesamt sollte der Dressurreiter mit dem Becken tief im Pferd „verwachsen" sein. Bewegungen und Gewichtsverlagerungen sind für den Zuschauer unsichtbar.

Leichter Sitz

Der Übergang zwischen dem Dressursitz und dem *Leichten Sitz* sollte weich und fließend sein. Es gibt keine feste Norm, keine Maßangaben, in welchem Winkel die Hüfte gebeugt werden soll. Dies richtet sich stets nach individuellen Gegebenheiten, dem Pferd und der Situation. Der Leichte Sitz umfaßt die ganze Spannbreite vom Entlastungssitz bis hin zum extremen Entlasten über dem Sprung.

Die eigentliche Beckenstellung verändert sich nicht. Die Spinae stehen nach wie vor in einer Linie mit dem Schambein, nur daß diese Linie nicht mehr in der Senkrechten zu finden ist. Der Drehpunkt wird vom Hüftgelenk gebildet, nicht von der LWS! Da das Hüftgelenk höher liegt als die Gesäßknochen, kommen beim Vorneigen aus der Hüfte die Gesäßknochen automatisch ein Stück nach hinten und der Reiter kann sich über Oberschenkel und Knie ausbalancieren. Erleichtert wird dies durch den verkürzten Bügel und die damit verbundene stärkere Winkelung des Knies.

3.5 Trockenübungen: Becken

Setzen Sie sich jetzt am besten vor einen Spiegel und legen die Zeigefinger auf die *Spinae*. Die nun folgende Beckenbewegung ist im Grunde ein Rollen über die Kufen des Sitzdreiecks.

Bei der Vorbewegung der *Spinae* nähern sich diese den Oberschenkeln an, das Hüftgelenk wird geschlossen, und die Gesäßknochen zeigen nach hinten. Die Lendenwirbelsäule wird gestreckt und verschwindet schließlich im Hohlkreuz. Entfernen sich die *Spinae* von den Oberschenkeln nach hinten, so rollt das Becken über die Gesäßknochen, die dann nach vorne zeigen. Hierbei wird der Rücken rund, man kann die Dornfortsätze der LWS tasten. Setzen Sie sich jetzt einfach ganz gemütlich auf Ihre Hände. Schließen Sie die Augen und stellen sich eine Reitstunde vor. Laut hören Sie den Reitlehrer: „Gerade sitzen, ..." (bildhaftere Ausschmückungen überlasse ich der Phantasie meiner Leser). Sofort geht ein Ruck durch Ihren Körper, Zack – Sie sitzen

gerade. Oder? Wie fühlte es sich unter den Händen an?

In neun von zehn Fällen schieben bei solch einem ruckartigen Aufrichten die Gesäßknochen schwungvoll nach hinten, und man möchte im allgemeinen doch vorwärts reiten! Die eigene Mittelstellung des Beckens als *Sitzbasis* zu finden, aus der heraus man sicher in alle Bewegungen des Pferdes eingehen kann, ist das erste Ziel auf dem Pferderücken. Es gibt drei Kriterien, diese Mittelstellung für sich zu finden:

1. Man rollt mehrmals über die Gesäßknochen wie oben beschrieben und versucht, die Stellung zu finden, in der man den höchsten Punkt der Gesäßknochen fühlt. Sie dürfen dabei keinesfalls nach vorne, eher einen Tuck nach hinten zeigen.

2. Man tastet die Spinae und das Schambein und versucht, diese Punkte in eine senkrechte Linie zueinander zu bringen.

3. Eine Hand tastet an der LWS die Dornfortsätze. Die oben beschriebene Beckenbewegung nach vorne und hinten wird mehrmals durchgeführt. Dabei kann man die Dornfortsätze deutlich tasten, wenn das Becken nach hinten rollt. Bei der Becken-

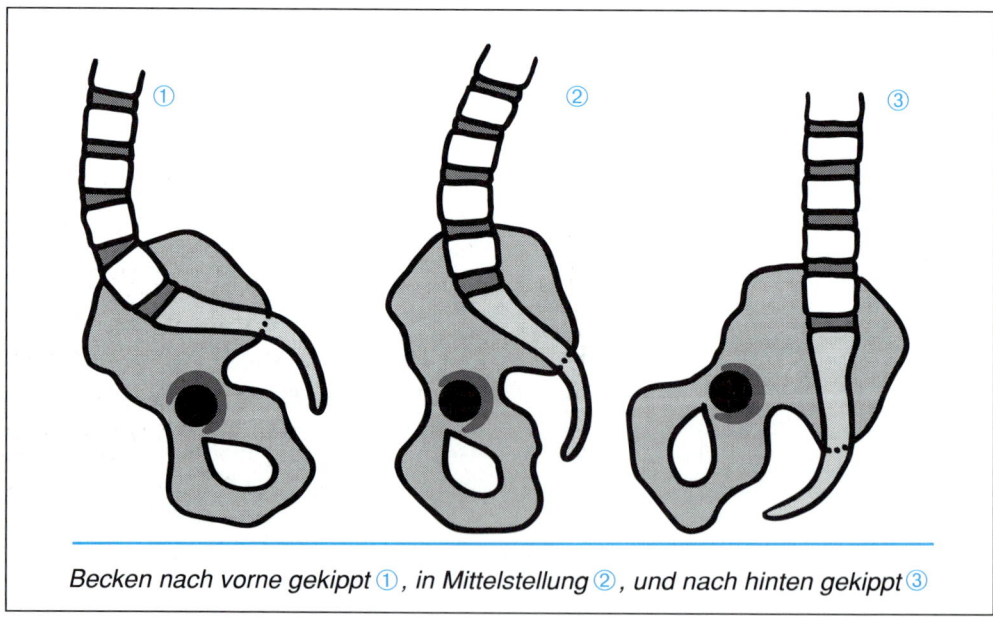

Becken nach vorne gekippt ① *, in Mittelstellung* ② *, und nach hinten gekippt* ③

bewegung nach vorne verschwinden diese in einer Kuhle, und wenn man das Becken extrem weit nach vorne bewegt, werden zwei Muskelstränge rechts und links neben der Wirbelsäule strangförmig fest (aktives Hohlkreuz).

In der Beckenmittlelstellung sind die Dornfortsätze gerade in der Kuhle verschwunden, die Rückenmuskulatur ist jedoch noch entspannt.

Wichtig ist es, sich zu verdeutlichen, daß im Sitzen ein natürliches „Hohlkreuz" in der LWS normal ist! Würde man das Becken so weit nach hinten bewegen, daß die LWS gerade gestellt ist, kann der Rücken nicht mehr in der Bewegung mitschwingen. Einmal leuchtet es sicherlich ein, daß eine S-förmige Wirbelsäule Bewegungen besser abfedern kann, andererseits ist der letzte Lendenwirbel – L5 genannt – in seiner Beweglichkeit so eingegrenzt, daß er bei „gerader" Lendenwirbelsäule schon am Ende seiner Bewegung angekommen ist und dort festklemmt. Dies ist eine häufige Ursache für tiefe Rückenschmerzen vor allem nach längerem Sitzen. Setzen Sie sich nun am besten über eine Ecke des Hockers und stellen die Füße nach hinten, da diese Lage der Oberschenkel dem Reitsitz eher entspricht. Nun stellen Sie sich das Sitzdreieck wieder gut vor und versuchen Sie, in Gedanken auf diesem dreibeinigen Stuhl zu kippeln. Das würde der Gewichtsverlagerung beim Reiten entsprechen und ist gemeint mit Aussprüchen

wie: „Innen belasten, innere Hüfte nach vorwärts abwärts, ...". Die tatsächliche Bewegung ist winzig klein, wenn man dabei so ruhig wie möglich sitzen bleibt.

Versuchen Sie jetzt auch nochmal bewußt, den großen Gesäßmuskel anzuspannen und sich beim Entspannen wieder auf die Gesäßknochen sinken zu lassen. Oder tasten Sie die Ansätze der Klemmer, pressen Sie die Beine zusammen und entspannen sie wieder.

Wenn eine dieser beiden Muskelgruppen fest angespannt ist, so kann man die Beckenbewegung nach vorne oder hinten nur zäh ausführen. Das ist vergleichbar mit dem Versuch, bei fest zusammengebissenen Zähnen frei durchzuatmen.

3.6 Ausbalancieren des Beckens in der Pferdebewegung

Jetzt wird es interessant. Am besten sitzen Sie auf dem Pferd, halten sich gleichzeitig das Buch vor die Nase, reiten immer vor dem hoffentlich vorhandenen Spiegel entlang, und das Ganze bitte locker und entspannt, mit einem Lächeln und in höchster Konzentration ...

Theorie in die Praxis umzusetzen ist das zentrale Anliegen dieses Buches, wird dadurch aber nicht einfacher. Am besten

Becken nach vorne gekippt ①, in Mittelstellung ②, und nach hinten gekippt ③

lesen Sie sich diesen Abschnitt in Ruhe durch und probieren die Hinweise, die Ihnen einleuchtend erscheinen, in der nächsten Reitstunde aus. Günstig wäre es natürlich, wenn man dabei zurück an die Longe gehen könnte, um sich ganz auf seinen Sitz zu konzentrieren. Ansonsten bietet aber auch die Lösungsphase am längeren Zügel eine willkommene Gelegenheit, die Konzentration ganz auf die eigene Balance zu lenken – die meisten Pferde werden dafür dankbar sein. Ein unausbalanciert sitzender Reiter ist wie ein schlecht gepackter, nicht festgeschnallter Rucksack. Je besser in einem Rucksack das Gewicht verteilt ist, und je ruhiger er auf dem Rücken liegt, desto weniger anstrengend ist das Gehen; das Gewicht des Rucksacks spielt dann eine Nebenrolle. Genauso ist es beim Reiten. Auch ein großer kräftiger Reiter kann einem Pferd leichter erscheinen, als ein wackeliges „Fliegengewicht". Man muß sich auch immer wieder vor Augen halten, daß man als Reiter das Pferd in seiner natürlichen Balance stört. Ein weiterer wichtiger Gesichtspunkt: Je stiller der Sitz ist, desto eher wird das Pferd eine Veränderung des Sitzes wahrnehmen können.

Genug der Theorie, Sie sind inzwischen aufgesessen und Ihr Pferd bewegt sich in einem ruhigen raumgreifenden Schritt in der Bahn. Lenken Sie Ihre Konzentration nun zunächst auf die Kontaktstellen mit dem Sattel, also die beiden Gesäßknochen und den Spalt.

Bei einem optimal passenden Sattel kann sich der obere Schambeinrand noch zusätzlich an der Vorderkammer abstützen. Um wirklich tiefen Kontakt zu finden und eins mit der Pferdebewegung zu werden, kann man sich vorstellen, seine Beine abzuschnallen und dafür die vier Pferdebeine unterzuschnallen. Sich bewegen lassen, nicht sich aktiv bewegen heißt die Devise!

Schritt

Im Schritt kann man spüren, wie das Pferd unter dem Reiter schreitet. Der Schritt des Pferdes überträgt auf den Rücken des Reiters eine ähnliche Bewegung wie der Schritt des Menschen – das Gangbild. Die Entdeckung dieser Tatsache erklärt manche erstaunlichen Effekte des therapeutischen Reitens. Das Pferd kann im Schritt auf einen nicht gehfähigen Patienten das menschliche Gangbild übertragen.

Wenn man sich auf die eigenen Gesäßknochen konzentriert, so kann man spüren, wie sie vom Pferd, wenn es mit dem jeweiligen Hinterbein abfußt, nach vorne bewegt werden. Es ist ein Gefühl, als ob man auf den Gesäßknochen gehen würde.

Häufig sieht man im Schritt ein falsch verstandenes Treiben, das sich in einer schaukelnden, manchmal ruckhaften Becken- und Oberkörperbewegung zeigt. Denken Sie dann an den Vergleich mit dem Rucksack – schonen Sie Ihren Pferderücken.

Trab

Im Trab hebt und senkt sich der Pferderücken gleichmäßiger. Stellen Sie sich jetzt vor, Ihre Gesäßknochen wären eine Massagehand. Bei einer guten Massage bleibt die Hand immer am Körper, sie verliert nie den Kontakt, auch wenn sich der Druck und die Intensität verändert. Die Gesäßknochen belasten seitlich die Rückenmuskeln des Pferdes. Der schwingende Pferderücken holt sich im Grunde seine Massage selbst.

Galopp

Für den Galopp stellen Sie sich wieder vor, Ihre Gesäßknochen wären Ihre Beine und Sie würden mit Ihnen einen Pferdchensprung machen. Dabei kommt dann ganz automatisch die innere Hüfte vor und wird mehr belastet, genau wie es die Reitlehre verlangt.

Dies Bild ist oft eine Hilfe, wenn man gerne beim Angaloppieren aufsteht und mit dem Gesäß aus dem Sattel kommt. Wichtig ist wieder, daß nicht Sie den Pferdchensprung ausführen, sondern fühlen, wie das Pferd Ihr Becken in eine Art Pferdchensprung bewegt. Erst wenn Sie so ein Teil der Bewegung geworden sind, können Sie versuchen, diese

Pferdchensprung zu Fuß

durch Betonen, Verzögern oder Verstärken bestimmter Momente zu beeinflussen.

Sobald das Becken seine Balance verliert, kommt entweder eine Unruhe in den Oberkörper, und / oder der Reiter muß sich vermehrt mit den Beinen festklammern. Ausbalancieren kann sich das Becken am besten aus der Mittelstellung, die Sie auf dem Hocker, also in der Ruhe schon erspürt haben.

Eine bekannte Therapeutin sagte während einer Fortbildung zur Ganganalyse einmal: „Es gibt keine korrekte Beckenstellung, das Becken ist immer potentiell beweglich!". Bewegen kann sich das Becken aber nur aus einer Mittelstellung heraus, nicht wenn es schon an einem Bewegungsende angekommen ist.

Um seine individuelle Mittelstellung in der Bewegung zu finden, kann folgende Übung hilfreich sein.

Aus einem mittleren Sitz heraus beugt man den Oberkörper (in der Hüfte!) nach vorne,

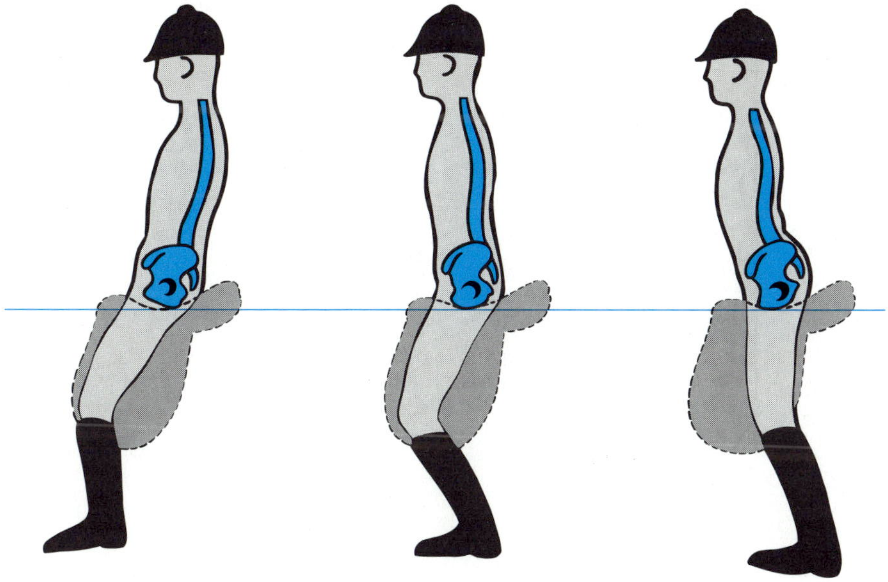

Auswirkungen der Beckenstellung

35

die Spinae kommen vor das Schambein. Automatisch werden die Gesäßknochen weniger belastet, man sitzt nicht mehr auf der Sitzbasis, sondern auf der Innenseite der Oberschenkel, die dabei leicht angespannt werden (*Spaltsitz*).

Lehnt man sich dann mit dem Oberkörper und dem Becken nach hinten, so spürt man eine Spannung an der Vorderseite des Oberschenkels, reflektorisch möchte das Knie nach oben rutschen und der untere Schambeinrand verliert den Kontakt mit dem Sattel (*Stuhlsitz*). Die individuelle Mittelstellung ist genau der Punkt, an dem man seine Beine optimal aus den Hüften heraus hängen lassen kann, keine Spannung des Knies nach oben und kein Gewicht auf der Innenseite der Oberschenkel spürt.

Verdeutlichen Sie sich hierbei nochmals, daß das Hüftgelenk höher lokalisiert ist als die Gesäßknochen, und daß es beim Sitzen nicht belastet wird.

Das Hauptproblem für die Kontrolle über das Becken beim Reiten stellen die *Adduktoren* dar, die sich oft ganz unwillkürlich anspannen – und sofort ist es aus mit dem schönen tiefen Sitz. Situationen wie Angst, Aufregung ... bahnen unwillkürlich ganze Muskelketten an, zu denen auch die Adduktoren gehören. Diese Tatsache erklärt die häufig mögliche Beobachtung, daß ängstliche Reiter schneller ihre Balance verlieren. Auch ein breites Pferd kann einen Reiter überfordern; schlecht dehnfähige Muskulatur kann auf den Dehnreiz mit Anspannen reagieren.

Tröstlich ist es, daß ein ruhiger gleichmäßiger Druck einem Muskel, der unter Dehnspannung steht, zum Entspannen hilft.

Also ruhig sitzen, und meist wird dies Problem im Verlauf einer Reitstunde besser.

Gerät der Sitz jedoch wiederholt aus der Balance, so wird der Muskel immer wieder mit neuen Reizen geärgert und wird eher fester werden.

Seien Sie mutig. Es gehört eine Menge Mut dazu, die Beckenmuskulatur loszulassen. Trauen Sie sich, das Becken loszulassen, vertrauen Sie es der Bewegung des Pferdes an, nur so werden Sie die ganze Harmonie mit dem Pferd erleben können.

Stabilisierungszentrum
Oberkörper und Kopf

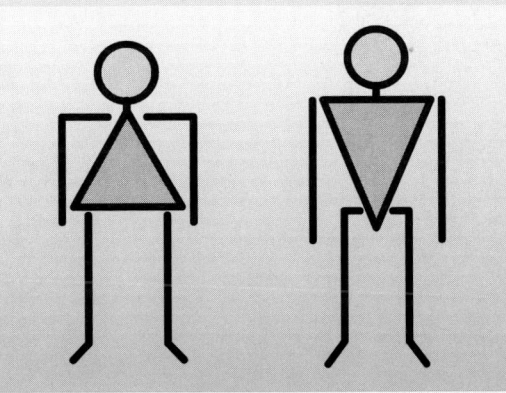

4.

Anatomie

Die *Wirbelsäule*, das Rückgrat des Rumpfes, ist für unser gesamtes Bewegungsverhalten, für Haltung und Bewegung von großer Bedeutung. Sie besteht aus einer Kette von einzelnen Wirbeln und hat dadurch eine große Bewegungsvielfalt.

Jeder Wirbel besitzt seitlich zwei Querfortsätze und einen hinten tastbaren Dornfortsatz. Die charakteristische S-Form ist ideal zum Abfedern von Stößen. Wäre die Wirbelsäule ein gerader Stab, so würden alle Stöße von unten direkt oben an den Kopfgelenken ankommen, die dann folgenden Kopfschmerzen kann man sich gut vorstellen.

Man unterteilt die Wirbelsäule in drei Abschnitte, *Lendenwirbelsäule – LWS –*, *Brustwirbelsäule – BWS –* und *Halswirbelsäule – HWS –*.

Von der Seite betrachtet erkennt man, daß sich die drei Abschnitte im wesentlichen in ihrer Form unterscheiden. HWS und LWS sind nach vorne hin hohl, die BWS ist nach hinten gewölbt. Man bezeichnet dies als HWS / LWS *Lordose* und BWS *Kyphose*. Im Bereich der BWS setzen hinten an den Wirbeln die *Rippen* an, die dann nach vorne zum *Brustbein* ziehen und den *Brustkorb* bilden. Als letztes Glied der Wirbelkette könnte man den Kopf bezeichnen, der wie ein Ball auf einem sich unter ihm bewegenden biegsamen Stab ausbalanciert wird.

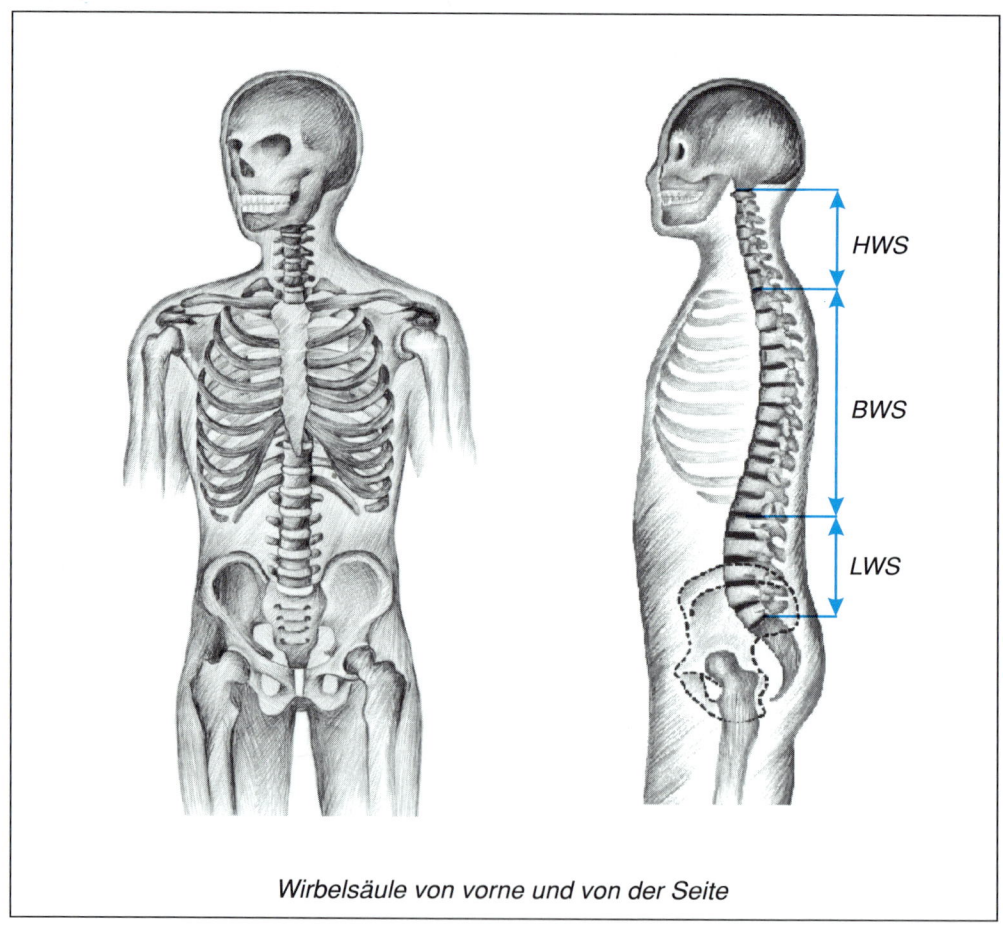

HWS

BWS

LWS

Wirbelsäule von vorne und von der Seite

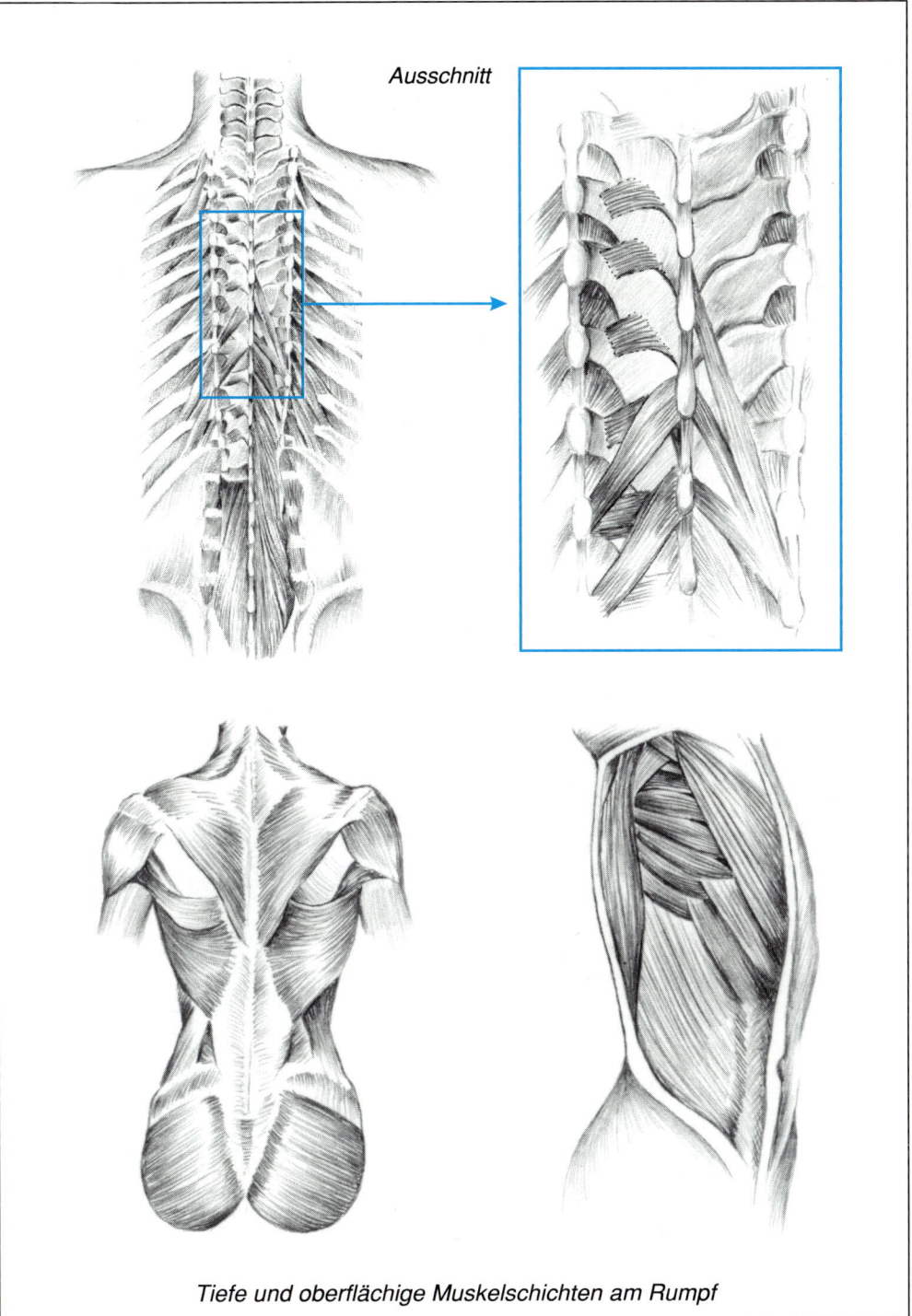

Ausschnitt

Tiefe und oberflächige Muskelschichten am Rumpf

Die Muskulatur des Oberkörpers ist hauptsächlich für die Stabilität des Rumpfes zuständig. Sie leistet also im Wesentlichen Haltearbeit, keine großen Bewegungen. Wie in dem Kapitel Physiologie der Muskulatur beschrieben, besteht die Muskulatur des Rumpfes zum größten Teil aus statischen Muskelfasern.

Die Muskulatur ist in einzelnen Schichten als flächige Muskeln am Rumpf angelegt. Hier gibt es keinen Muskel, wie am Arm, der mit einem dicken Muskelbauch an zwei sehnigen Enden befestigt ist. Die Rumpfmuskulatur ist wie eine Platte und die Muskelfaseren sind sehnig durchzogen, so daß der Muskel besser auf Zugspannung belastet werden kann. Die tiefen Schichten bestehen aus kurzen Muskeln. An der Wirbelsäule ziehen diese kurzen Muskeln beispielsweise nur von einem Wirbel zum benachbarten Wirbel, die oberflächigen Schichten verspannen wie ein Netz den gesamten Rumpf. Am Rücken geht dies vom Hinterhaupt bis hinunter zum Becken. Die *tiefen kurzen Muskeln* regeln die *Feinmotorik* des Rumpfes, die *großen oberflächigen Muskeln* geben *Haltung* und stellen die Verbindung zu den Muskelketten der Extremitäten dar.

Die Rumpfmuskulatur, besonders die tiefe, für die Feinmotorik so wichtige Schicht, unterliegt nur ganz gering der *Willkürmotorik*. Sie reagiert automatisch und ist nicht vom Bewußtsein steuerbar. Sie ist abhängig von Gelenkstellungen, Haltung und der jeweiligen Lage und Situation, der Grundspannung.

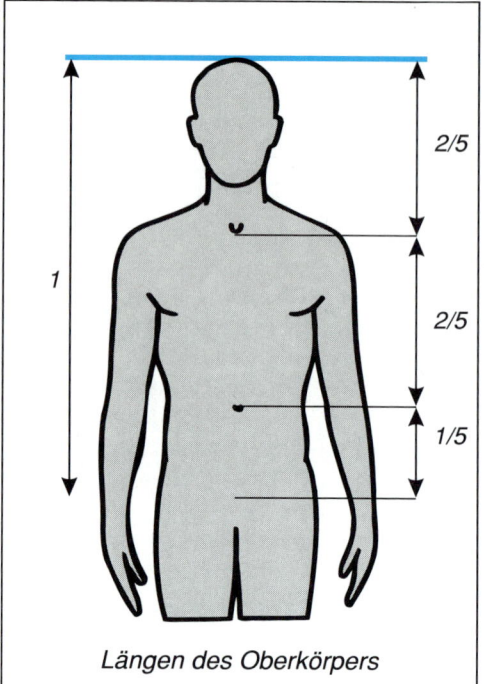

Längen des Oberkörpers

4.2 *Körperproportionen und individuelle Konstruktion*

So wie im Idealfall das Becken den Körper in zwei gleichlange Hälften teilt, gibt es auch für den Oberkörper bestimmte Richtwerte. Man betrachtet den Oberkörper als einen Turm, der aus den drei Bausteinen Becken, Brustkorb und Kopf besteht. Wenn man die

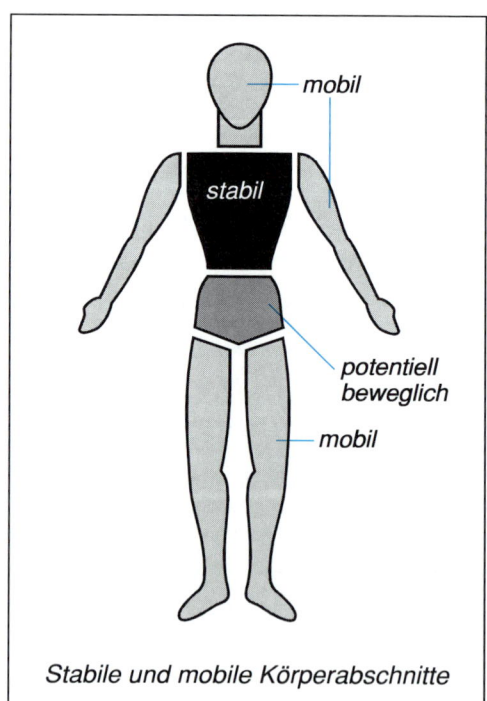

Stabile und mobile Körperabschnitte

einzelnen Längen messen und miteinander vergleichen will, so mißt man das Becken von der Höhe der Hüftgelenke bis zum Bauchnabel, den Brustkorb vom Bauchnabel bis zur Kinngrube zwischen den Schlüsselbeinen und den Kopf von der Kinngrube bis zum Scheitel. Diese „Normwerte" wären 1 / 5 : 2 / 5 : 2 / 5.

Die Einteilung des Menschen in fünf *funktionelle Körperabschnitte* hat sich für die Bewegungsbeobachtung als hilfreiche Schematisierung erwiesen.

Arme, Beine und Kopf haben je nur eine Berührungsfläche mit den benachbarten Körperabschnitten. Sie sind daher sehr mobil und auf Bewegung angelegt. Das Becken besitzt zwei angrenzende Körperabschnitte und hat die Aufgabe, die Bewegungen der Beine (beim Reiten des Pferderückens) zu „bändigen" und koordiniert auf die Wirbelsäule weiterzuleiten. Dazu führt es in den Hüftgelenken und der LWS stets feinste Balanceakte aus – siehe Beckenkapitel.

An den Brustkorb grenzen drei der restlichen vier Körperabschnitte an. Es ist daher einleuchtend, daß die BWS zum stabilisierenden Zentrum der Körperhaltung und Bewegung bestimmt ist. Man spricht hierbei von einer dynamischen Stabilisation, da man sich allein durch die Atembewegung der Rippen immer in Bewegung befindet, und auf Bewegung reagieren muß.

Jeder Oberkörperabschnitt läßt sich in alle Bewegungsrichtungen bewegen, hat aber eine bevorzugte Bewegungsrichtung. So wird dem Baustein Becken, zu dem die LWS gerechnet wird, als Hauptfunktionsbewegung Beugung und Streckung zugeordnet, dem Brustkorb mit der BWS das Drehen nach rechts und links. Der Kopf ist der frei beweglichste Teil, er kann in alle Richtungen ausgleichen. Jede Seitneigung der Wirbelsäule ist aufgrund der Anatomie der einzelnen Wirbel immer mit feinsten Drehungen kombiniert. Diese sogenannten Schwachstellen der Wirbelsäule liegen meist

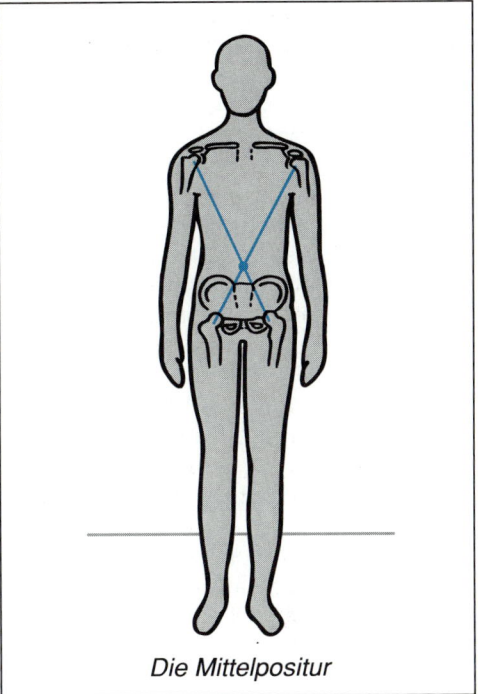

Die Mittelpositur

an den Übergängen der einzelnen Abschnitte, da dort die Umstellung der Bewegungsrichtungen stattfindet. Dabei spielen die Längen der Abschnitte eine wichtige Rolle. So wäre beispielsweise ein langes Becken ein langer Hebel und der Übergang zum Brustkorb sitzt relativ hoch. Solche Leute haben beim Reiten – und auch sonst – häufig Probleme mit der stabilen *Mittelpositur*.

Neben den Längen spielen auch die Breiten des Oberkörpers eine wichtige Rolle. Hier gilt, der Abstand der Schultergelenke soll doppelt so lang sein wie der Abstand der Hüftgelenke. Dies ist wichtig für das Ausbalancieren im Stehen und die Gewichtsverlagerung beim Gehen.

Zieht man diagonale Linien von den Schultergelenken zu den Hüftgelenken, so kreuzen sich diese im sogenannten individuellen Körpermittelpunkt. Dort sitzt das Bewegungszentrum, die Mittelpositur. Die Muskulatur des Rumpfes und auch der Extremitäten ist im wesentlichen entlang dieser gedachten Diagonalen angelegt. Diagonale Bewegungsabläufe sind für den Körper ökonomisch. So hat man beim Gehen den diagonalen Armpendel. Betrachten Sie einmal Photos von irgendwelchen Sportassen, immer wieder erkennt man diagonale Verschraubungen des Körpers. Nur so kann der Organismus seine ganze Kraft einsetzen. Auch beim Reiten ist die diagonale Verspannung des Körpers von entscheidender Wichtigkeit. Es ist zwar nicht so offensichtlich, aber schon beim Durchreiten einer Ecke müssen innere Hüfte und äußere Schulter miteinander diagonal verspannt werden, sonst knickt man entweder in der Hüfte ein, oder die Schulter bleibt hinter der Bewegung zurück.

Um die Wichtigkeit der Körperbreiten auf das Bewegungsverhalten zu verdeutlichen, kann man sich den Oberkörper als Dreieck vorstellen.

Oberkörper mit der breiten Basis hat es viel schwerer, einen viel weiteren Weg, bis Gewicht verlagert werden kann. Beim Reiten wird er es also wahrscheinlich einfacher mit der Balance haben, beim Reiten durch Wendungen und in der Einwirkung muß der Oberkörper aber ein höheres Maß an Arbeit aufbringen, als der labilere Typ. Dieser hat es nicht so leicht, in die Bewegungsbalance zu kommen, dann jedoch braucht eine Gewichtsverlagerung häufig nur gedacht werden.

In dem Physiologiekapitel habe ich Grundsätzliches über die Grundspannung der Muskulatur beschrieben und erklärt, daß diese Grundspannung, der Tonus, lageabhängig ist. So ist der Tonus im Liegen geringer als im Stehen. Für die oben beschriebenen Oberkörpertypen trifft dies auch zu. Der stabile Typ wird eher einen geringeren Grundtonus aufweisen, und die Muskulatur ist daher auch nicht so schnell in

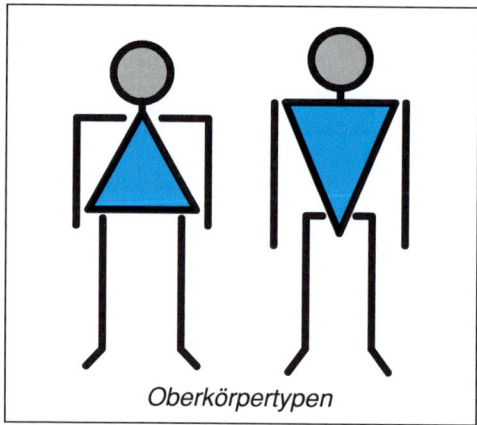

Oberkörpertypen

Jemand mit breitem Becken und schmalen Schultern hat einen tiefen Schwerpunkt, kombiniert mit einem kurzen geraden Oberkörper hat er einen sehr stabilen Halt und läßt sich nicht so leicht aus der Balance bringen. Hingegen ist die Balance sicherlich schwieriger zu finden und zu halten, wenn das Becken schmaler und die Schultern breit sind. Hier ist der Schwerpunkt höher, der Sitz ist labiler. Dafür aber hat er es leichter mit der Gewichtsverlagerung. Der

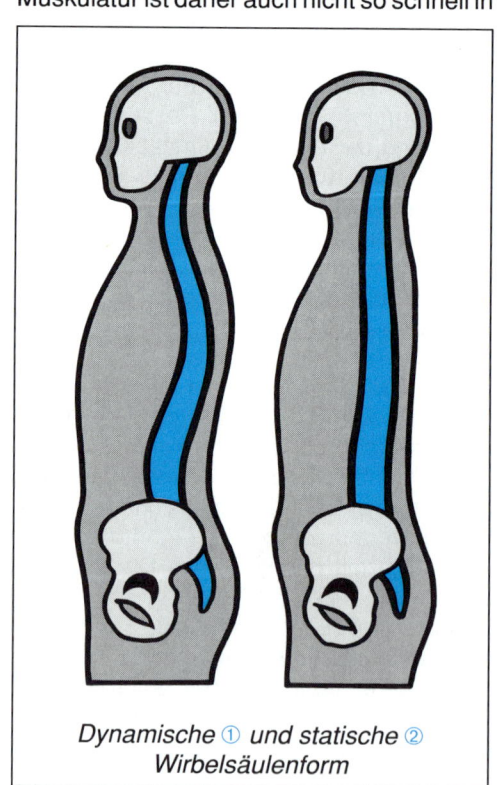

Dynamische ① und statische ②
Wirbelsäulenform

der Lage, zu reagieren. Hingegen ist beim labilen Typ eine höhere Grundspannung mit höherer Reaktionsbereitschaft der Muskulatur zu finden.

Ein weiteres wichtiges Beobachtungskriterium zur Beurteilung des Bewegungstyps ist die Form des Oberkörpers von der Seite betrachtet. Generell kann man eine Wirbelsäule mit vermehrten Schwingungen dem *dynamischen Bewegungstyp* zurechnen, den geraderen Flachrücken dem *stabilen Haltungstyp.*

Der Kopf stellt ein relativ großes Gewicht dar und ist für das gesamte Gleichgewicht von entscheidender Bedeutung. Egal welcher Wirbelsäulentyp, der Kopf sollte im Sitzen immer über dem Becken, im Stehen immer über den Füßen sein, sonst kann die eigene Balance nicht stimmen, und wie sollte man dann noch in die Balance der Pferdebewegung kommen?!

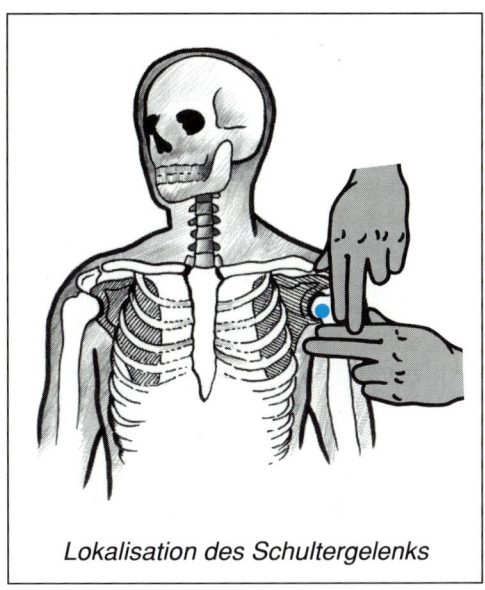

Lokalisation des Schultergelenks

4.3 *Ertasten der wichtigsten Orientierungspunkte am eigenen Körper*

Nach so viel Theorie sind Sie nun wieder selber gefragt. Stellen Sie sich am besten vor einen Spiegel, oder beobachten Sie sich zu zweit gegenseitig. Wie ist das Verhältnis Oberkörper zu Beinen, und wie gliedern sich die einzelnen Oberkörperbausteine auf? Vergleichen Sie dazu die Zeichnung.

Um die einzelnen Bausteine abzugrenzen, tasten Sie zunächst die Höhe der Hüftgelenke – wie im Beckenkapitel beschrieben. Die weiteren Orientierungspunkte sind Bauchnabel, Kinngrube und Scheitel.

Nach dem Längenvergleich tasten Sie erneut die Hüftgelenke und zwar am besten genau auf dem Punkt, wo man die Beinarterie pulsieren spürt. Vergleichen Sie den Abstand mit dem Abstand der Schultergelenke. Das Zentrum des Schultergelenkes liegt in der Verlängerung der Achselfalte ca. zwei Querfinger Abstand von oben und von der Seite.

Betrachten Sie sich nun von der Seite, wie stark sind die Schwingungen der Wirbelsäule ausgeprägt? Neigen Sie eher zum dynamischen, oder zum statischen Wirbelsäulentyp?

Und wie gut kennen Sie Ihren Rücken und Ihre Haltung schon? Kennen Sie Schwachstellen oder Problemecken? Wenn ja, dann kontrollieren Sie, ob dort Übergänge der einzelnen Oberkörperabschnitte sitzen, oder Ihre Konstitution eventuell ungünstigere Hebel aufweist. Und versuchen Sie, sich selbst einzuschätzen, wie ist beispielsweise Ihr Grundtonus der gesamten Muskulatur – ist er eher hoch und reaktionsschnell, oder zu hoch und damit fest/steif, halten Sie sich gerne lässig und haben einen niedrigen Grundtonus, der dann erst in Schwung gebracht werden muß ...?

Diese Fragen sind sicherlich nicht einfach allein zu beantworten. Wer kennt sich schon selber so genau, und nicht immer mag man ehrlich zu sich selber sein. Außerdem ist der Tonus der Muskulatur extrem abhängig von Tageszeit, Stimmung, Situation ... Jeder hat

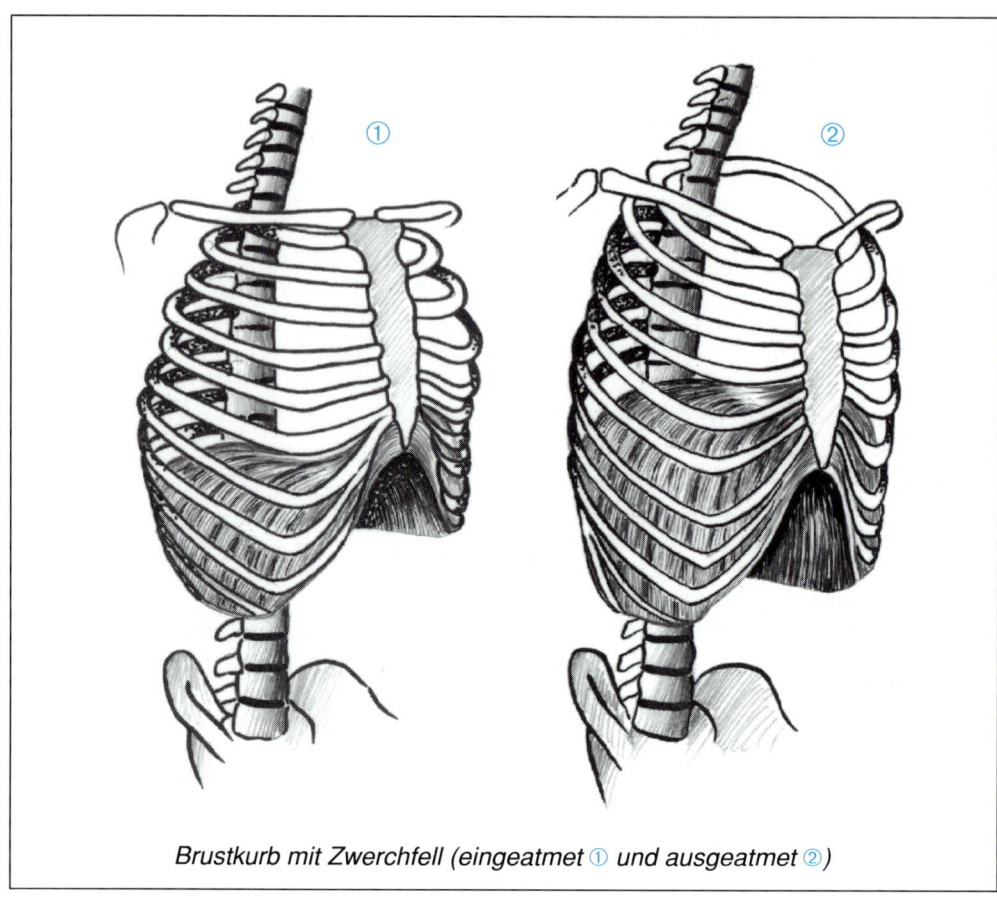

Brustkurb mit Zwerchfell (eingeatmet ① und ausgeatmet ②)

seine individuelle Tagesform, und Sie kennen sicher auch Tageszeiten, an denen sie besonders fit zum Reiten sind.

Weitere wichtige Orientierungspunkte am Oberkörper, die Sie kennen und tasten sollten, sind das *Brustbein* und der untere Rippenbogen. Das Brustbein ist eine flache längliche Platte, an der seitlich die Rippen befestigt sind. Das Brustbein sollte senkrecht stehen. Wenn das Brustbein im unteren Abschnitt nach innen eingezogen ist, eine sogenannte *Trichterbrust*, so hat dies natürlich Auswirkung auf Atmung und Haltung.
Tasten Sie die *Kinngrube* und die *untere Brustbeinspitze.* Diese beiden Punkte sollten in einer senkrechten Linie zueinander stehen. Nach unten läuft das Brustbein spitz zu. Dort

münden in einem Winkel von ca. 45° die unteren Rippen in einem Knorpelbogen ein. An diesem Rippenbogen setzt das Zwerchfell an, das im wesentlichen für die Atmung zuständig ist. Sie können sich vorstellen, daß der Brustkorb als ein Hohlraum seine Stabilität durch das Füllen mit Luft erhält. Automatisch passiert dies, wenn man die Luft anhält und somit den Druck im Brustkorb erhöht, um mehr Stabilität und Kraft zu bekommen. Beim Einatmen senkt sich das Zwerchfell ab und der Bauch wölbt sich leicht vor. Legen Sie eine Hand an den Rippenbogen und eine auf den Bauch und spüren sie die Atembewegung. Halten Sie auch mal die Luft an und pressen. Sie können spüren, wie dort, wo Ihre Hände sind, alles fest wird.

Der Übergang vom Brustkorb zum Hals/Kopf läßt sich vorne an der Kinngrube ertasten. Hinten findet man häufig einen deutlich hervorstehenden *Dornfortsatz*. In der Regel ist dies der letzte Halswirbel. Tastet man mit mehrern Fingern an den benachbarten Dornfortsätzen und legt den Kopf in den Nacken, so bleibt dieser fest stehen und geht nicht mit in die Bewegungsrichtung. Fahren Sie nun mit den Fingern am Hals nach oben, bis Sie auf das *Hinterhaupt* stoßen. Von dort tasten Sie zu den Seiten, hinter dem Ohr stoßen Sie dann auf eine Verdickung des Knochens. Dort setzen wichtige Halsmuskeln an. Zwischen diesem Punkt und dem Unterkieferast kann man etwa unterhalb des Ohrläppchens einen sehr empfindlichen Punkt ertasten. Dort befindet sich der *Querfortsatz* des ersten Halswirbels, das oberste Kopfgelenk, unser erstes Bewegungssegment.

4.4 *Idealtypus der Oberkörper- und Kopfhaltung auf dem Pferd*

Dressursitz
Eleganz und Ruhe strahlt der Oberkörper eines guten Reiters aus. Scheinbar mühelos balanciert er sich senkrecht und quer zum Pferderücken aus. Und ganz gleich, wie sich das Pferd unter dem Reiter bewegt, der Oberkörper ist stets ein Teil der Bewegung, wie angewachsen, fast wie bei den legendären Zentauren, so stellt man sich den idealen Oberkörper vor.
In der Reitlehre findet man Beobachtungskriterien für die Beurteilung der Oberkörperhaltung. Eine senkrechte Linie soll wie ein Lot durch die Punkte Ohr, Schulter-, Hüftgelenk gezogen werden können. Dies ist im Grunde die Beschreibung des Türmchens aus den Bausteinen Becken, Brustkorb und Kopf. Am stabilsten ist der Turm, wenn alle Bausteine gut übereinander angeordnet sind. Schaut man genau hin, so sieht man,

daß der Oberkörper nie ganz still gehalten wird, sondern sich in die Pferdebewegung eingliedert. Eine weiterere oft angewandte Regel besagt, daß die Hüften von Pferd und Reiter, sowie die Schultern von Pferd und Reiter immer parallel zueinander angeordnet sein sollen. Dies kann man besonders deutlich in engen Wendungen oder bei größerer Längsbiegung des Pferdes be-

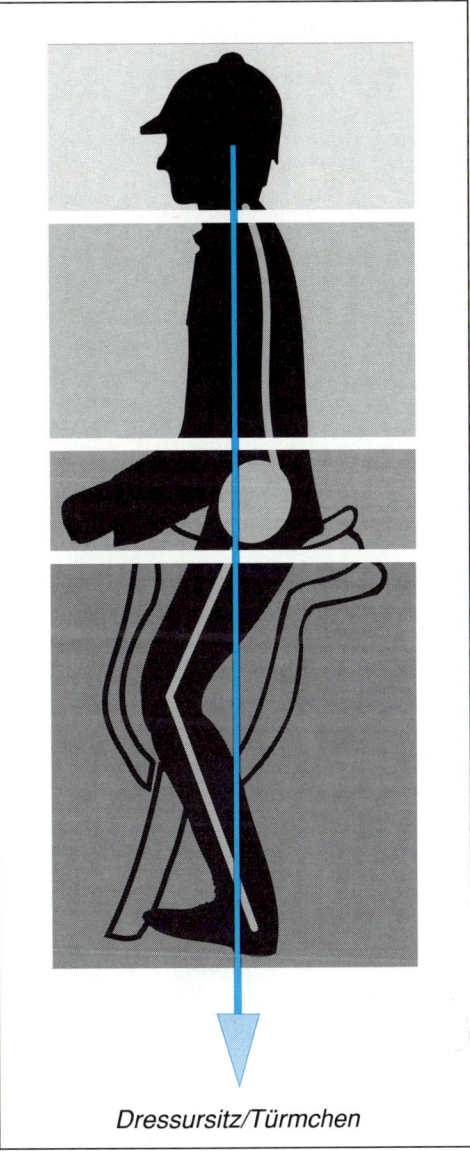

Dressursitz/Türmchen

obachten. Es bedeutet, daß der Reiter seinen Oberkörper stets mit in die Bewegungsrichtung nehmen soll. In der Reitlehre wird dies als die natürliche Haltung von Schultern und Hüften in der Wendung beschrieben.

Leichter Sitz

Für den Leichten Sitz wird der Oberkörper aus der Senkrechten herausgenommen und nach vorne geneigt. Das Vorneigen geschieht ausschließlich im Hüftgelenk. Die Wirbelsäule verändert ihre Stellung nicht. Die einzelnen Bausteine Becken, Brustkorb und Kopf behalten ihre Lage zueinander bei. Denn nur in dieser Stellung kann das komplizierte Muskelzusammenspiel der Rumpfmuskulatur automatisch ablaufen. Gleichzeitig mit dem Vorneigen wird das Gewicht über Oberschenkel und Knie ausbalanciert. Der eigene Schwerpunkt soll über dem Schwerpunkt des Pferdes sein. Wie weit der Oberkörper nach vorne geneigt wird und wie stark der Kontakt des Gesäßes mit dem Sattel noch sein darf, richtet sich ganz nach Situation und Pferd. Der Leichte Sitz ist folglich ein sehr dynamischer, anpassungsfähiger Sitz, der sich auch be-

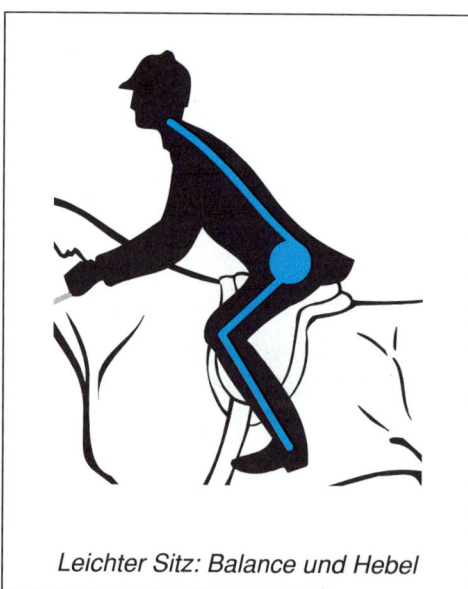

Leichter Sitz: Balance und Hebel

sonders schnell und gut der unterschiedlichsten Pferdebewegung anpassen kann. Bei der Entwicklung von höherem Galopptempo und über dem Sprung ist der Leichte Sitz daher für Reiter und Pferd ein Muß. Der Leichte Sitz sollte immer die Tendenz nach vorn haben. Hinter die Bewegung zu kommen, wirkt sich fatal auf das Gleichgewicht von Reiter und Pferd aus.

4.5 Trockenübungen: Oberkörper und Kopf

Um die eigene Oberkörperaufrichtung zu erspüren, wäre es wiederum sinnvoll, sich vor einen Spiegel zu setzen, denn der eigene Rücken ist einem meist fremder als der kleine Zeh, den man ja sehen kann. Somit ist ein Spiegel als Kontrolle hilfreich. Das Hauptproblem bei der Haltungskorrektur ist, daß man um so steifer und verkrampfter wird, je bewußter man eine Korrektur ausführen will. Man fühlt sich dabei begreiflicherweise zunehmend unwohl. Wenn Sie mit einer der folgenden Übungen Schwierigkeiten haben, machen Sie eine Pause, bewegen sich kurz und probieren es danach erneut.

Ein weiteres Problem bei der Haltungskorrektur stellt die eigene Körperwahrnehmung dar. Legen Sie sich auf den Rücken und versuchen Sie, ganz gerade zu liegen. Je länger Sie darüber nachdenken, desto unsicherer werden Sie vermutlich in der Frage, wo die gerade Mittellinie ist. Das Körper- und Bewegungsgefühl ist auch abhängig von der Dauer einer Stellung. Vergleichen kann man dies gut mit dem Wärmeempfinden. Stellen Sie sich drei Wassergläser vor, in einem ist heißes, in dem mittleren lauwarmes und im anderen kaltes Wasser. Wenn man die Zeigefinger aus dem kalten und aus dem heißen Glas gleichzeitig in das lauwarme Wasser eintaucht, hat man ein völlig unterschiedliches

Gefühl. Für den einen Finger ist es relativ kalt, der andere empfindet es als relativ warm. Die eigene *Körperwahrnehmung* ist folglich keine meßbare feste Größe, sondern eine relative Wahrnehmung. Ein Reiz, der über längere Zeit auf ein Gelenk ausgeübt wird, wird zu Anfang deutlich wahrgenommen, dann aber läßt die Wahrnehmung nach. Nimmt man beispielsweise über längere Zeit eine schiefe Haltung ein, so wird die eigentlich gerade Haltung als schief empfunden. Legen Sie sich einmal auf den Rücken und formen Sie einen Halbmond. Wenn Sie sich nach etwa fünf Minuten wieder gerade hinlegen, wird Ihnen die eine Körperseite nun viel länger vorkommen.

Warum dieser lange Exkurs? Der Oberkörper ist durch die Wirbelsäule ein sehr bewegliches Gebilde: es ist mit am schwersten, ihn unter Kontrolle zu bekommen, und erst recht nicht leicht, ihn in Bewegung auszubalancieren.

Setzen Sie sich nun auf Ihren Hocker und wiederholen Sie kurz die Rollbewegung des Beckens (siehe Beckenkapitel). Wenn Sie sich selber dabei aufmerksam beobachten, werden Sie merken, daß die Beckenbewegung auch eine Bewegung im gesamten Oberkörper wie eine Kettenreaktion nach sich zieht.

Eigentlich könnte man es auf einen ganz einfachen Nenner bringen: Stimmt die Beckenstellung, so stimmt auch die Oberkörperaufrichtung. Leider trifft aber nur die Umkehr des Spruches zu: Ohne korrekte Beckenstellung ist keine Oberkörperaufrichtung möglich. Das Becken als unterster Baustein muß stimmen.

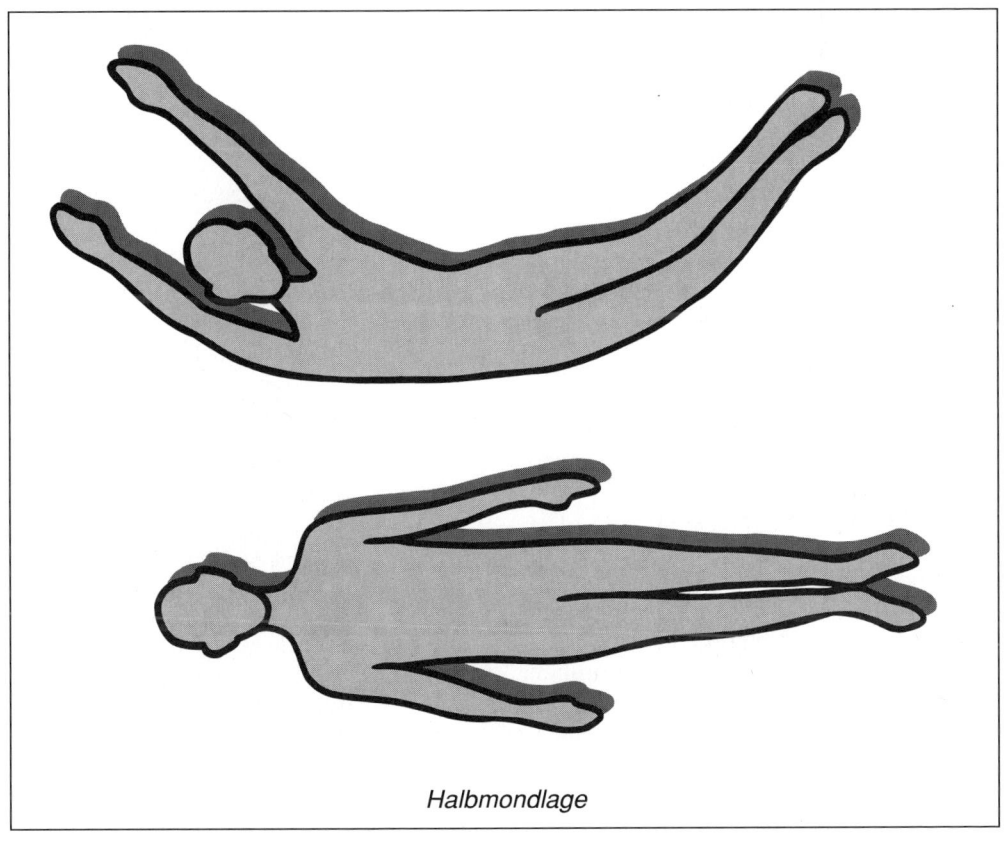

Halbmondlage

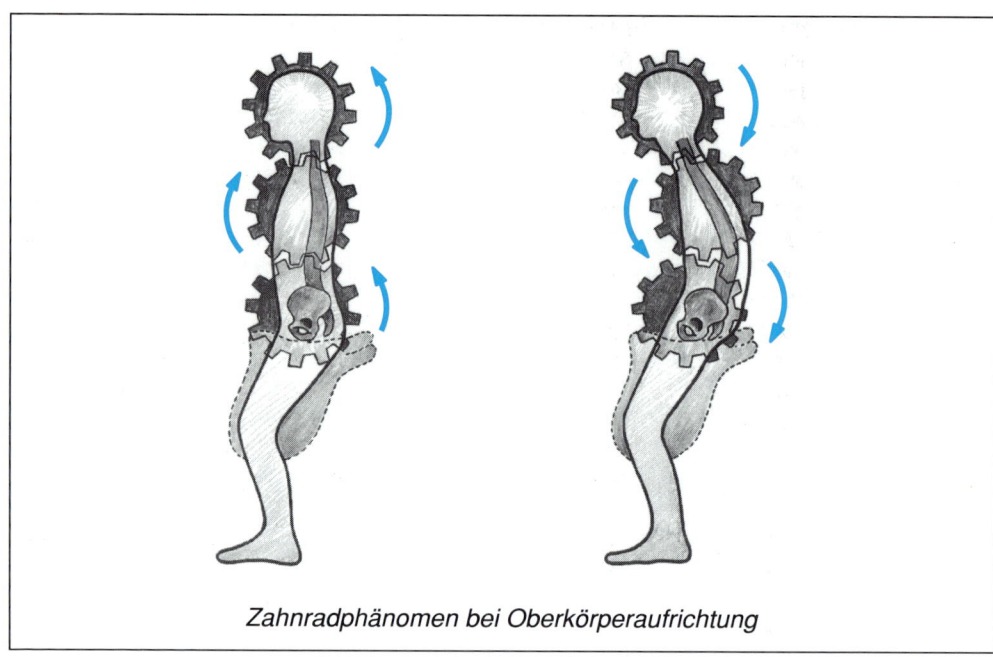

Zahnradphänomen bei Oberkörperaufrichtung

Wie kann man nun spüren, ob auch die restlichen Bausteine sich korrekt über dem Becken befinden? Tasten sie mit einer Hand die unterste Brustbeinspitze und legen Sie die andere Hand an den oberen Schambeinrand. Wenn Sie nun über die Beckenkufen rollen, werden sie spüren, daß sich der Abstand Ihrer Hände verkürzt und verlängert. Beim Verlängern richtet sich der Brustkorb automatisch auf. Dabei werden die Bauchmuskeln länger, wieder eines der Beispiele, daß die Bauchmuskulatur in die Länge arbeitet, nicht in die Verkürzung! Aber die Klappmesser und Sit-ups haben Sie ja schon seit dem Physiologiekapitel aus Ihrem Gymnastikprogramm gestrichen ...

Bei der Beckenbewegung geschieht in der LWS eine Beuge- und Streckbewegung, die wir weiter oben als Hauptbewegungsrichtung der LWS bezeichnet hatten. Kritisch wird es am Übergang zur BWS, die besser drehen als beugen und strecken kann. Häufig beobachtet man, daß man über der LWS hebelt, das heißt anstatt die BWS zu strecken, wird unten in der LWS abgekippt, und der gesamte Baustein Brustkorb nach hinten verlagert –

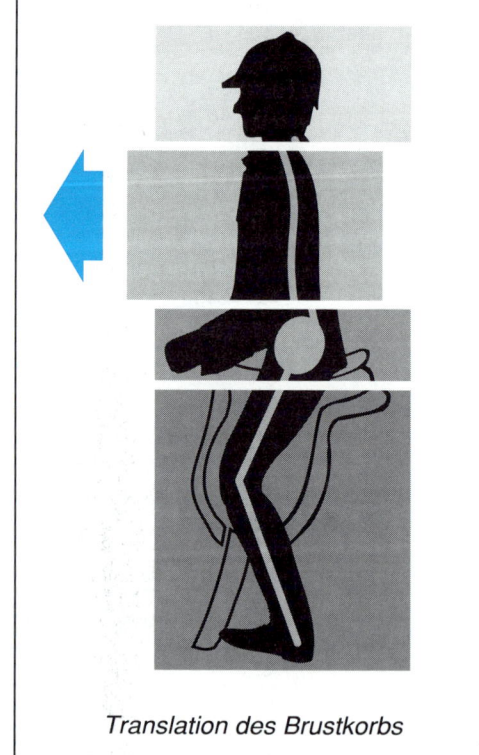

Translation des Brustkorbs

eine nicht selten vorkommende falsche Interpretation von Aufrichtung. Um sich dabei zu kontrollieren, tasten Sie erneut die untere Brustbeinspitze, die andere Hand ertastet diesmal die Kinngrube und den oberen Anfang des Brustbeins. Führen Sie nun erneut die Beckenbewegung durch. Dabei merken sie, daß mal die untere, mal die obere Hand nach vorne geschoben wird. Ihr Brustkorb ist dann aufrecht, wenn beide Hände senkrecht übereinander stehen. Vergleichen Sie dazu die Fotos unter 4.6.

Eine weitere nicht ganz einfache Bewegungsmöglichkeit des Oberkörpers ist eine Verschiebebewebgung, Translation genannt. Dabei wird ein Baustein nach vorne oder zur Seite verschoben, ohne daß in den einzelnen Wirbeln Beuge- und Streck- oder Seitneigungsbewegungen stattfinden.
Legen Sie die Hände so wie eben an die Brustbeinenden, und versuchen Sie den Brustkorb nach vorne und hinten oder zur Seite zu verschieben. Dabei müssen die Hände stets genau übereinander bleiben. Wichtig ist vor allem die Verschiebung nach vorne. Sie spielt für das Eingehen in die Pferdebewegung eine wichtige Rolle. Ich erinnere mich an den Ausspruch einer Reitlehrerin: „Mach dein Brustbein länger, das geht zwar nicht, aber ..." und, nachdem die kleine Reiterin ihren Brustkorb nach vorne schob, „das geht eben doch!" Die Vorstellung, daß man das Brustbein wie ein Gummiband verlängern könnte, ist eine gute Hilfe für die Aufrichtung im Brustkorb, ohne daß man in die Gefahr des Hebelns über der LWS kommt. Ein weiterer nicht zu unterschätzender Faktor im Oberkörper ist die Atmung. In der aufrechten Haltung hat das Zwerchfell viel mehr Platz, die Atmung kann mühelos bis ins Becken hineinströmen. Wie wichtig dies für das gesamte Muskelzusammenspiel ist, habe ich schon öfters betont.

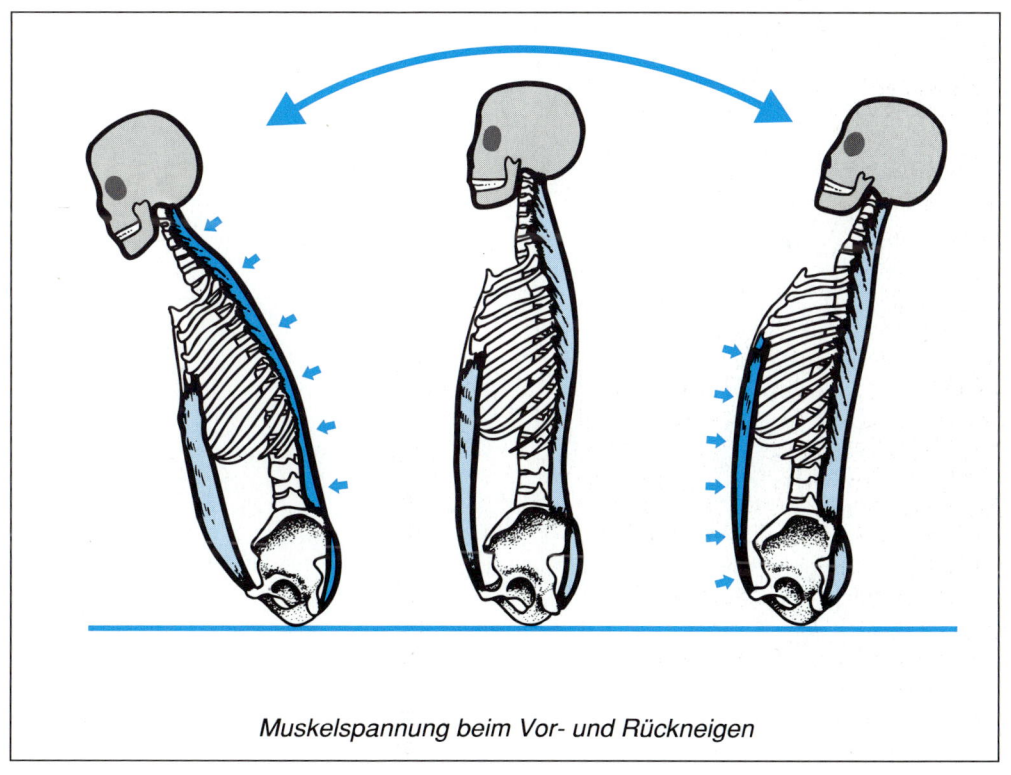

Muskelspannung beim Vor- und Rückneigen

In der aufrechten Körperhaltung stehen alle Bausteine so übereinander, daß sie quasi von alleine stabil sind. Die muskuläre Sicherung ist dann nur minimal notwendig. Legen Sie dazu eine Hand auf den Rücken und eine flächig auf den Bauch.

Sie können spüren, wie beim Vorneigen die beiden langen Rückenstrecker fest werden und den Oberkörper gegen die Schwerkraft halten müssen. Beim Zurückneigen entspannen sie wieder, dafür wird nun die Muskulatur am Bauch unter Ihrer Hand fester. Ihre individuelle Mittelstellung für den Oberkörper wäre die Stellung, in der die eine Muskelgruppe gerade noch nicht, und die andere gerade nicht mehr arbeiten muß. So wird der Oberkörper in eine sehr labile Gleichgewichtslage versetzt. Weiter oben habe ich verdeutlicht, daß gerade aus einem labilen Gleichgewicht schnell und fein Bewegungen entstehen können.

Der Kopf hat dabei noch eine sehr wichtige Funktion. In der Regel (je nach Inhalt) stellt er ein relativ großes Gewicht dar, was das Gleichgewicht empfindlich stören kann. Setzen Sie sich aufrecht hin, tasten Sie die Rückenmuskulatur und lassen den Kopf einfach nach vorne fallen. Sofort können Sie eine Zunahme der Muskelspannug am Rücken wahrnehmen. Ihr muskuläres Gleichgewicht ist folglich empfindlich gestört! Wenn Sie nun mit gebeugtem Kopf den Oberkörper nach hinten verlagern, so ist die Wegstrecke, bis die Bauchmuskulatur automatisch anspringt, deutlich länger. Für das Reiten bedeutet dies, daß der nach unten schauende Reiter kein so fein reagierendes muskuläres Gleichgewicht im Oberkörper hat und schnell hinter die Bewegung kommt.

Der Kopf muß frei getragen und ausbalanciert werden. Auf den Photos können Sie die fatalen Folgen eines festgehaltenen und eines vorgeschobenen Kopfes erkennen.

Runterschauen bringt den Reiter hinter die Bewegung

Kopf vorgeschoben, natürliche Haltung, Kopf festgehalten

Das Ausbalancieren des Oberkörpers über dem sich bewegenden Pferd ist einer der entscheidenden Knackpunkte für gutes Reiten. Der Oberkörper ist also ein in sich bewegliches System, das über dem Becken so fein ausbalanciert wird, daß es aussieht, als ob er still gehalten wird.

Balance erlernt man allerdings nicht durch Stillhalten, sondern durch Bewegen. So gibt es zum Beispiel beim Surfen für Anfänger die Aufgabe, das Surfbrett zum Kentern zu bringen. Damit wird erreicht, daß die Surfschüler auf dem Brett knien und es extrem zum Schaukeln bringen. Sämtliche später notwendigen Gleichgewichtsreaktionen werden dabei unbewußt und angstfrei geschult.

Der Reiter sollte zwar sein Pferd nicht zum Schaukeln bringen, aber durch größere Oberkörperbewegungen werden die feinen, kleinen geschult. Hier wird der Zusammenhang zwischen dem Dressursitz und dem Leichten Sitz deutlich. Ich habe es häufig beobachtet, daß sich der Dressursitz von Reitern nach einer Lösungsphase im Leichten Sitz entscheidend verbessert hat. Fließende Übergänge vom Dressursitz in den Leichten Sitz sind nicht so einfach, wie es klingt. Sehr leicht kommt man dabei selber, und mit einem das Pferd aus dem Gleichgewicht. Die wichtigste Grundlage

hierzu ist, daß man wirklich aus der Hüfte den Oberkörper beugt, so daß der Rücken seine Haltung nicht verändert, nur dann funktionieren die oben beschriebenen Muskelketten des Rumpfes automatisch.

Üben können Sie dies, indem Sie sich seitlich vor einen Spiegel stellen. Spüren Sie, daß Sie Ihr Gewicht ganz gleichmäßig auf den Füßen verteilen. Wenn Sie sich nun nach vorne beugen, soll sich das Gewicht auf den Füßen nicht verändern. Dies ist nur dann möglich, wenn sich die Gesäßknochen nach hinten bewegen. Wie weit Sie dabei in die Knie gehen wollen oder nicht, hängt von Ihren Beinlängen ab. Derjenige mit kurzem Oberkörper und langen Beinen wird die Beine mehr gestreckt lassen, dagegen wird derjenige mit langem Oberkörper vermehrt in die Knie gehen, um nicht einen so langen Hebel auszubalancieren. Das ist ein nicht unwichtiger Gesichtspunkt bezüglich der Bügellänge, aber dazu später.

Wichtig ist, daß Sie spüren können, zu welchem „Bücktyp" Sie gehören. Üben Sie dieses Bücken in jeder möglichen Alltagssituation. Das ist dann gleichzeitig eine gute Rückenschulung, denn so bücken Sie sich ökonomisch und schonen Ihren Rücken! Wie sich das auf dem Pferd anfühlen kann, läßt sich beim Fahrradfahren ausprobieren. Stellen Sie sich in die Pedale und verändern

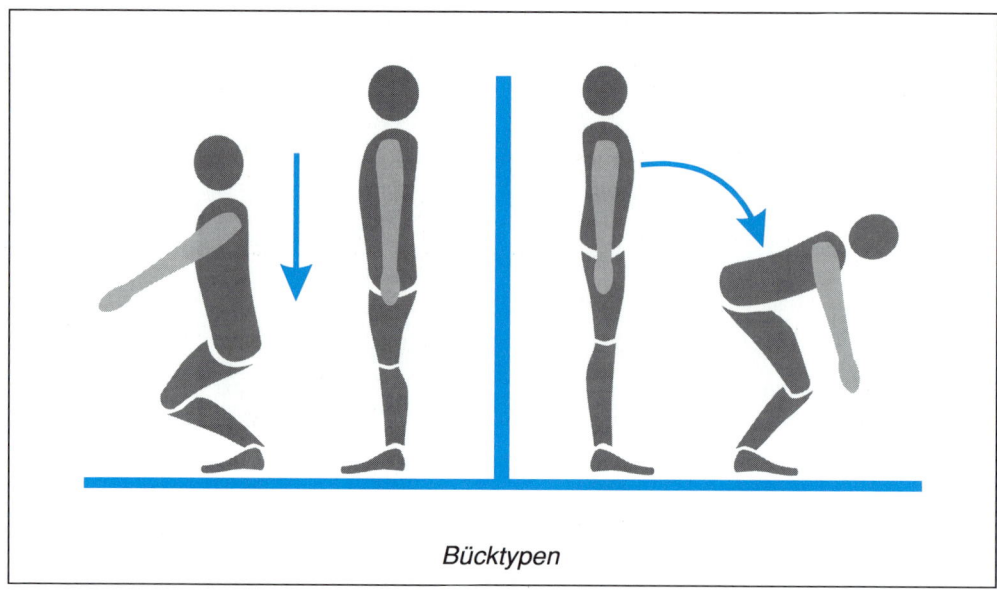

Bücktypen

Sie Ihre Oberkörperhaltung. Sie können dann auch genau spüren, was passiert, wenn Sie dabei Ihr Gewicht vermehrt nach vorne oder hinten verlagern. Sie können sich dabei selbst kontrollieren und versuchen, den Oberkörper verschieden einzustellen, ohne daß sich Ihr Gleichgewicht dabei verändert. Jedes Aus-dem-Gleichgewicht-Kommen löst eine Kette von Gleichgewichtsreaktionen aus, die für den unabhängigen Reitersitz und die damit verbundene Einwirkung unerwünscht sind. Sie werden sicherlich bei all diesen kleinen

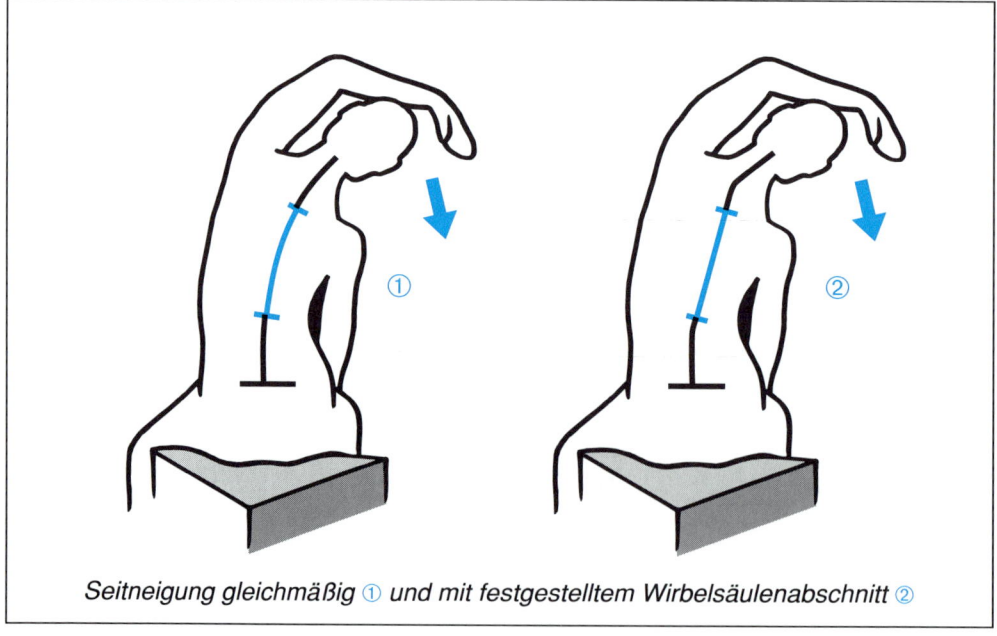

Seitneigung gleichmäßig ① und mit festgestelltem Wirbelsäulenabschnitt ②

Übungen gemerkt haben, daß Sie Ihren Oberkörper gar nicht immer so einfach in die gewünschte Richtung bewegen können. Zum Teil sind es sicherlich ungewohnte Bewegungen, und dann gibt es besonders am Rücken diese anderen netten kleinen Begleiterscheinungen wie Steifheit, Überbeweglichkeit, Haltungsschwächen, Schiefen, Skoliosen (Seitverbiegungen der Wirbelsäule) Muskelverspannungen, -verkürzungen ...

In der heutigen bewegungsarmen Zeit sind Defizite im menschlichen Bewegungsverhalten an der Tagesordnung. Ein gutes Körper- und Bewegungsgefühl ist keine Selbstverständlichkeit. Ich versuche zwar immer wieder aufzuzeigen, daß gerade das Reiten eine Sportart darstellt, die mit vielen solchen Defiziten aufräumen kann, aber ganz ohne zusätzliche Gymnastik geht es nicht immer. Sie werden beim Lesen und Tasten sicherlich einige Schwachstellen an Ihrem Körper kennenlernen. Wenn Sie das Gefühl haben, diese weder im Alltag noch beim Reiten in den Griff zu bekommen, sollten Sie einen Fachmann aufsuchen (Orthopäden / Krankengymnasten).

Im Folgenden möchte ich einige kleine Übungen darstellen, die für die feine, segmentale Beweglichkeit der Wirbelsäule wichtig sind. Um die Wirbelsäulenbeweglichkeit zu verbessern, sollte man stets möglichst kleine Bewegungen ohne viel Kraftaufwand durchführen. Bei großen Dehnungen werden die Problemstellen einfach festgestellt, und man bewegt und dehnt die darüber und darunterliegenden Segmente.

Die LWS hatte die Hauptfunktionen Strecken und Beugen. Ihre Beweglichkeit können Sie testen und üben mit der Beckenbewegung im Sitzen. Tasten sie dabei die Dornfortsätze und spüren Sie, wie sich der Abstand der Dornfortsätze unter der Bewegung verändert. Oder Sie können im Vierfüßlerstand einen Katzbenbuckel und eine Hängebrücke machen.

Die BWS stellt das Rotationszentrum dar. Durch den Brustkorb mit den Rippen ist sie viel stabiler und ermöglicht damit die gute Beweglichkeit für Kopf und Becken. Beugung und besonders Streckung ist in der BWS daher schwieriger. Allgemein läßt sich sagen, daß man die gesamte Beweglichkeit der BWS über eine verbesserte Drehfähigkeit fördern kann. Wenn Sie auf dem Stuhl sitzen, die Hände auf den Schultern kreuzen und sich nach rechts und links drehen, werden

Wirbelsäulenbeweglichkeit im Vierfüßlerstand

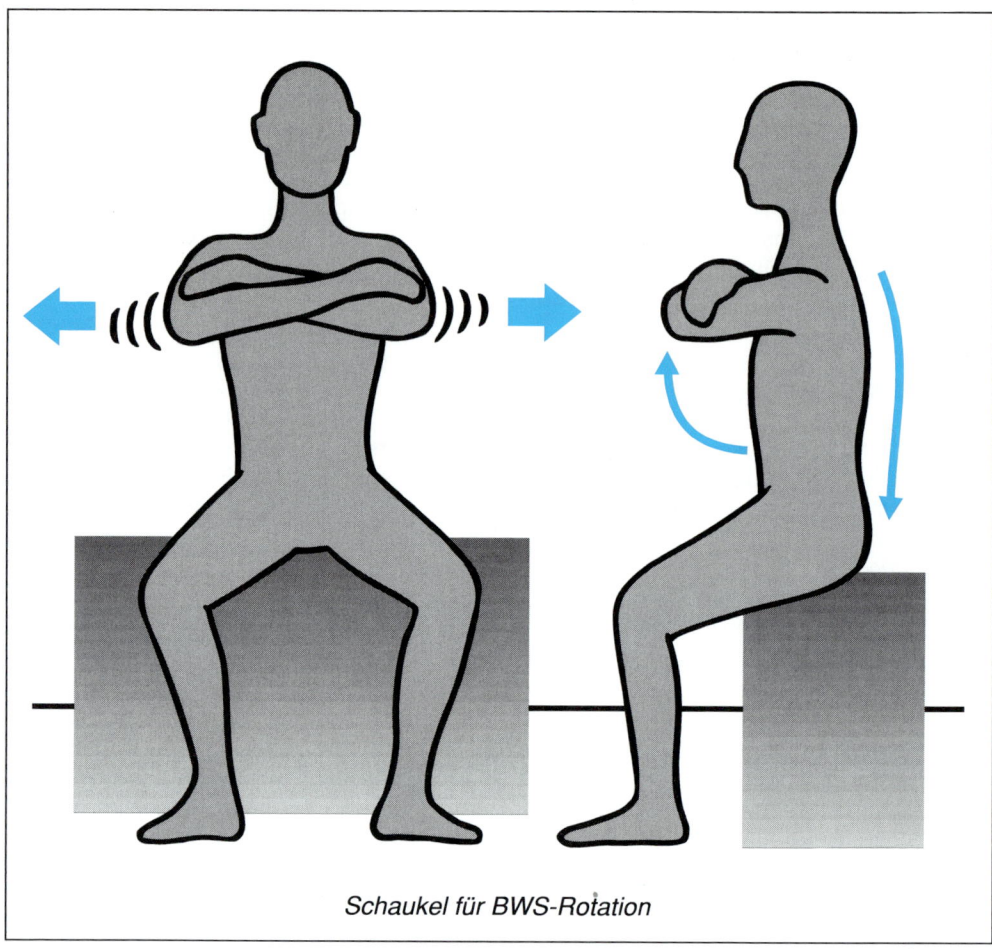

Schaukel für BWS-Rotation

Sie schnell merken, wie leicht man bei dieser Bewegung ausweichen kann. Seitneigung und -verschiebung des Oberkörpers passieren sehr leicht. Gezielte Bewegungen in einen bestimmten Abschnitt der BWS zu bekommen ist schwer.

Man versucht deshalb die Ausgangsstellungen so zu wählen, daß der Körper möglichst geringe Chancen zum Ausweichen hat. Um die Aufrichtung der BWS zu verbessern, sollte man daher zunächst an der Rotation arbeiten. In neun von zehn Fällen ist die Streckung dann leichter möglich.

Setzen Sie sich aufrecht auf Ihren Übungshocker vor den Spiegel. Verschränken Sie die Arme und fassen an Ihren gegenseitigen Ellenbogen. Nun beginnen Sie mit ganz feinen Schaukelbewegungen nach rechts und links. Wenn Sie sich so eingeschaukelt haben, heben Sie die Arme unter fortwährender Schaukelbewegung langsam an, bis sie etwa waagerecht vor Ihren Schultern sind.

Die Bewegung der Arme wird auf den Rücken übertragen. Zu Beginn kommt die Bewegung als feine Rotation etwa im oberen Teil der BWS an. Je höher Sie die Arme heben, desto tiefer rutscht die Rotationsbewegung in der BWS. So können Sie segmental, das heißt Wirbel für Wirbel freischaukeln, und weil das weiche Schaukeln gleichzeitig Verspannungen und Verkrampfungen der Muskulatur löst, verhindert dies das Feststellen der Problemecken.

Um die Streckung zu verbessern, ist es wichtig, die LWS in Beugung einzustellen, da dort die Streckung leichter geht, und man schnell dorthin ausweichen würde. Setzen

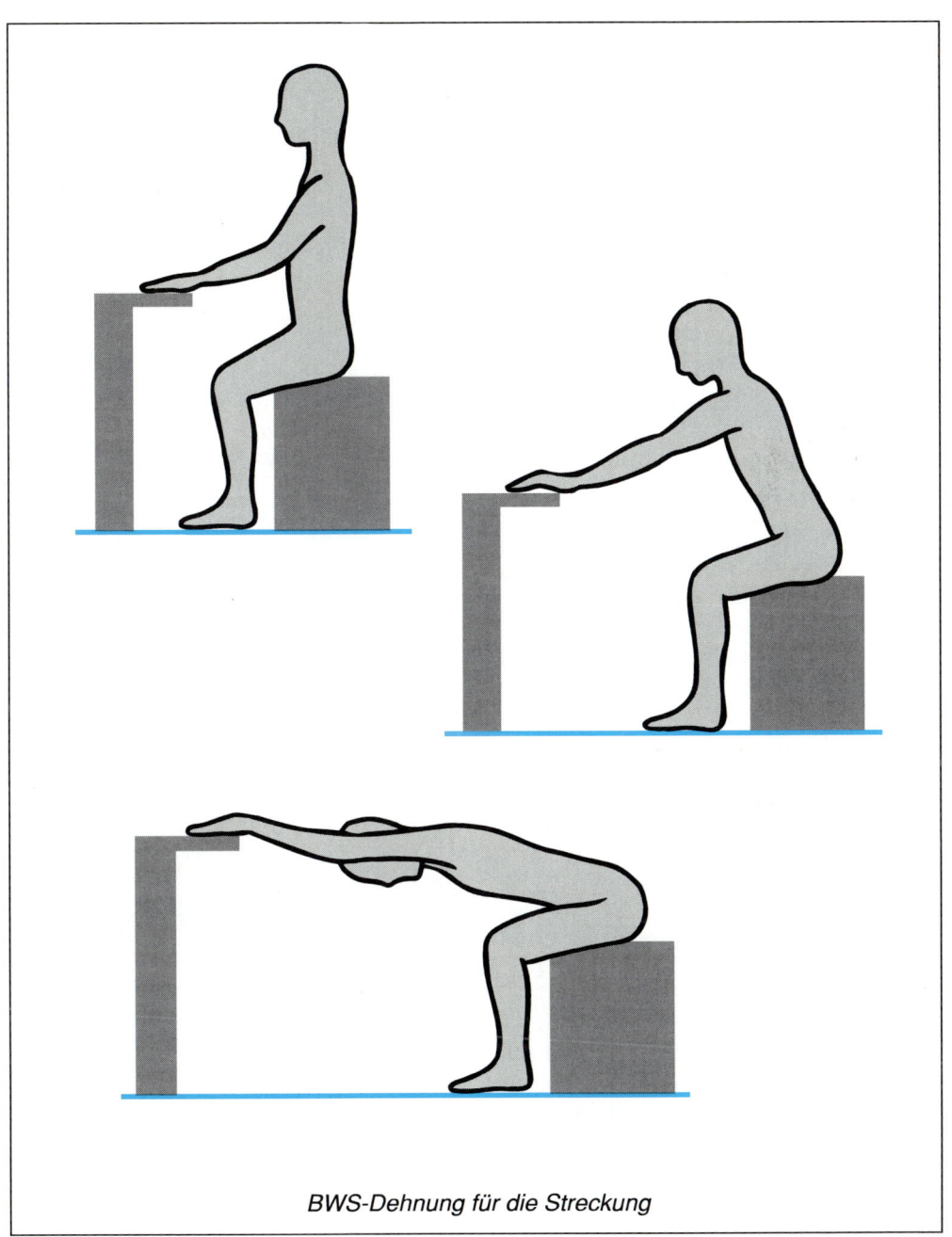

BWS-Dehnung für die Streckung

Sie sich also auf den Hocker mit gespreizten Beinen und lassen Sie den Oberkörper nach unten hängen. Verschränken Sie die Arme hinter Ihrem Nacken und beginnen Sie vom Kopf her, sich langsam aufzurichten. Haben sie dabei das Gefühl, daß das Brustbein immer länger und tiefer sinken will?

Eine Abwandlung der Übung wäre, die Hände auf einen Tisch, Fensterbrett, oder gegen eine Wand zu legen und den Hocker weit genug nach hinten zu schieben, daß der Oberkörper tiefer sinkt, bis die Ohren zwischen den Oberarmen sind. Dann stellen Sie sich erneut vor, daß das Brustbein länger und tiefer sinkt.

Nach einer solchen Dehnübung empfielt es sich immer, die Schaukelbewegung zu wiederholen, um die BWS wieder zu entspannen, und die gewonnene Beweglichkeit zu sichern.

Die HWS ist der beweglichste Teil. Hier möchte ich Ihnen keine gezielten Übungen geben. Vermeiden sollte man die Bewegung des Kopfkreisens, da sie einen zu großen Druck auf die feinen Gelenke ausübt, was zu Blockierungen und Kopfschmerzen führen kann. Üben Sie, wenn überhaupt, dann einzeln die Bewegungsrichtungen Beugung, bis das Kinn an die Brustbeinspitze kommt. Die Streckung sollte etwa dem Abstand Daumen Zeigefinger von der Kinngube zum Kinn entsprechen. Die Drehung ca. 80° – 90° zu jeder Seite, und Seitneigung ca. 45° – 60°. Wichtiger als eine riesige Beweglichkeit ist hier der Seitenvergleich. Das Bewegungsausmaß sollte zu beiden Seiten etwa gleich groß sein.

Wenn Sie nun Ihre Wirbelsäule und den gesamte Oberkörper voll unter Kontrolle haben, dürfen Sie das ganze auf dem Pferd und in der Bewegung ausprobieren. Einiges ist in der Bewegung leichter, da es viel natürlicher ist, als die „verkrampften" Dehnstellungen auf dem Hocker.

4.6 Oberkörperbalance in der Pferdebewegung

Ein stabiler Oberkörper ist die Voraussetzung für jedes Eingehen in die Pferdebewegung. Stabil bedeutet nicht starr, sondern vielmehr stetig, der Situation entsprechend. Wie unter 4.2. beschrieben, stellt der Körperabschnitt Brustkorb das Stabile dar, der Kopf ist ein Mobile, auch das Becken ist beweglich, es hat die Aufgabe, Bewegungen von unten zu „bändigen" und koordiniert auf die Wirbelsäule zu übertragen.

Wenn Sie sich nun im Schritt auf Ihr Pferd setzen, dann versuchen Sie sich dieses stabil-mobil-Gefühl vorzustellen. Man kann nur dann gut mit dem Becken sich vom Pferd bewegen lassen, wenn man sich im BWS-Bereich entsprechend gut stabilisiert. Der Brustkorb sollte den Oberkörper so stabil in

Zusammengesunken, ...

56

die Aufrichtung und ins Gleichgewicht bringen, daß die anderen Körperabschnitte zur Bewegung befähigt werden. Nur so kann man im Becken mitschwingen oder eine unabhängige Hand bekommen.

Stellen Sie sich wieder das Türmchen vor. Über dem ausbalancierten Becken werden Brustkorb und Kopf senkrecht eingeordnet. Tasten Sie ruhig nochmal an Rücken und Bauchmuskulatur, beugen sich mit geschlossenen Augen etwas vor und zurück, finden Sie Ihre eigene Mittelstellung, so wie zu Hause auf einem Hocker, nun aber in der Bewegung des Pferdes. Tasten Sie die obere und untere Brustbeinspitze und überprüfen Sie, ob sich die Punkte übereinander befinden und in der Fortbewegung stabil bleiben.

Nicht selten beobachtet man im Schritt den schaukelnden Oberkörper, die untere Brustbeinspitze senkt sich nach hinten unten ab, das paßt nie und nimmer in das Bild des Vorwärtsreitens! Versuchen Sie immer wieder bewußt, den unteren Punkt unter den oberen zu bringen, und dann in der Tendenz beide parallel nach vorne zu schieben. Verdeutlichen Sie sich dabei auch, daß das Zwerchfell nur in dieser Mittelstellung optimal arbeiten kann. Schauen Sie anderen Reitern zu, und kontrollieren Sie sich selbst besonders bei Übergängen und Paraden. Dabei kommen Sitzschwächen am deutlichsten heraus. Übertriebenes Zurücklegen des Oberkörpers oder in sich Zusammensacken, all dies sieht man gar nicht selten.

Wenn Sie nun Ihr Oberkörpertürmchen gebaut haben, so konzentrieren Sie sich einmal auf die seitliche Gewichtsverteilung. Spüren Sie Ihr Sitzbasis genau und fühlen Sie, wie groß, bzw klein die notwendige Oberkörperbewegung sein muß, um das Gewicht zu verlagern?

... Brustbein senkrecht (natürliche Haltung), übertrieben steife Aufrichtung

4.

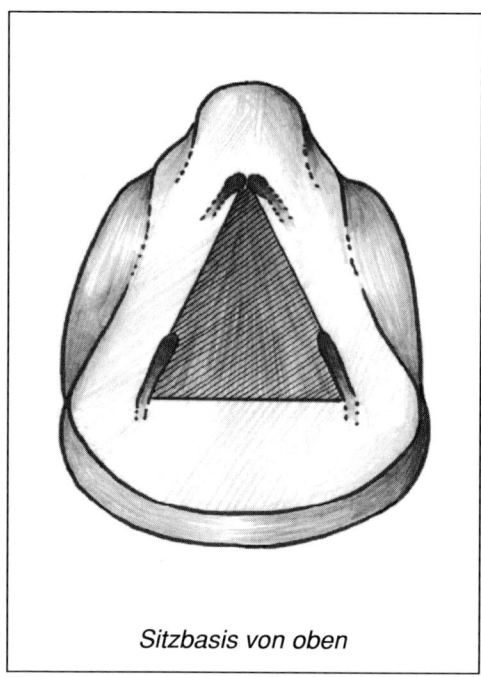

Sitzbasis von oben

Ich möchte Ihnen nun ein paar Möglichkeiten aufzeigen, wie Sie im Schritt am langen Zügel Ihre Brustwirbelsäule lockern und dehnen können, so daß Sie es im Anschluß leichter haben, den Oberkörper aufzurichten und in die Bewegung einzugehen. Weiter oben hatte ich beschrieben, daß die Drehung der BWS von unten, wie auch beim Gehen, die Aufrichtung begünstigt. Das bedeutet, daß Sie, wenn Sie einfach Schritt reiten, schon Impulse für die Aufrichtung bekommen, da Ihr Becken vom Pferd seitlich vorgeschoben wird, und es so zu einer Rotation in der unteren BWS kommt. Schritt reiten löst also nicht nur das Pferd! Schließen Sie ruhig einmal die Augen und versuchen Sie, diese Rotationsbewegung zu spüren. Sie können dazu auch eine Hand mit den Fingern an die unteren Dornfortsätze legen.

Auf der Zeichnung können Sie nochmal sehen, wie sich die Unterstützungsfläche des Oberkörpers aufbaut. Die Tatsache, daß die Sitzbasis dreieckig angelegt ist, läßt keine reine Seitverlagerung des Gewichtes zu. Dahingegen kann man mit dem „dreibeinigen Hocker" über die Seiten kippeln. Das entspräche einer Gewichtsverlagerung in drei mögliche Richtungen. Nach hinten, und schräg nach rechts und links vorne. In der Reitlehre wird letzteres meist als „Hüfte nach vorwärts abwärts schieben" oder „Innere Hüfte vermehrt belasten" bezeichnet. Vergleichen Sie hierzu auch das Beckenkapitel. Wichtig zu wissen und zu erspüren ist es, daß jede seitliche Gewichtsverlagerung mit einer Vorwärtsbewegung verbunden ist. Der Oberkörper sollte dabei als Ganzes mit in die Bewegungsrichtung genommen werden. Sonst weichen Sie in der Wirbelsäule aus, und Ihr Turmbau bricht zusammen. Diese Bewegungen sind nur minimalst, sonst kommt das Gewicht auf die falsche Seite, und es entstehen Fehler wie Einknicken in Hüfte, Taille, ...

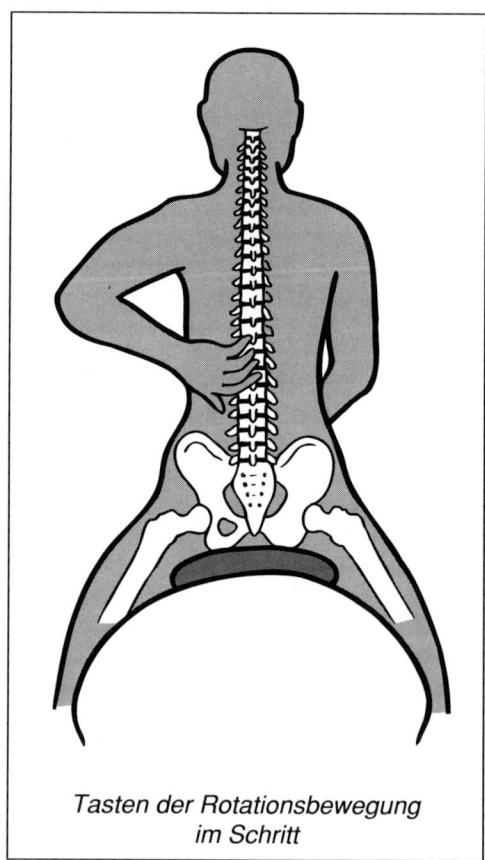

*Tasten der Rotationsbewegung
im Schritt*

Fragen Sie sich dann, ob Sie wirklich zu beiden Seiten gleich gut mitdrehen können. Meist kann man da schon eine Schokoladenseite bemerken, und findet die Erklärung für vielerlei Sitzprobleme der Oberkörperbalance.

Eine weitere bei Kindern sehr beliebte Übung ist das „Liebhaben". Beugen Sie sich nach vorne vor, und legen beide Arme um den Pferdehals. Der Kopf soll dabei locker zu einer Seite abliegen.

Dabei wird die gesamte Wirbelsäule wunderbar aufgedehnt, was meist als sehr angenehm empfunden wird. Um die erreichte Lockerung plus Dehnung nicht wieder zu zerstören, ist es wichtig, beim wieder Aufrichten darauf zu achten, daß der Kopf als letztes hochgenommen wird. Man sollte zuerst das Becken nach hinten rollen und sich dann langsam Wirbel für Wirbel aufrichten. Die Hände dürfen am Pferdehals abstützen und helfen. Es geht bei dieser Übung nicht um ein Krafttraining, sondern um eine Verbesserung der Beweglichkeit. (Siehe nächste Doppelseite) – Eine weitere gute Übung kann das „Klopfen des Pferdes" darstellen.

Klopfen Sie Ihr Pferd mit der rechten Hand auf der linken Halsseite. Dabei vergewissern Sie sich, daß Sie nicht Ihr Gewicht über dem Becken verändern. Sie dürfen sich schon nach vorne beugen und zur Hand hinschauen, aber die Bewegung sollte aus der BWS, nicht aus dem Becken kommen. Ihre BWS macht dann eine Seitneigung verbunden mit Beugung und Drehung zur gleichen Seite. Diese dreidimensionale Bewegung schöpft die gesamte BWS-Beweglichkeit aus. Lassen Sie Ihre Hand dort am Hals liegen, verändern sie Ihren Druck auf den Hals und schieben Sie z.B. beim Leichttraben Ihre Hand beim Hinsetzen leicht nach unten. Vergleichen Sie Ihre rechte und linke Seite, paßt dies zu vorherigen Erkenntnissen über Ihrem Oberkörper?

Um die Drehung zu einer Seite zu verbessern, legen Sie Ihre Hand auf den Hüftknochen Ihres Pferdes. Die andere Hand bleibt vorne, und das Becken soll weiterhin die Balance auf der Sitzbasis behalten und nicht mitdrehen. Die Pferdebewegung wird leicht im Arm abgefedert, und Sie schauen zur hinteren Hand hin. Der Kopf sollte immer in die Bewegungsrichtung, hier die Drehung, mit hineingenommen werden, sonst ist die Gefahr, daß es zu einer Blockierung einzelner Wirbel kommt, zu groß.

Beim Leichttraben läßt sich die Oberkörperbalance sehr gut fühlen und schulen. Wählen Sie hierzu eine mittlere Bügellänge. Ein zu langer Bügel erschwert die Balance beim Vorbeugen, der zu kurze Bügel erschwert die Balance in der Senkrechten. Die fließenden Übergänge zwischen Dressursitz und Leichtem Sitz sind eine wichtige und effektive Möglichkeit, die feine Balance des Dressursitzes zu verbessern. Der logische Zusammenhang zwischen allen Sitzformen läßt den Ruf nach einer vielseitigen Grundausbildung laut werden. So können Sie Ihre Oberkörperbalance im Dressursitz verbessern, indem Sie häufig auch in den Leichten Sitz wechseln. Das Pferd entpuppt sich dabei als guter Lehrmeister. Sobald Sie sich aus der Bewegung heraus begeben, oder Ihr Gewicht beim Vorbeugen nicht ausbalancieren, wird das Pferd in seiner eigenen Balance gestört und entsprechend reagieren. Beugen Sie also Ihren Oberkörper beim Leichttraben vermehrt vor und nehmen Sie ihn wieder zurück, ohne daß sich Ihr Pferd dabei im Gang und Losgelassenheit verändert. Dann können Sie sicher sein, daß Sie in der Bewegung waren.

Der Wechsel von Leichttraben und Aussitzen (auch ohne Bügel!) schult Balance und Bewegungsgefühl des Oberkörpers.

Beim Reiten durch Wendungen und beim Galoppieren kann man die seitliche Gewichtsverlagerung gut erspüren. Fühlen Sie,

Segmentales Aufrollen ...

wie jede Seitverlagerung mit einer Tendenzbewegung nach vorne verbunden ist, wie es oben beschrieben wurde. Stellen Sie sich den Vergleich zum Gehen vor. Wenn Sie um eine Kurve laufen, so halten Sie kurz an, und überprüfen Sie, welche Hüfte vorgeht, und was in der gegenseitigen Schulter passiert. Sie werden merken, daß dies vom Oberkörper beim Reiten genauso gefordert wird. Diese diagonale Verspannung, auch *Drehsitz* genannt, ist also gar nicht so etwas riesig kompliziertes, sondern ein für uns

Klopfen - Eine einfache Übung für die Rotation der Wirbelsäule

... der Wirbelsäule

Oberkörperbalance im Leichttraben

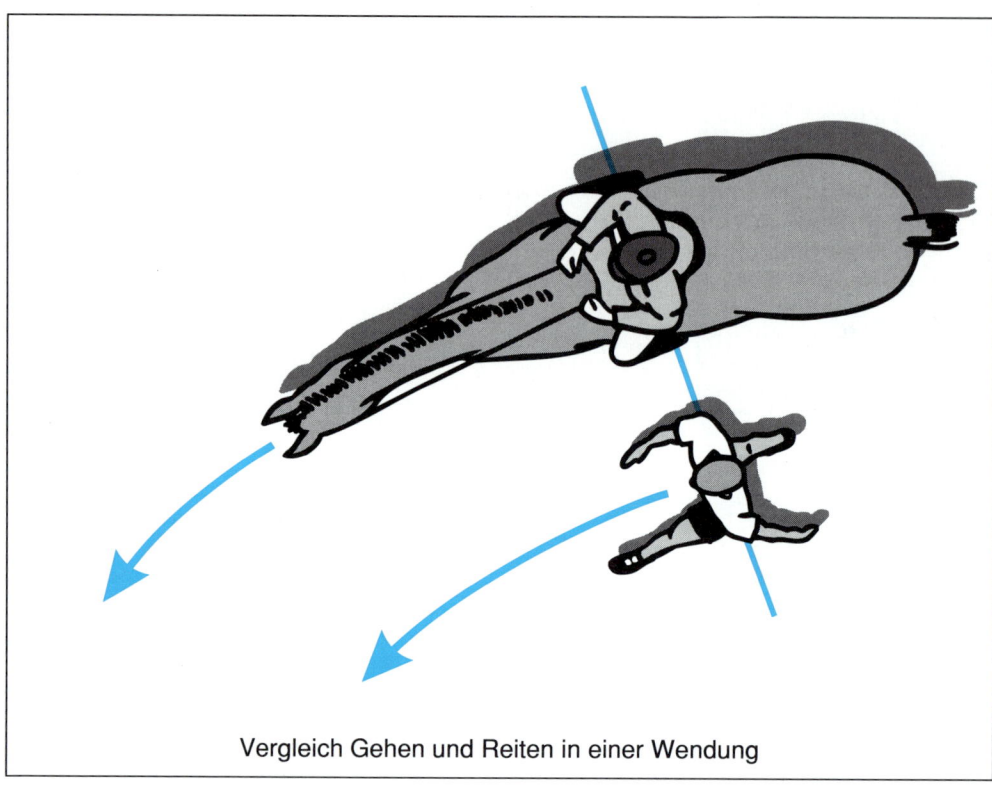

Vergleich Gehen und Reiten in einer Wendung

völlig normales Bewegungsverhalten, wir müssen es nur auf das Pferd übertragen lernen.

Ein ausbalancierter Oberkörper gibt die Stabilität für jede Einwirkung, jede Lektion. Fehlt es an Oberkörperbalance, so kann dies nur über vermehrte Kraft und Einwirkung ausgeglichen werden. Dabei werden Ge-lenke vor allem der Wirbelsäule überbe-ansprucht, und auch das Pferd wird häufig genug in seiner Balance gestört. Je mehr Sie an Ihrer Oberkörperbalance arbeiten, je mehr Sie dort über Ihre kleinen Schwierigkeiten und Schokoladenseiten wissen, desto kraftfreier, rückenschonender und schöner werden sie reiten, und das Pferd wird es Ihnen danken.

5.

Unabhängigkeits-zentrum Schultergürtel und Hände

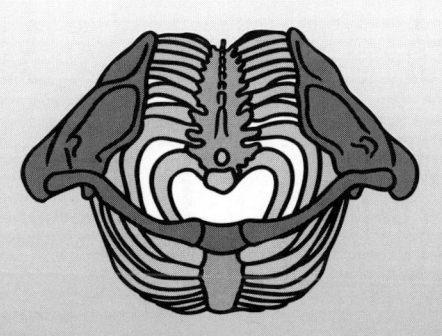

5.

**Anatomie:
Knochen und Gelenke,
Sehnen und Muskeln**

Der *Schultergürtel* besteht aus dem *Schultergelenk*, dem *Schulterblatt* und dem *Schlüsselbein*. Diese feine zusammenhängende Konstruktion ist auf den Brustkorb aufgesetzt, vergleichbar einem Joch, das man auf seinen Schultern trägt. Es gibt also keine feste gelenkige Verbindung des Schultergürtels mit dem Rumpf. Allein das Schlüsselbein besitzt ein winziges Gelenk zum Brustbein. Dies erlaubt die große Vielfalt der Armbewegungen. Der Schultergürtel kann auf dem Rumpf in alle möglichen Richtungen gleiten.

Wenn Sie sich nun das Schultergelenk genau betrachten, so können Sie feststellen, daß die Gelenkpfanne nur einen kleinen Teil des großen Kopfes des Oberarmes bedeckt. Das bedeutet, daß das Schultergelenk knöchern nur wenig geführt ist, daß dort die Sicherung des Gelenkes hauptsächlich von Muskeln geleistet wird. Solche Gelenke sind viel eher der Gefahr des Ausrenkens / Auskugelns ausgesetzt als die vergleichsweise straff knöchern und mit Bändern gesicherten Gelenke (z.B.: Hüfte).

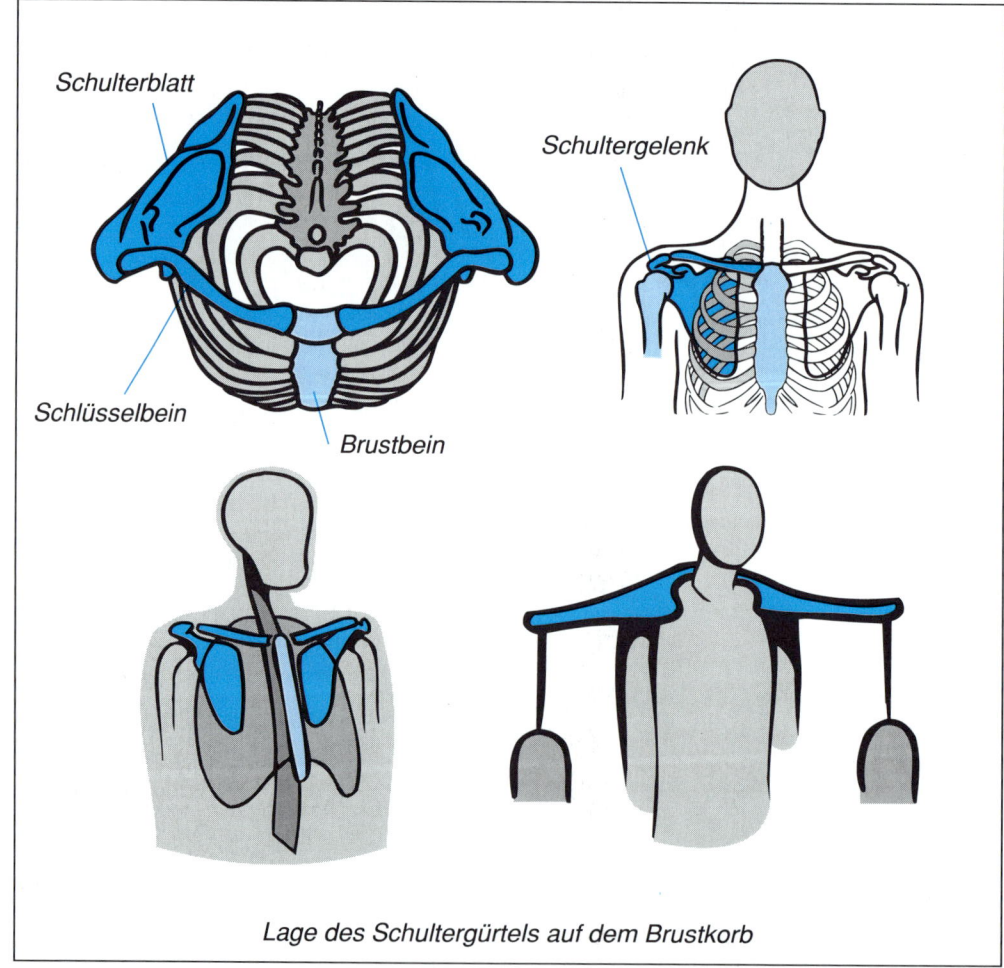

Schulterblatt

Schultergelenk

Schlüsselbein

Brustbein

Lage des Schultergürtels auf dem Brustkorb

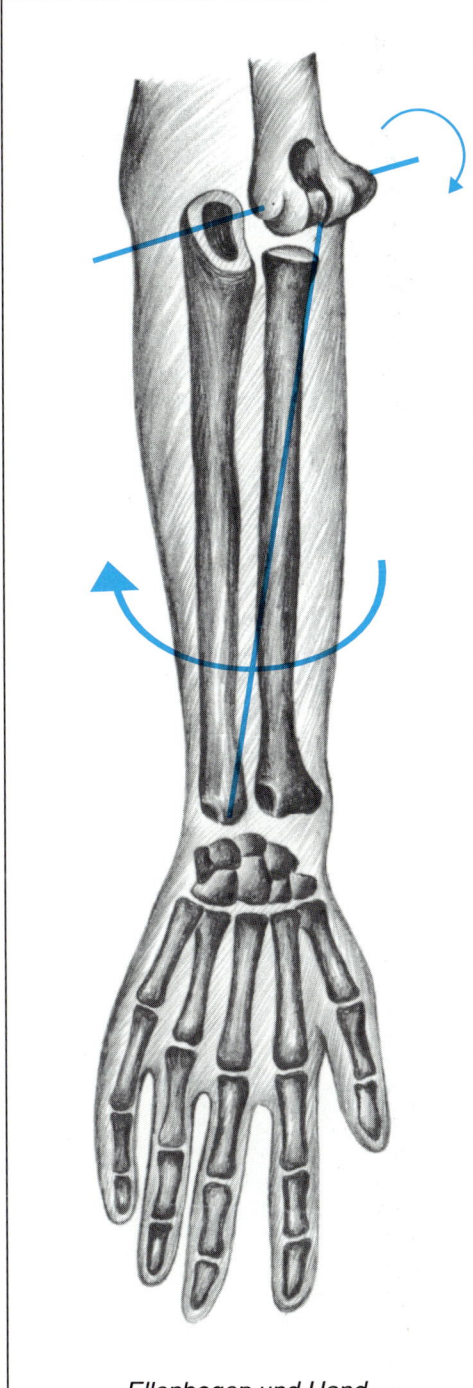

Ellenbogen und Hand

Wenn Sie sich weiter unten das *Ellenbogengelenk* betrachten, so können Sie sehen, daß der Oberarmknochen dort mit beiden Unterarmknochen ein großes Gelenk bildet. Im diesem Gelenk ist außer Streckung und Beugung auch noch eine Art Drehbewegung möglich, und zwar ein Drehen des Unterarms

Das *Handgelenk* fällt durch die große Anzahl kleiner Knochen auf. Bei jeder Bewegung verschieben sich diese Knöchelchen ineinander, und es kann große Probleme bereiten, wenn dies an irgendeiner Stelle hakt. Zusammenfassend kann man sagen: In der Schulter gibt es die größte Bewegungsmöglichkeit in alle Richtungen. Im Ellenbogen kann man strecken und beugen und den Unterarm nach innen und außen drehen. Im Handgelenk kann man hauptsächlich strecken und beugen und seitlich zum Daumen oder zum kleinen Finger hin bewegen. Durch die Vielzahl der kleinen Knochen ist eine Mischbewegung fast in alle Richtungen möglich.

Auf die einzelnen Muskeln möchte ich hier nicht eingehen, sie sind zu kompliziert.

Wichtig ist es, zu wissen, daß der Schultergürtel und das Schultergelenk vor allem muskulär geführt wird.

5.2 *Körperproportionen und individuelle Konstitution*

Wenn der Schultergürtel wie ein Joch auf dem Brustkorb aufliegt, dann ist die „Paßform" von entscheidender Bedeutung für die Beweglichkeit des Schultergürtels. Je nach Länge der Schlüsselbeine und der Schulterblattform kann der Schultergürtel breit oder schmal ausfallen. Generell ist er bei Männern breiter als bei Frauen. Um die Be-

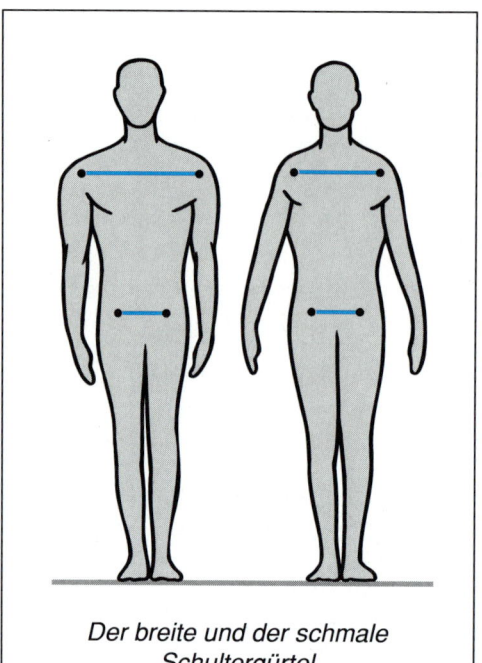

Der breite und der schmale Schultergürtel

weglichkeit individuell zu beurteilen, sollte man sich neben der Breite des Schultergürtels auch die Breite des Brustkorbs anschauen.

Schauen Sie sich in Ihrem Bekanntenkreis kritisch um, und Sie werden sicherlich sehr verschiedene Konstitutionstypen sehen. Ein schmaler Schultergürtel schränkt die Beweglichkeit des gesamten Schultergürtels ein, häufig können die Arme im Stehen nicht entspannt neben dem Körper hängen. Diesen Leuten wird aus krankengymnastischer Sicht empfohlen, das Gewicht der Arme immer abzulegen, das heißt Hände in die Hüften zu stützen, in die Hosentaschen zu stecken oder Arme zu verschränken etc. Ansonsten würde sich die Nackenmuskulatur schnell verkrampfen. Auf die Schwierigkeit, mit einem engen Schultergürtel die Oberarme beim Reiten locker neben dem Körper hängen zu lassen, werde ich noch näher eingehen. Große Unterschiede können Sie auch an den Oberarmen beobachten. Dort variiert

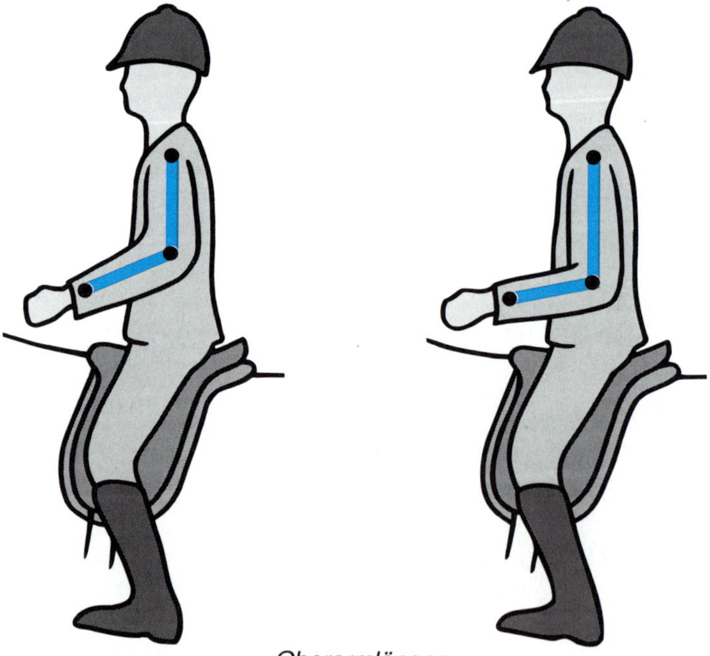

Oberarmlängen

die Länge oft beträchtlich. Manche Leute können problemlos mit dem Ellenbogen bis an den Beckenkamm reichen, bei anderen hört der Ellenbogen schon mit dem unteren Rippenrand oberhalb der Taille auf. Diese unterschiedliche Oberarmlänge wird relevant für die Winkelung des Ellenbogens bei der Zügelhaltung.

5.3 Ertasten der wichtigsten Orientierungspunkte am eigenen Körper

Nun sind Sie wieder gefragt. Wie gut kennen Sie Ihren Körper schon?
Bevor Sie mit dem Tasten loslegen, betrachten Sie sich im Spiegel:
- Wie sind die Konturen des Schultergürtels, erscheint er eher breit, oder schmaler als der Brustkorb?
- Stehen beide Schultern gleich hoch?
- Wie ist die Form der Schlüsselbeine?
- Wie lang sind die Oberarme, wie weit reichen sie am Oberkörper entlang?

Wenn Sie diese Fragen für sich beantwortet haben, fahren Sie am Schlüsselbein von der Kinngrube ausgehend nach außen entlang. Sie können spüren, daß das Schlüsselbein

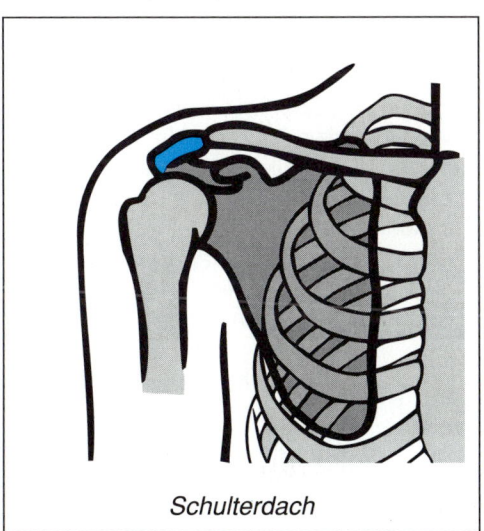

Schulterdach

S-förmig geschwungen ist, und am Ende außen in einer breiteren Platte mündet. Dies ist das *Schulterdach*. Ertasten Sie die äußerste Kante des Schulterdaches. Dort ist häufig eine Problemecke, wenn Sehnen gereizt oder eingeklemmt sind.

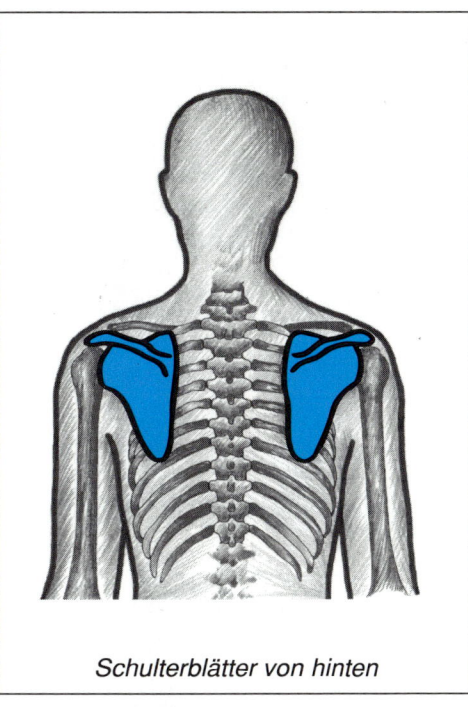

Schulterblätter von hinten

Vom Schulterdach ausgehend können sie weiter nach hinten die *Schulterblattgräte* spüren. Hinten ist es natürlich schwieriger selber zu tasten. Entweder Sie holen sich ein „Tastopfer", oder Sie müssen sich ein wenig verrenken, um die charakteristische Dreiecksform des Schulterblattes zu ertasten.

Wenn Sie ein „Tastopfer" zur Verfügung haben, so können Sie auch von hinten den Abstand der unteren Schulterblattspitze zur Wirbelsäule vergleichen. Schon da kann man häufig eine Asymmetrie – eine Schulter wird weiter vorne getragen als die andere – erkennen.

Am Ellenbogen lassen sich die beiden seitlichen Ecken und die Ellengbogenspitze

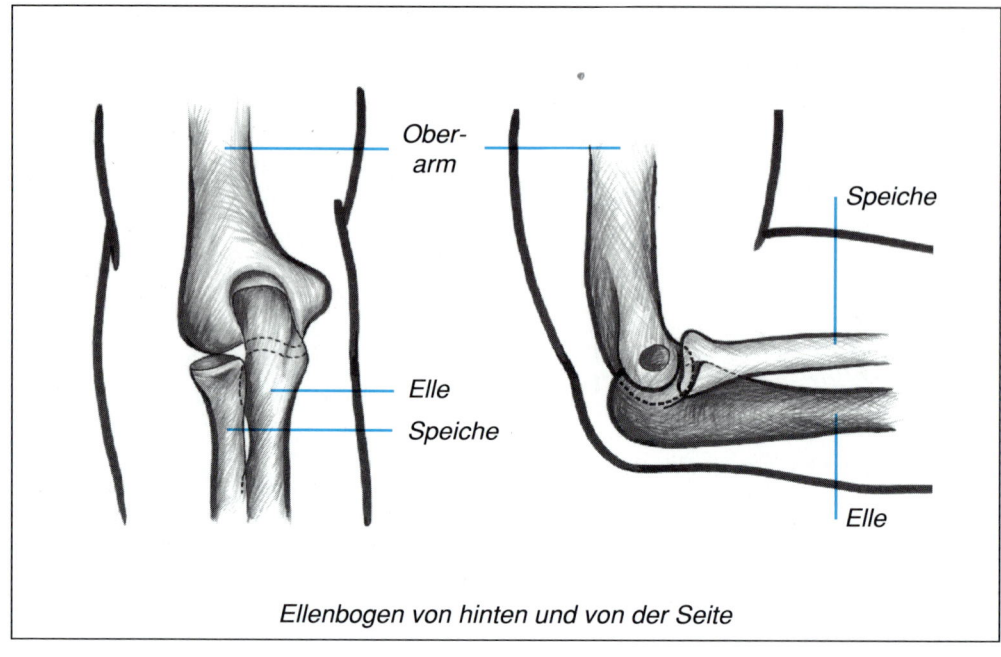

Ellenbogen von hinten und von der Seite

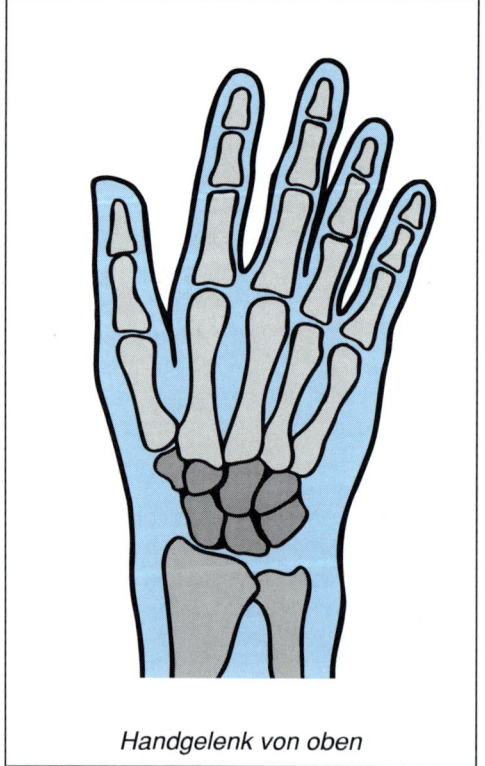

Handgelenk von oben

dazwischen gut ertasten. Zwischen der inneren Ecke und der Ellenbogenspitze ist eine Vertiefung, eine kleine Rille zu tasten. Häufig ist sie sehr empfindlich, dort läuft ein wichtiger Nerv bis in die Hand hinein. Das ist der sogenannte Musikantenknochen, man kann die Musik bis in den kleinen Finger spüren, wenn man sich dort stößt.

Wenn Sie die Ellenbogenspitze tasten und den Ellenbogen beugen und strecken, so können sie spüren, wie diese Spitze beim Strecken im Oberarm verschwindet, sich gewissermaßen einhakt. In der Streckstellung ist das Ellenbogengelenk arretiert und hat keine Federungsmöglichkeiten mehr. Die Auswirkungen solch eines arretierten Ellenbogens beim Reiten auf das Pferdemaul können Sie sich ausmalen. Ein unabhängiges Abfedern ist dann nicht mehr möglich.

Auch am Handgelenk lassen sich die seitlichen Begrenzungen gut ertasten. Tasten Sie nun etwa ein Finger breit weiter in Richtung Hand, dort sitzen die vielen kleineren Knochen. Fassen Sie ruhig mal von oben und unten auf diese Knöchelchen und versuchen Sie, diese nach oben bzw. unten zu schieben, oder bewegen Sie Ihr Handgelenk, dann können Sie diese feinen Mitbewegungen unter Ihren Fingern spüren. Die Hand ist schon ein sehr sensibles Kunstwerk der Natur. Wie schön wäre es, wenn jeder Reiter sie auch als solches beim Reiten einsetzen würde!

5.4 Idealtypus der Handhaltung auf dem Pferd

Dressursitz

Der Schultergürtel sollte auf dem Brustkorb ruhen. Dann können die Oberarme locker neben dem Oberkörper herabhängen. Die Ellenbogen sind leicht gewinkelt, die Unterarme werden getragen. Die Hände stehen aufrecht in etwa handbreit über dem Widerrist, ihre Höhe richtet sich nach der Höhe des Pferdemauls. Die Linie Ellenbogen – Hand – Pferdemaul sollte von der Seite und von oben betrachtet eine Gerade darstellen, die wenn, dann nur kurzzeitig nach oben oder außen durchbrochen werden darf.

Die Zügelhaltung sollte aus einer mittleren Handgelenkstellung heraus geschehen, die Finger geschlossen, ohne daß dabei das Handgelenk festgestellt wird. Der Daumen wird dachförmig auf das Zügelende gelegt.

Im Wesentlichen sollte die Schulter-Armstellung auch im Leichten Sitz erhalten bleiben. Beim Vorneigen des Oberkörpers ist darauf zu achten, daß die Schulterblätter nicht mit nach vorne gleiten, sondern ihren Platz am Rumpf beibehalten. Die Oberarme dürfen dann etwas weiter nach vorne genommen werden, sie müssen nicht mehr am Oberkörper anliegen. Sie sollen aber nicht wie „Henkeltöpfe" seitlich abgespreizt

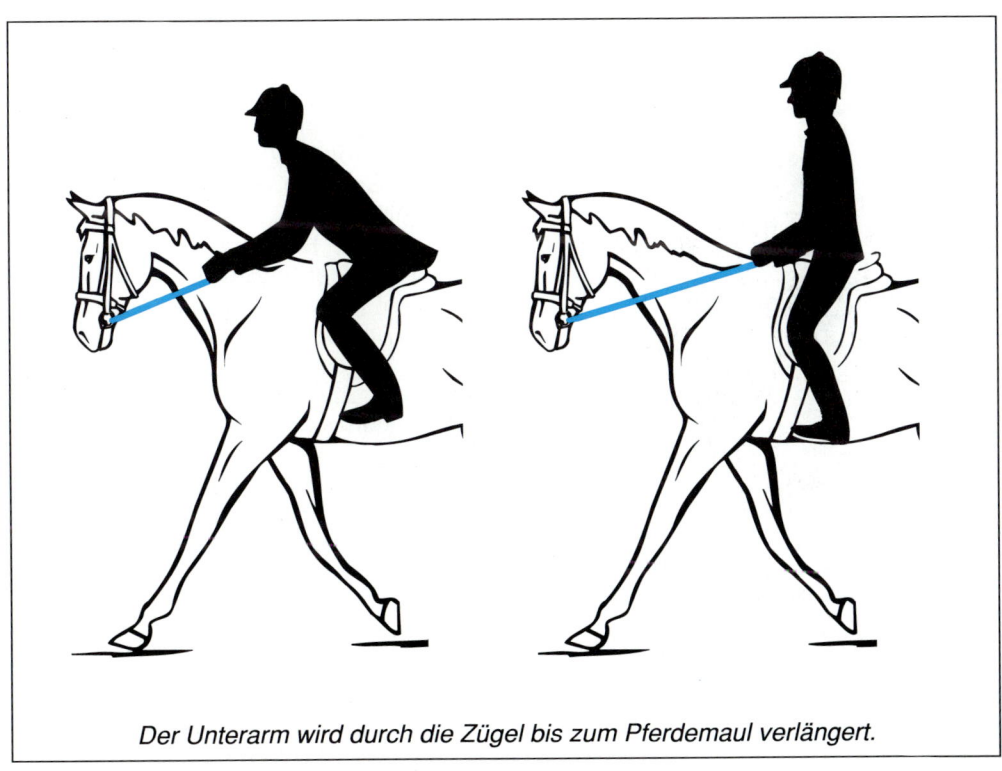

Der Unterarm wird durch die Zügel bis zum Pferdemaul verlängert.

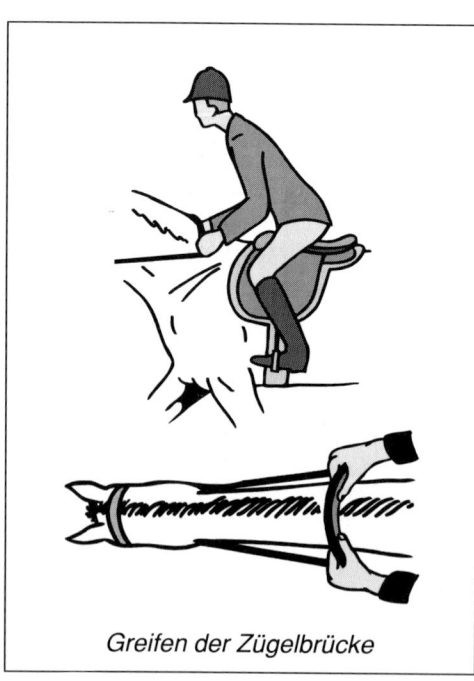

Nachgeben der Hand über dem Sprung

Greifen der Zügelbrücke

werden. Die Verbindungslinie Ellenbogen – Hand – Pferdemaul soll auch beim Leichten Sitz eine Gerade bilden. Die Hände sind nun etwa Mitte Hals anzusiedeln, sie dürfen Kontakt am Hals haben. Das ideale Nachgeben der Hände über dem Sprung geschieht genau in Richtung Pferdemaul. Für den Anfänger ist es allerdings zunächst oft leichter, die Hände oben am Mähnenkamm zu tragen und an diesem entlang mit den Händen vorzugehen.

Für die Zügelhaltung ist auch hier das entspannte Handgelenk wichtig, das in einer mittleren Stellung am Pferdehals anliegt. Die Finger sollen wieder geschlossen den Zügel greifen, ohne ihn krampfhaft festzuhalten.

Eine beliebte Hilfskonstruktion ist das Fassen einer Zügelbrücke, die dem Reiter einen sichereren Halt geben kann.

Nachgeben mit der „Zügelbrücke"

5.5 Trockenübung: Zusammenspiel Rumpf – Hände

Wie eng Rumpf und Extremitäten zusammenhängen und auch voneinander abhängig sind, möchte ich im folgenden Kapitel aufzeigen. Man kann sich nie isoliert einen Körperteil betrachten, es ist wichtig, stets den gesamten Menschen zu sehen, und die einzelnen Körperabschnitte in ihrer Funktion für den gesamten Organismus.

Der Schultergürtel ist aufgrund seiner Lage auf dem Brustkorb abhängig von der Wirbelsäulenstellung, besonders der BWS. Setzen Sie sich am besten seitlich vor einen Spiegel, und sitzen sie ganz leger mit gerundetem Becken und Brustkorb. Die Schultern hängen dann nach vorne, häufig ist auch der Kopf nach vorne geschoben und in der HWS stark abgeknickt. Die Korrektur: „Nimm die Schultern zurück" würde sich hier fatal auswirken. Wenn Sie, ohne die Rumpfhaltung zu verändern, einfach die Schulterblätter nach hinten zusammenziehen, so wird das eine ziemlich kraftaufwendige und verkrampfte Angelegenheit. Lange werden Sie diese Haltung freiwillig nicht durchhalten. Lassen Sie also die Schultern wieder hängen und beginnen Sie, sich vom Becken her aufzurichten. Automatisch hebt sich auch der Brustkorb nach vorne oben, und man schiebt quasi den Brustkorb unter den Schultergürtel. Dann sind die Oberkörper-Bausteine wieder übereinander, und der Schultergürtel kann ohne muskuläre Arbeit getragen werden. In jeder anderen Stellung muß die Muskulatur den Schultergürtel am Platz halten.

Wichtig zu merken ist, daß nicht die Schultern zurückgenommen werden müssen, sondern vielmehr der Brustkorb unter den Schultergürtel geschoben wird, um ihn möglichst entspannt zu tragen.

Für den Dressursitz trifft dies zu. Im Leichten Sitz ist der Oberkörper nach vorne geneigt, und ohne muskulären Halt würden die Schultern ja nach vorne gleiten. Im Oberkörperkapitel habe ich schon dargestellt, wie wichtig es ist, beim Vorneigen die Wir-

Hängende Schultern   *Aufrichtung in der Brustwirbelsäule hilft, den Schultergürtel frei zu tragen*

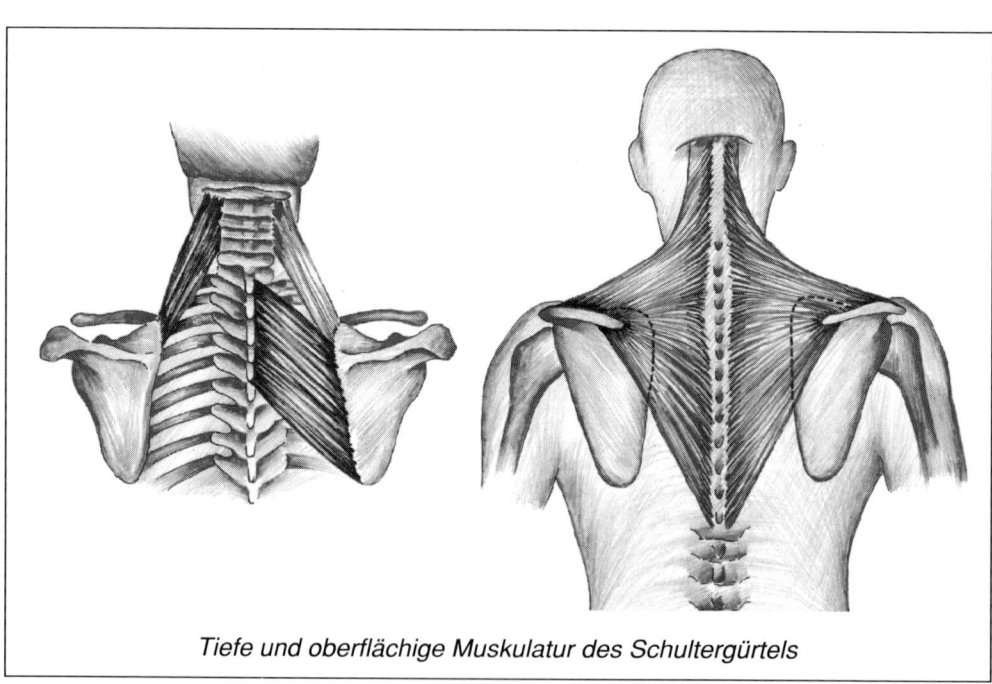

Tiefe und oberflächige Muskulatur des Schultergürtels

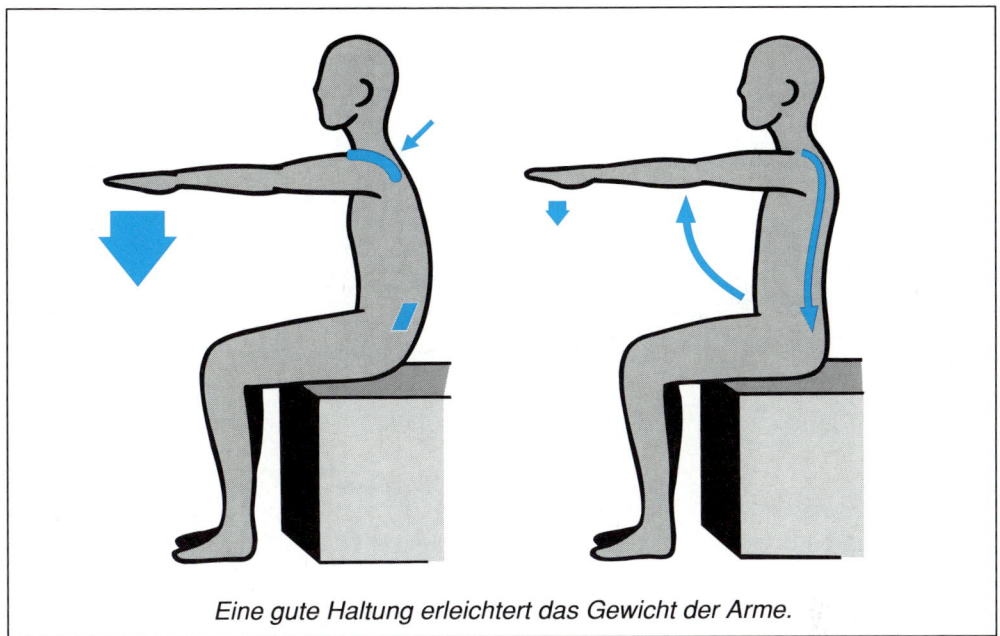

Eine gute Haltung erleichtert das Gewicht der Arme.

belsäulenstellung nicht zu verändern. Hier spielt nun die muskuläre Verspannung der Rumpfmuskulatur eine wichtige Rolle. Eine wichtige Muskelgruppe sind die unteren *Schulterblattfixatoren*, die dafür sorgen, daß die Schulterblätter ihren Platz am Rumpf behalten, auch wenn der Oberkörper aus der Senkrechten genommen wird. Arbeiten diese Muskeln nicht, oder nur unzureichend, so werden sie von der *Nackenmuskulatur* am Hals kompensiert, und Verspannungen dort sind gar nicht so selten!

Wenn Sie sich die Zeichnung der tiefen Rückenmuskulatur genau anschauen, so können Sie erkennen, daß sie wie ein Tannenbaum gefiedert ist. Diese so besondere Konstruktion leitet alle Kräfte, die an dem System Wirbelsäule angreifen, auf die gesamte Wirbelsäule weiter, so daß kein einzelnes Segment überlastet wird. Auf dieser Erkenntnis basieren alle Rücken- und Haltungsschulen.
Spüren können Sie das in der folgenden Übung recht deutlich: Setzen Sie sich wieder auf Ihren Übungshocker, ausnahmsweise

wieder leger mit „krummem" Rücken. Schließen Sie die Augen und heben beide Arme etwa 90° nach vorne. Spüren Sie nun das Gewicht Ihrer Arme, wie schwer sind sie? Wo werden sie getragen? Wo merken Sie die stärkste Muskelarbeit?
 Senken Sie die Arme dann wieder, schütteln sie kurz aus, richten sich dann vom Becken her auf und wiederholen Sie die gleiche Übung diesmal aus der aufrechten Wirbelsäulenstellung heraus. Deutlich können Sie dann den Unterschied spüren, wenn das Armgewicht nun über den ganzen Rücken verteilt wird, leichter erscheint und nicht mehr als Hebel in einem Segment angreift.

Betrachten Sie nun einmal Ihr Schulterblatt- oder, noch günstiger beobachten Sie es wieder von hinten an einem „Übungsopfer". Beim Heben der Arme, egal ob seitlich oder nach vorne bleiben die Schulterblätter bis etwa 90° ruhig liegen. Danach drehen sie am Rumpf mit nach vorne oben. Sie ermöglichen erst die große Armbewegung. Für das Reiten bedeutet dies, daß die Schulterblätter wirklich ruhig am Rumpf anliegen können, da die

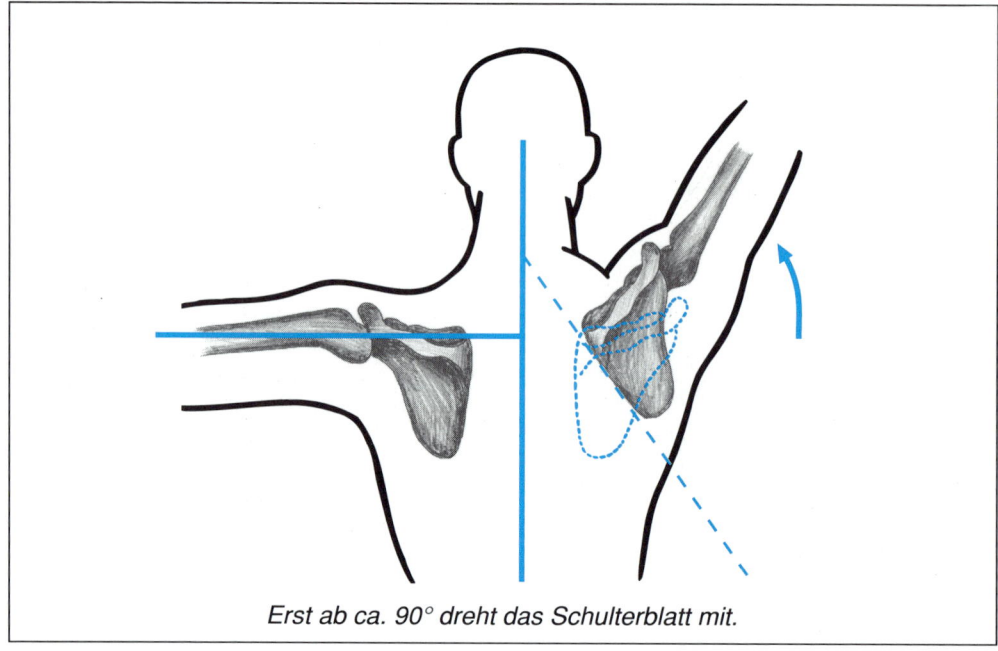

Erst ab ca. 90° dreht das Schulterblatt mit.

beim Reiten geforderten kleinen Bewegungen des Schultergelenkes niemals über die 90° hinaus gehen sollen!

Wie wichtig eine wirklich entspannte Lage des Schultergürtels für die gesamte Armbewegung ist, können sie mit der folgenden Übung erspüren. Heben Sie die Arme seitlich hoch, und ziehen Sie davor einmal die Schultern bis zu den Ohren hoch, das andere mal senken sie die Schultern nach unten, bevor der Arm gehoben wird.

Weiter oben habe ich geschrieben, daß das Schultergelenk vor allem muskulär geführt und gesichert wird. Arbeiten aber alle Muskeln auf einmal, so wird es festgestellt, die Bewegung wird zäh, und es klemmt im wahrsten Sinne des Wortes. Eine sehr wichtige Bedeutung hat hierbei das Schulterdach. Schauen Sie es sich nochmals auf der Zeichnung an, und tasten Sie es an sich. Wird der Oberarmkopf beim Heben des Armes mit nach oben gezogen, so klemmt er schnell unter dem Schulterdach fest. Dies kann zu Muskel- und Sehnenreizungen, sogar bis zu entzündlichen Prozessen in

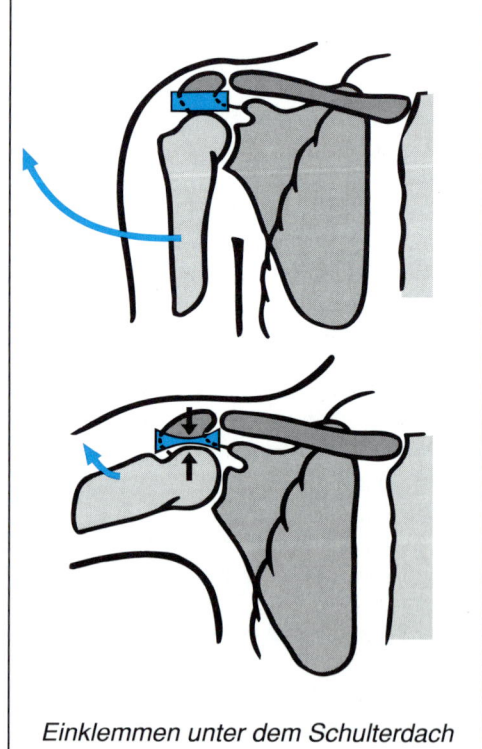

Einklemmen unter dem Schulterdach

diesem Bereich führen. Eine nicht seltene Folge sind Kalkablagerungen dort, die bei jeder größeren Armbewegung schmerzhaft sein können.

In dem Moment, in dem Sie die Schultern Richtung Becken senken, verschaffen Sie sich „Luft" unter dem Schulterdach, das Gelenk hat dann mehr Raum für alle Bewegungen. Wenn Sie jemals in der Reitstunde gesagt bekommen: „Schultern nach hinten unten zurücknehmen", dann bedeutet dies, daß Sie Ihre Aufrichtung überprüfen, den Brustkorb gut nach vorne unter den Schultergürtel bringen und den Schultergürtel leicht nach unten Richtung Becken senken. Warum habe ich die Funktion der Schulter so ausführlich beschrieben? Nun, dort entscheidet sich, ob eine Reiterhand wirklich unabhängig von der Pferdebewegung getragen werden kann, oder ob die Arme Ausgleichsbewegungen für den unausbalancierten Rumpf leisten müssen.

Im Physiologiekapitel habe ich von Muskelketten gesprochen. Ein Muskel arbeitet nie isoliert, sondern stets in einem Verbund einer Kette, die eine bestimmte Funktion erfüllen soll. Zwei für die Arme wichtige Ketten möchte ich Ihnen darstellen. Stellen Sie sich hin, und beginnen Sie vom Daumen her die Hände nach außen zu drehen. Drehen Sie immer weiter, und Sie werden spüren, wie die folgenden Gelenke mit in die Bewegung gezogen werden. Ellenbogen und Oberarme drehen sich nach außen, die Schulterblätter gehen nach hinten zusammen, der Brustkorb richtet sich auf ... Sie münden in dem sogenannten *Streckmuster*. Das Gegenteil passiert, wenn Sie vom Daumen beginnend die Hunden nach innen drehen. Ellenbogen und Oberarme drehen nach innen, die Schultern kommen nach vorne, die Wirbelsäule wird rund, Sie kommen in das *Beugemuster*, im Extremfall würden Sie sich wie ein Baby zusammenrollen. Dieses Beugemuster ist auch ein Schutzreflex in den man sich häufig rettet, zum Beispiel bei Angst, Streß ...

Diese Muskelketten sind beim Reiten von entscheidender Bedeutung. Wenn Sie sich nochmals die Unterarm- und Handhaltung verdeutlichen, so ist dies der Anfang des Streckmusters. Die Kleinen Finger sollen sich näher stehen als die Daumen, somit ist im Körper die Auswärtsdrehung angebahnt. Wenn nun jemand mit verdeckten Fäusten reitet, so hat er in seinem Körper das Beugemuster angebahnt, er soll sich aber vom Rumpf her aufrichten.

Zwei gegensätzliche Muskelketten laufen nun durch den Körper und treffen in einem Gelenk aufeinander. Dort ist dann der kritische Punkt. Dieses Gelenk kann nicht mehr mit in eine Bewegungsrichtung federn, dort brechen die Ketten ab. Im oben genannten Beispiel ist dieser kritische Punkt meist in der Schulter oder im HWS-Bereich zu beobachten. So sind viele winzige Kleinigkeiten in der Reitlehre doch von großer Bedeutung, Kleinvieh macht ja bekanntlich den größten Mist!

Noch so eine kleine Raffinesse mit großer Auswirkung ist die Zügelhaltung selber. Am besten nehmen Sie sich einen Zügel in die Hand und probieren Sie das folgende gleich aus: Wenn Sie den Zügel mit der Faust festhalten wollen, so wird das Handgelenk sofort bombenfest, federn ist dann ein weit entfernter Zukunftstraum. Gehalten wird der Zügel zwischen Daumen und Zeigefinger. Dann können die Finger unabhängig sich mit dem Pferdemaul unterhalten, ohne gleichzeitig den Zügel halten zu müssen. In der Reitlehre steht: „Der Daumen liegt dachförmig auf dem Zügelende".

Seien Sie ehrlich, – ich kenne nur sehr wenige Reiter, die darauf achten. Probieren Sie es aber einmal aus. Schließen Sie Ihre Hand zu einer Faust und pressen Sie den Daumen flach oben drauf. Bewegen Sie nun ihr Handgelenk in verschiedene Richtungen und spüren sie, wie fest es dabei ist. Verändern Sie dann die Daumenstellung, und pressen Sie ihn mit dem gleichen Druck, diesmal spitz auf den Zeigefinger – Sie

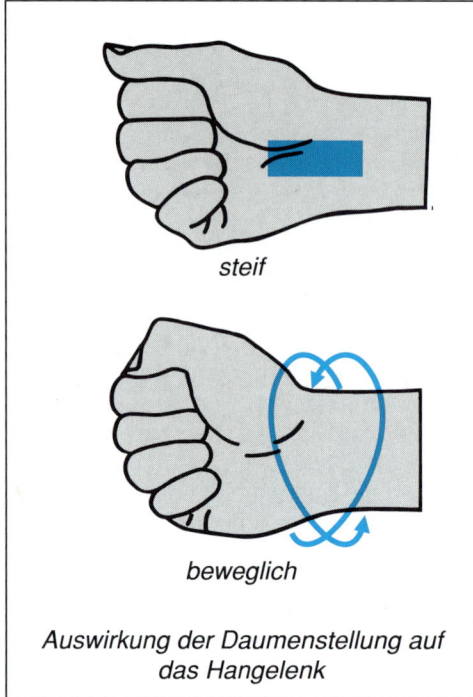

steif

beweglich

Auswirkung der Daumenstellung auf das Hangelenk

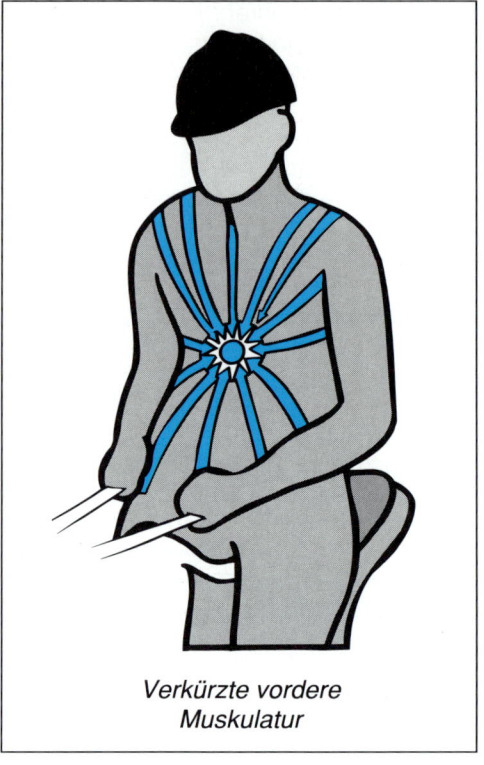

Verkürzte vordere Muskulatur

werden spüren können, daß Ihr Handgelenk sich viel freier bewegen läßt. Beim flachen Daumen stellt ein Muskel das gesamte Handgelenk mit fest. Eine kleine Ursache mit großer Wirkung!

Im Oberkörperkapitel habe ich einige Übungen für die Verbesserung der Wirbelsäulenbeweglichkeit dargestellt. Im Grunde sind sie die Voraussetzung für eine gute Schulter- und Armbeweglichkeit. In der gesamten Bewegungsentwicklung kommt stets zuerst der Rumpf, dann erst die Extremitäten. Doch gerade für den Schultergürtel gibt es einige sehr sinnvolle Dehnungsübungen. Unsere Zivilisationskrankheit, nämlich schlechte Haltung besonders im Sitzen, läßt den Schultergürtel häufig nach vorne gleiten. Das bedeutet auf Dauer Verspannungen im Nackenbereich, da der Schultergürtel dann dort an der Nackenmuskulatur hängt, anstatt auf dem Brustkorb abzuliegen. Desweiteren verkürzen sich die vorderen Muskeln, da sie stets in Annäherung sind und nicht genügend gedehnt werden.

Die folgenden Übungen können Sie gut an einem Türrahmen oder an einer Wand durchführen. Wichtiger als ein fest eingeplantes abendliches Übungsprogramm ist es, sie stets zwischendurch in den Alltag einzuplanen.

Stellen Sie sich seitlich an die Wand, legen sie die wandnahe Hand hinter dem Körper an die Wand. Ihre Schulter soll die Wand berühren. Nun versuchen Sie den Rumpf von der Wand weg zu drehen, dabei können sie die Dehnung an der Schulter spüren. Um an alle muskulären Anteile heranzukommen, sollte der Arm in verschiedenen Stellungen gedehnt werden. Von hinten unten, bis ganz oben können Sie diese Übung durchführen. Wichtig ist, daß der Rumpf dicht an der Wand bleibt. Halten Sie die Dehnstellung für einige Atemzüge und versuchen Sie bewußt die Atmung in das gedehnte Gebiet zu lenken. Dies hilft der Muskulatur, sich entspannen und dehnen zu lassen.

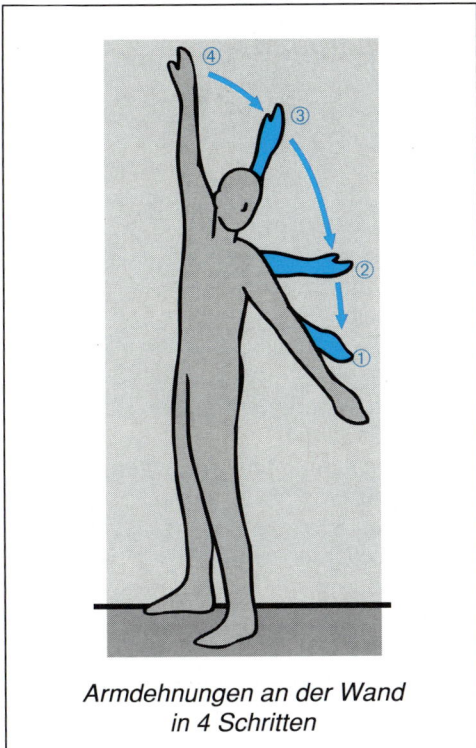

*Armdehnungen an der Wand
in 4 Schritten*

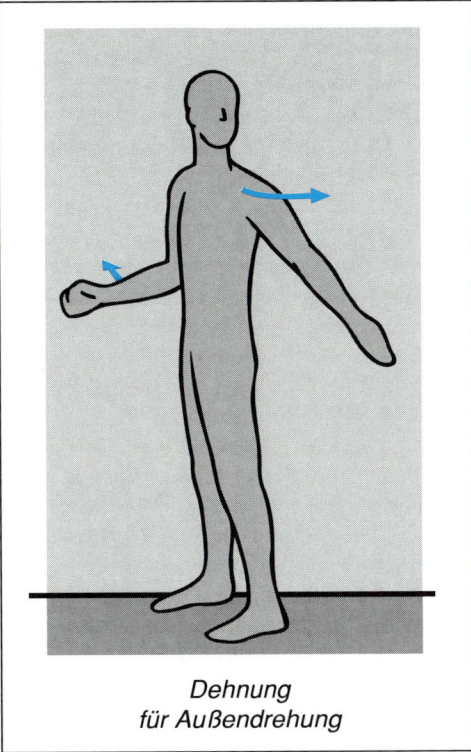

*Dehnung
für Außendrehung*

Um die Außendrehung der Schulter zu verbessern, stellen Sie sich wieder seitlich an eine Wand, winkeln Sie den Ellenbogen neben dem Körper im rechten Winkel an und drücken mit dem Unterarm (nicht der Hand) gegen die Wand. Drehen Sie dann wieder den Rumpf von der Wand weg. Der Unterarm darf dabei nicht den Kontakt mit der Wand verlieren. Achtung – nicht mogeln, indem die Finger gegen die Wand drücken, das Handgelenk aber Kontakt verloren hat.

Gut für zwischendurch bietet es sich auch an, die Daumen einfach hinter dem Rücken zu verhaken und nach hinten vom Rumpf weg zu bewegen. Hierbei ist es wichtig, den Brustkorb aufgerichtet zu halten und nicht in eine Beugestellung auszuweichen.
Zuletzt möchte ich Ihnen noch eine Bindegewebsdehnung am Schlüsselbein und Hals zeigen. Solange es dort eng ist, können Sie sich nicht entspannt aufrichten.

Legen sie die Hand mit der Zeigefingerkante auf das gegenseitige Schlüsselbein. Die andere Hand kann die untere beschweren. Rutschen Sie nun mit der Haut nach unten vom Schlüsselbein herunter und lassen Sie die Hände mit diesem leichten Zug dort liegen. Nun bewegen Sie den Kopf schräg nach hinten weg, und sie können die Spannung im Gewebe spüren. Die Richtung, in die Sie Ihren Kopf bewegen, hängt von Ihrem eigenen Dehngefühl ab. Es ist nur wichtig, daß Sie nicht mit dem Kopf das Kreisen beginnen. Dehnen Sie zunächst in eine Richtung, nehmen Sie den Kopf wieder zurück und probieren dann eine leicht veränderte Richtung. Auch bei dieser Übung können Sie mit der Atmung Dehnung verstärken und verbessern!
Ein freier unabhängiger Schultergürtel ist auch für das gesamte Wohlbefinden im Alltag von nicht geringer Bedeutung. Und wer sich wohl fühlt, kann auch besser reiten – oder?

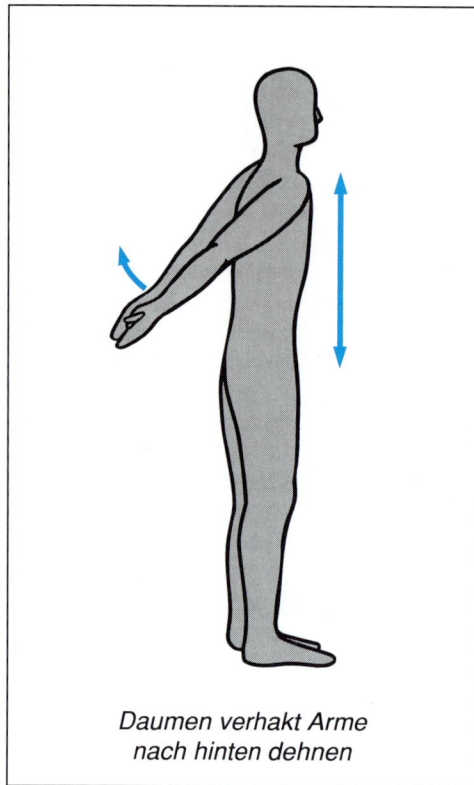

*Daumen verhakt Arme
nach hinten dehnen*

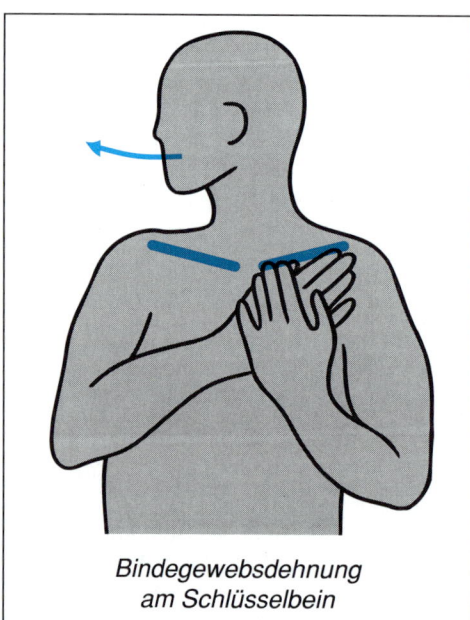

*Bindegewebsdehnung
am Schlüsselbein*

5.6 *Die unabhängige Reiterhand*

Ob jemand ein Händchen für Pferde hat, oder ob er eine gute Hand hat, ist eine entscheidende Frage in der Beurteilung eines Reiters. Und so ziemlich der schwerwiegenste Vorwurf, den man einem Reiter machen kann, ist eine harte Hand. Dabei lernt man, daß die Zügelhilfen eigentlich die unwichtigsten Hilfen sind, und stets nur im Zusammenhang mit Gewichts- und Schenkelhilfen angewandt werden dürfen. Warum also ist die weiche Hand eines Reiters nun so entscheidend?

Zum einen kann man ruhig sagen, daß das Pferdemaul einem guten Reiter etwas Heiliges darstellt, und ein Pferd, das im Maul einmal verdorben wurde, wird nie wieder völlig unbefangen und vertrauensvoll an das Gebiß herantreten.

Zum anderen kann man einen guten Reiter an der unabhängigen Hand erkennen. Sobald der Oberkörper in irgendeiner Form aus der Balance kommt, finden in den Extremitäten Gleichgewichtsreaktionen statt. Und das Ausbalancieren mit Hilfe der Arme passiert sehr schnell. Somit kann man den Rückschluß wagen, daß ein Reiter mit einer unabhängigen Hand gut in der Balance sitzt. Anlehnung, so nennt die Reitlehre die weiche und stetige Verbindung zwischen Reiterhand und Pferdemaul. Das bedeutet, daß die Reiterhand auf das Pferdemaul eingestellt wird, und nicht beziehungslos an einem bestimmten Platz still hingestellt werden darf. Wenn eine gute Hand nachher ruhig steht, still wirkt, so liegt dies an der gleichmäßigen Anlehnung des Pferdes, und daß der ganze Reiter ein Teil der Pferdebewegung geworden ist. Aber still steht diese Hand genauso wenig, wie auch der Reiter nicht still sitzt! Jede Korrektur eines Reitlehrers: „Hände still halten" ist somit paradox, und erzielt meist das Gegenteil.

Die gängigen Sitzübungen, bei denen vom Reitschüler verlangt wird, die Hände frei möglichst still über dem Widerrist zu tragen, sind infolgedessen völlig unbrauchbar. Selbst dem geübten Reiter rutschen dabei die Knie hoch und die Hand lernt keinen Kontakt nach vorne zu spüren.

Im Folgenden möchte ich Lernschritte und Möglichkeiten zur Überprüfung für eine unabhängige Hand aufzeigen, die nicht nur für den Anfänger Gültigkeit haben. Gerade der fortgeschrittene Reiter braucht manchmal kleine Hilfen, um auch in schwierigeren Situationen neben dem kühlen Kopf die ruhige Hand zu wahren.
Bewährt hat sich ein kleines Riemchen vorne am Sattel, das weitläufig als Angstriemen bekannt ist. Die kleinen Ringe vorne am Sattel sind aber nicht stabil genug, wenn man sich wirklich in einer brenzligen Situation daran festhält, so kann man sich mit dem Riemchen in der Hand unsanft auf dem

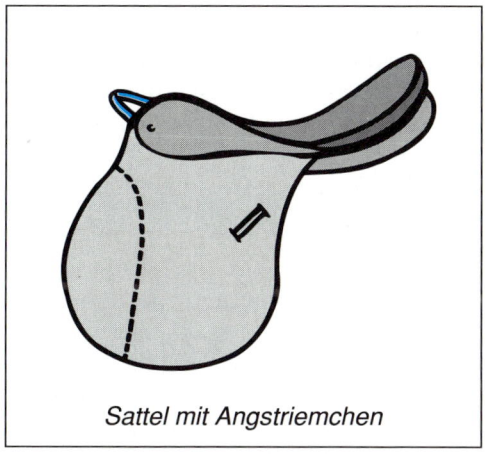

Sattel mit Angstriemchen

Hallenboden wiederfinden. Wenn Sie also einen bestimmten Sattel regelmäßig für Sitzübungen einsetzen, empfiehlt es sich, die Befestigung dieser Ringe von einem Sattler verstärken zu lassen.

Mit dem Vorurteil, daß, wer sich am Sattel festhält, lernt, sich am Zügel festzuhalten, möchte ich gründlich aufräumen. Das Reinziehen in den Sattel dient in erster Linie nicht der unabhängigen Hand, sondern vielmehr ist es eine Hilfe für die Stabilität des Ober-

körpers. Und auf die Tatsache, daß ein stabiler ausbalancierter Oberkörper die Voraussetzung für jede unabhängige Handeinwirkung ist, brauche ich nun wohl nicht mehr näher eingehen.

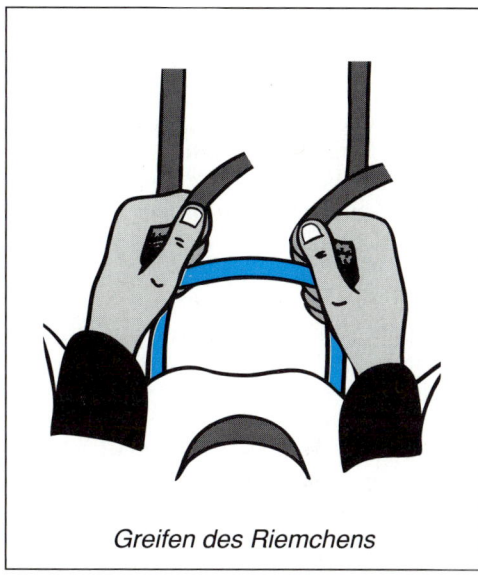

Greifen des Riemchens

Greifen Sie das Riemchen am besten mit beiden Händen seitlich, und stellen Sie dann die Hände auf, als ob Sie das Riemchen auseinander dehnen wollten.

Erinnern Sie sich noch an die oben beschriebenen Muskelketten und die weiterlaufenden Bewegungen? Mit dieser kleinen Vorspannung der Hand haben Sie in ihrem Körper das Streckmuster gebahnt. Als Folge legen sich die Ellenbogen an, die Oberarme werden leicht nach außen gedreht, die Schulterblätter gleiten nach hinten und der Brustkorb hebt sich. Wenn Sie nun an dem Riemchen etwas nach oben ziehen, soll sich der Oberkörper nicht nach hinten lehnen, sondern Sie sollen spüren, wie der Druck auf Ihrer Sitzbasis zunimmt. Dann können Sie über das Riemchen eine konsequente Belastung des Beckens erreichen, und dies ist der wichtigste Ort, der in die Pferdebewegung mit hineingenommen werden muß. Auf schwierigen Pferden rette / stabilisiere ich heute noch mit dem Riemchen meinen Sitz, und wenn man besser gegensitzen kann, erspart man sich eine Menge Kraft und Zügeleinwirkung.

Beim Reinziehen ist darauf zu achten, daß das Riemchen stets mit beiden Händen gleichmäßig gehalten wird. Es soll nicht eine Hand ziehen, die andere schieben, oder das Riemchen mal schlabbern, mal fest anstehen. Schon hier kann das Gefühl für einen gleichmäßigen Druck in der Hand geübt werden. Wie stark ein Reiter an dem Riemchen ziehen muß, hängt von seiner Oberkörperstabilität ab. Der geübte Reiter wird es ohne Druck gerade nur eben gespannt halten können. Wenn ein Reiter dies beherrscht, so kann man ihn auffordern, das Riemchen nach vorne oben zu spannen. Dies ist eine nicht ganz leichte Bewegung. Die Arme werden nach vorne bewegt, ohne daß der Rumpf sich verändern darf. Wie oft fallen Reiter mit nach vorne, wenn sie die Hände vorschieben, und reißen sich dabei quasi selbst vom Sitz.

Probieren Sie dies alles ruhig selber aus. Es müssen nicht immer Sitzübungen an der Longe sein, auch beim Reiten kann es nichts schaden, wenn Sie sich für ein paar Runden ganz auf Ihre Hände konzentrieren. Fassen

Schulung der Handunabhängigkeit

Sie das Riemchen einfach mit den Zügeln mit. Entweder nur mit dem kleinen Finger, oder mit der ganzen Hand. Das gängige „Angstriemchen" ist häufig zu kurz. Wenn nötig, müßten Sie sich ein längereres basteln oder besorgen. Und probieren Sie es dann nicht nur in den einzelnen Grundgangarten aus, sonderen gerade in Übergängen wie Antraben, Angaloppieren, Durchparieren, ... Es ist beispielsweise nicht leicht, das Riemchen gleichmäßig nach vorne oben zu spannen und dabei anzugaloppieren. Sehr viele Reiter neigen dazu, im Moment des Angaloppierens kurz am inneren Zügel zu ziehen, was nichts mit der vorbereitenden halben Parade zu tun hat. Dem Pferd wird dabei das innere Vorderbein mit dem Zügel festgehalten, es kann den ersten Galoppsprung nicht frei nach vorne durchspringen. Hier kann das Riemchen eine gute Hilfe sein, da der Reiter selber sofort spüren kann, wenn er rückwärts einwirkt.

Auch beim Leichttraben kann man sich mit dem Riemchen selber überprüfen. Schafft man es, das Riemchen konstant zu spannen, so ist die Bewegung des Leichttrabens ausbalanciert und in der Pferdebewegung. Eine weitere gute Möglichkeit beim Leichttraben stellt das Klopfen im Rhythmus der Pferdebewegung dar. Klopfen Sie überkreuz am Pferdehals und zwar immer gleichzeitig, wenn Sie sich hinsetzen. Und auch beim Wechseln der Hände sollen Sie nicht aus dem Takt kommen. Verfeinern können Sie diese Übung, indem Sie eine Hand nur auf den Pferdehals legen, und statt zu klopfen, beim Hinsetzen leicht nach unten schieben. Eine Hand kann auch mal hinten an den Sattelkranz fassen, ohne daß sich Ihr Leichttraben von Rumpf und Beinen her verändern darf. Mit solchen Übungen werden ihre Arm- und Handbewegungen unabhängig vom Rumpf, und Sie können sie dann bewußt und gezielt einsetzen.

Also, Ihr Rumpf ist stabil, Ihre Hand unabhängig, nun kommt die Einwirkung. Zum Glück geht es beim Reiten nicht ganz so schematisch zu, sonst dürften manche Reiter wohl niemals die Zügel in die Hand nehmen. Für die folgende Übung brauchen Sie eine Trense, zumindestens ein Gebiß mit Zügeln, und einen Partner, der mit Ihnen *Pferdemaul* spielt. Ihr Partner legt seine Finger unter das Gebiß, sie stellen die Kinnlade des Pferdemauls dar. Sie dürfen nun die Zügel aufnehmen und einen weichen, aber konstanten Kontakt aufbauen.

Eine nicht unwichtige Kleinigkeit ist die Breite des Zügels. Der Zügel sollte so breit sein, daß er bequem auf dem Ringfingergrundglied liegen kann.
Dabei ist zu beachten, daß das Fingergelenk tiefer in der Hand liegt, als die Hautlinien es zeigen. Sie können das Gelenk leicht selber tasten, indem sie den Finger beugen und strecken. Ein zu breiter Zügel quetscht an den Fingern, und ein zu schmaler Zügel kann sehr anstrengend zu halten sein, darauf sollte man besonders dann achten, wenn man zu Sehnenscheidenentzündungen am Unterarm neigt.

Zurück zum *Pferdemaulspiel*. Nehmen Sie mit den Zügeln Verbindung auf. Ihr Partner wird Ihnen sicherlich sagen können, daß ein gleichmäßiger Druck auf dem Gebiß angenehmer ist, als ein unstet anstehender Zügel. Und diese weiche Vorspannung ist

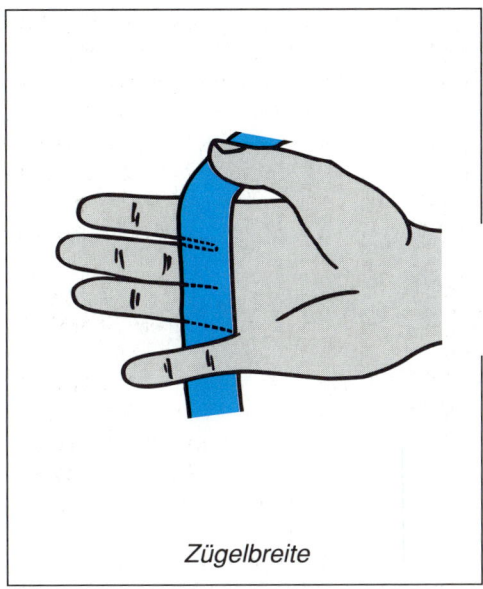

Zügelbreite

nötig, damit das Pferd auch die kleinste Veränderung am Gebiß wahrnehmen kann. Beim Reiten sollten natürlich nicht Sie die Zügel zu dieser Vorspannung anziehen, vielmehr sollte das Pferd diese Anlehnung suchen, es soll an das Gebiß herantreten, wie es in der Reitlehre steht.
Wenn Sie nun die Zügel aufgenommen haben, die Anlehnung zu Ihrem „Pferdemaulpartner" stimmt, dann stellen Sie sich einfach vor, in der einen Hand hätten Sie

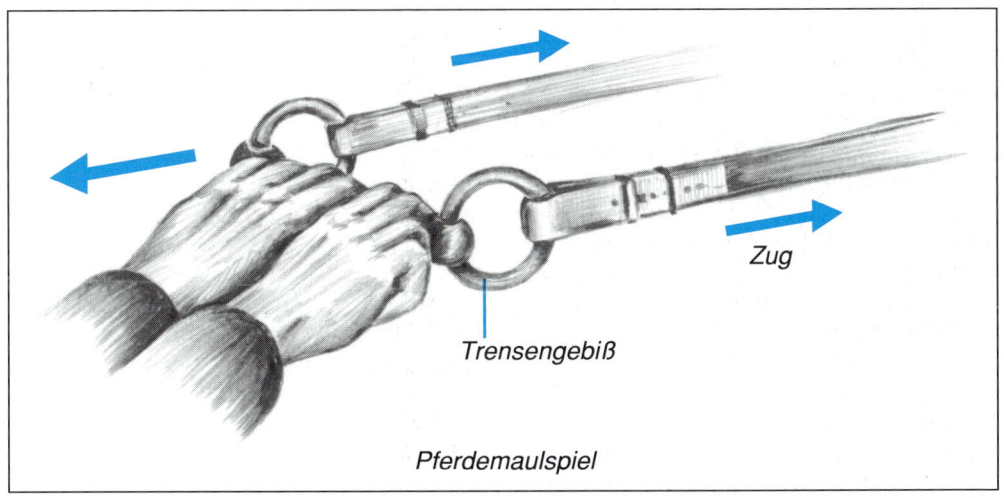

Zug

Trensengebiß

Pferdemaulspiel

5.

Korrekte Gertenhaltung

Klemmendes Handgelenk bei falscher Gertenhaltung

statt des Zügels einen Schwamm, den Sie ausdrücken wollen. Sie können nun genau sehen, wie viel Einwirkung Sie mit dieser kleinen Bewegung erzielen können. Etwa zwei Zentimeter wird das Gebiß bewegt!

Mit diesem *Pferdemaulspiel* können Sie sich die unterschiedlich feinen Abstufungen des Zügelannehmens verdeutlichen. Es kann vom feinen Schwammausdrücken bis hin zum Eindrehen des Handgelenks reichen. Beim Eindrehen der Hand ist darauf zu achten, daß sie stets leicht nach oben eingedreht wird – Richtung gegenüberliegende Schulter, und daß der Ellenbogen nicht abgespreizt wird, denn dabei geht der vermehrte Druck am Zügel verloren, die Zügelhilfe kommt statt beim Pferd beim Reiter an. Das Wort *Parade* habe ich hierbei bewußt vermieden, denn zu einer Parade gehört stets das Zusammenspiel aller Hilfen, und sie kann nicht trocken geübt werden.

Beim Pferdemaulspiel können Sie deutlich spüren, daß der rechte und der linke Zügel miteinander in Verbindung stehen. Im Grunde reiten Sie mit *einem* Zügel, der wie eine Schlinge durch das Pferdemaul gezogen ist, und Ihre Hände miteinander verbindet. Sobald Sie eine Hand eindrehen, so können Sie den veränderten Druck auch in der anderen Hand spüren. Das sollte auch beim Reiten so sein! Und fragen Sie mal Ihren Pferdemaulpartner, ob er einen Unterschied bemerkt, wenn Sie außen annehmen, oder wenn Sie innen nachgeben?! Es ist verblüffend, wie selten man sich dies vor Augen hält. Denken Sie auch beim Reiten daran, daß es nur *ein* Zügel ist, Sie halten die beiden Enden in der Hand. Dann werden Sie es in vielen Wendungen, beim Stellen und Biegen leichter haben. Auch beim Reiten muß die eine Hand wissen bzw. fühlen, was die andere gerade tut.

Korrekte Hand von vorne

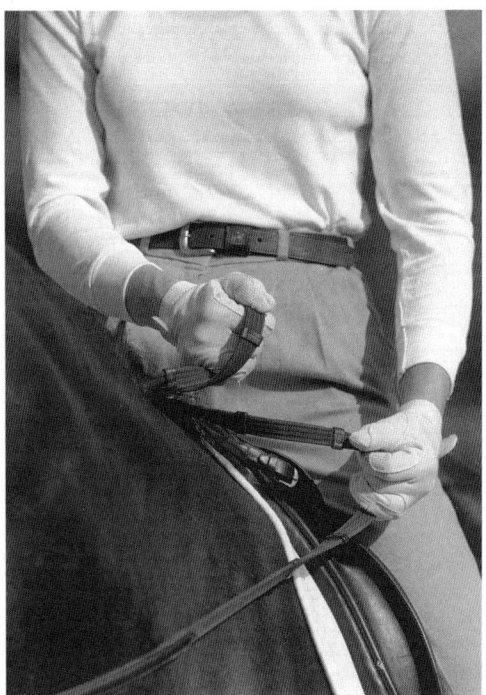

Eine Hand über dem Mähnenkamm

Das Spiel läßt sich auch noch in anderen technischen Raffinessen fortsetzen. Übungen wie Zügel nachfassen, Zügel in eine Hand nehmen, der Gertenwechsel ... bei denen das „Pferdemaul" so wenig wie irgend möglich gestört werden darf, bieten sich an. Zur Gertenhaltung möchte ich auch ein paar Dinge sagen. Natürlich stört die Gerte in der Hand, da man sie nicht mehr so gut aufstellen kann. Einwirken soll die Gerte direkt hinter dem Schenkel des Reiters, um diesen zu unterstützen. Auf der Kruppe oder in der Flankengegend hat die Gerte generell nichts zu suchen. Deshalb sollte der Reiter sie auf dem Oberschenkel ablegen. Die Angewohnheit nicht gerade weniger Reiter, die Gerte waagerecht zu tragen, ist eine sehr ungeschickte Lösung, dabei wird nämlich das Handgelenk abgeknickt und nach unten festgestellt. Ein Federn ist dann nicht mehr möglich. Hält man die Gerte jedoch fast senkrecht, dann kann man das Handgelenk um die Gerte herum drehen, das Federn bleibt möglich. Die Gerte sollte stets ein Stück weit oben herausschauen, dann hat man sie besser im Schwerpunkt gegriffen und kann sie ohne Kraft aus dem Handgelenk heraus schwingen. Der Daumen sollte um die Gerte herum wieder dachförmig auf dem Zügel liegen. Damit ich keine Kraft in der Faust zu benötige, um die Gerte zu halten, habe ich mir einen Gummi-Stopper auf die Gerte gezogen, so daß diese auf der Hand aufliegen kann.

Nun also rauf aufs Pferd, reiten Sie es nach vorne an das Gebiß heran, und schieben es, als ob die Zügel Stangen wären, an diesem einen Zügel vorwärts. Ob man sich dabei nun Stangen, oder ein nach vorne federndes Gummiband vorstellt, spielt keine Rolle, wichtig ist das Gefühl, stets vorwärts zu reiten!

Korrekte Hand von der Seite

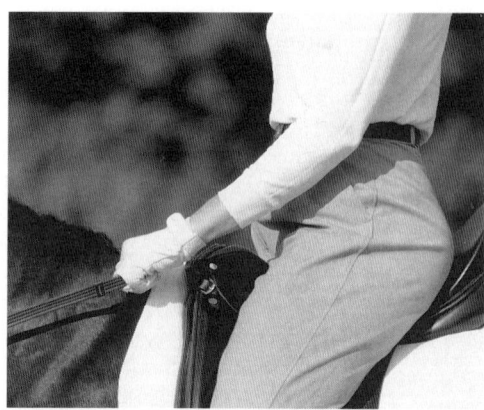

Verdeckte Hand

Herunterdrückende Hand

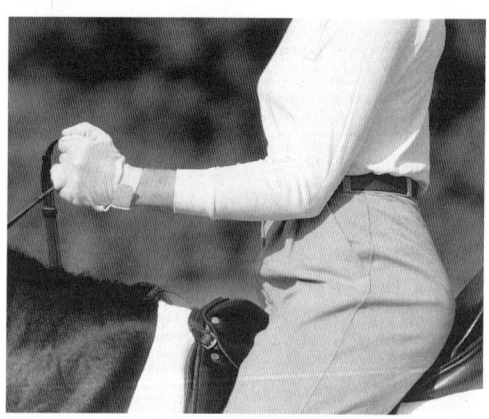

Zu hohe,steife Hand

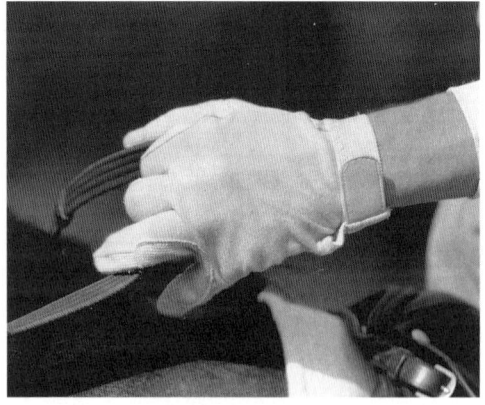

Offene Finger

*Zügel ungleich lang –
Hände ungleich hoch*

Gleichgewichts/ Losgelassenheits- zentrum Beine

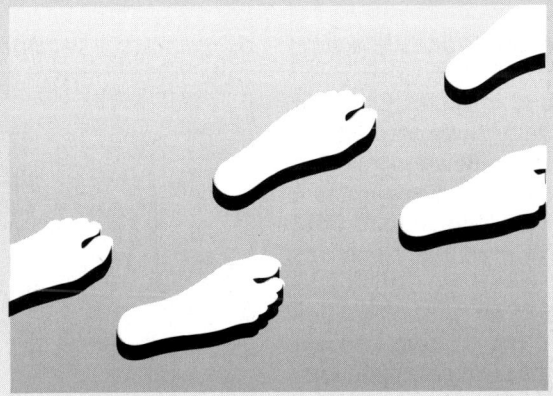

6.

Anatomische Grundlagen

bewegung günstig ist. Das Hüftgelenk ist ein typisches Kugelgelenk, der Kopf paßt tief in die Pfanne hinein. Eine Knorpelschicht umfaßt zusätzlich den Gelenkkopf, der so sicher in der Pfanne gehalten wird. Bei Abspreizung wird der Kopf am tiefsten unter das Pfannendach gedreht. Eine Stellung die besonders bei Kindern mit Hüftdysplasien (nicht genügend ausgeprägter Pfanne, das Gelenk wird nicht zentral, mehr seitlich belastet) von großer Wichtigkeit ist.

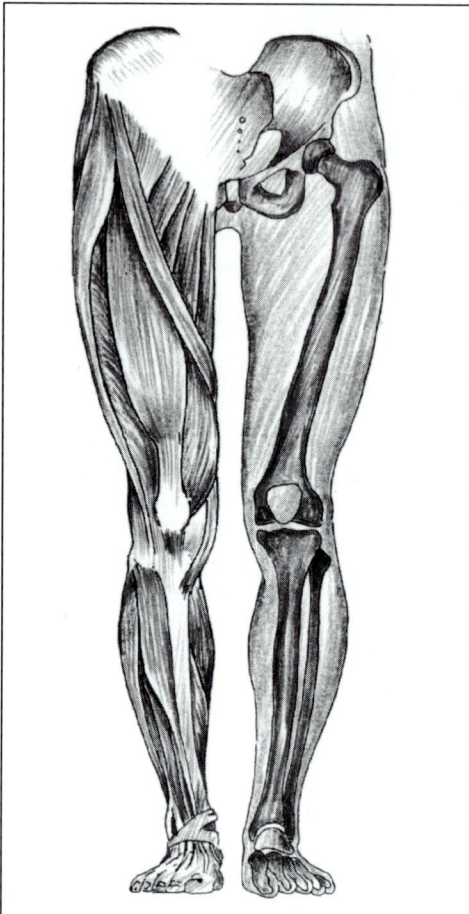

Beine: Knochen, Gelenke und Muskeln

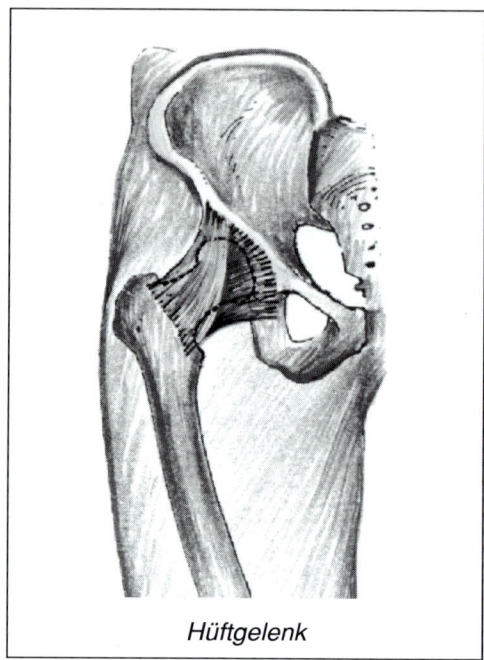

Hüftgelenk

Die *Beine* dienen uns in erster Linie zur Fortbewegung. Deshalb haben die Gelenke an den Beinen ein großes Bewegungsspiel, um möglichst viel Weg umsetzen zu können. Lange Muskeln, die häufig sogar über mehrere Gelenke hinweg ziehen, dienen als Beweger.
Besonders auffallend ist die Form des *Oberschenkels*, der mit seinem charakteristischen Winkel in das *Hüftgelenk* mündet. Dies ermöglicht die große Bewegungsfreiheit des Beines. Das Hüftgelenk selber zeigt nicht genau zur Seite, sondern es steht leicht schräg nach vorne, was für die Vorwärts-

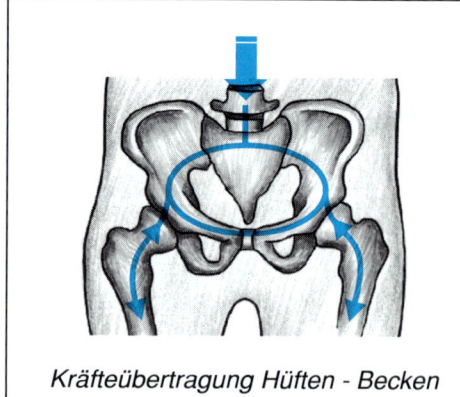

Kräfteübertragung Hüften - Becken

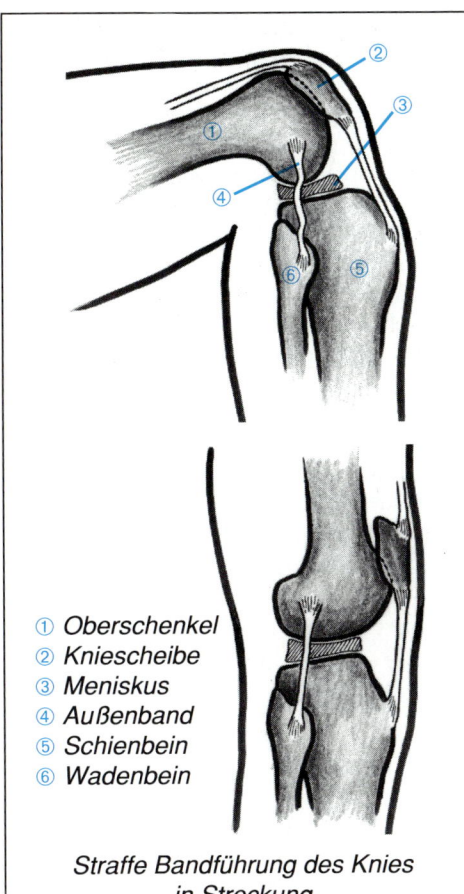

① Oberschenkel
② Kniescheibe
③ Meniskus
④ Außenband
⑤ Schienbein
⑥ Wadenbein

*Straffe Bandführung des Knies
in Streckung*

bewegung Strecken und Beugen, und zusätzlich kann man es nach innen und außen drehen, was aber nur in der Beugung möglich ist, da in der Streckung die *Seitenbänder* und *Kreuzbänder* das Gelenk sichern.

Das Kniegelenk wird vom Oberschenkel und dem Schienbein gebildet. Als Puffer sind im Kniegelenk zusätzliche Knorpelscheiben keilförmig eingelagert. Dies sind die *Menisci.* Sie helfen, den Druck im Kniegelenk abzufangen und gleichmäßig zu verteilen, so daß das Gelenk geschont wird. Die *Kniescheibe* liegt innerhalb einer Muskelsehne und kann dort gleiten. Das *Wadenbein* liegt außen seitlich am *Schienbein* an. Dort setzen einige Muskeln an, und es kann bei Verspannungen dieser Muskeln dort auf Druck sehr empfindlich weh tun.

Schienbein und Wadenbein bilden weiter unten eine Gabel für den *Fuß.* In dieser Gabel kann der Fuß auf und ab bewegt werden. Da der Fuß nach vorne breiter ist, wird die Gabel beim Heben des Vorfußes gespannt, beim Senken entlastet - Ein übertrieben tiefer Absatz beim Reiten stellt folglich das Fußgelenk fest.

Ein festes Band umfaßt zusätzlich das gesamte Gelenk, es ist das stabilste Band des menschlichen Körpers. Im Vergleich zur Schulter ist das Hüftgelenk wesentlich stabiler gebaut. Eine Gefahr des Auskugelns gibt es hier nicht. Eher bricht der Knochen, aber das Gelenk hält. Im Hüftgelenk findet die Gewichtsübertragung auf den *Beckenring* statt. Das Gewicht des Oberkörpers wird auf die Beine, und die Bewegungsimpulse der Beine werden über das Becken weiter auf die Wirbelsäule geleitet.

Der Oberschenkel verläuft in seiner Achse nicht senkrecht, sondern leicht schräg zum *Knie.* Dies gewährleistet eine bessere Stabilität. Das Knie besitzt die Haupt-

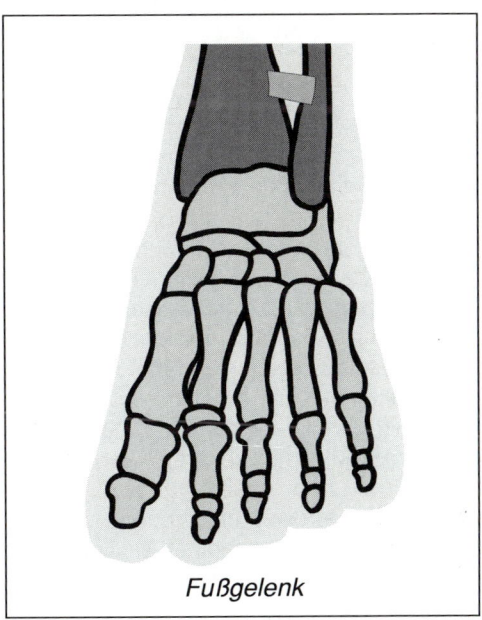

Fußgelenk

Im unteren Teil des Fußgelenkes kann man auch den äußeren oder inneren Fußrand anheben. Die *Fußwurzelknochen* sind ähnlich kompliziert wie die Hand aufgebaut. Interessant ist, daß man hier wieder die Drei-Punkt Belastung wiederfindet: Ferse, Großzeh- und Kleinzehballen.

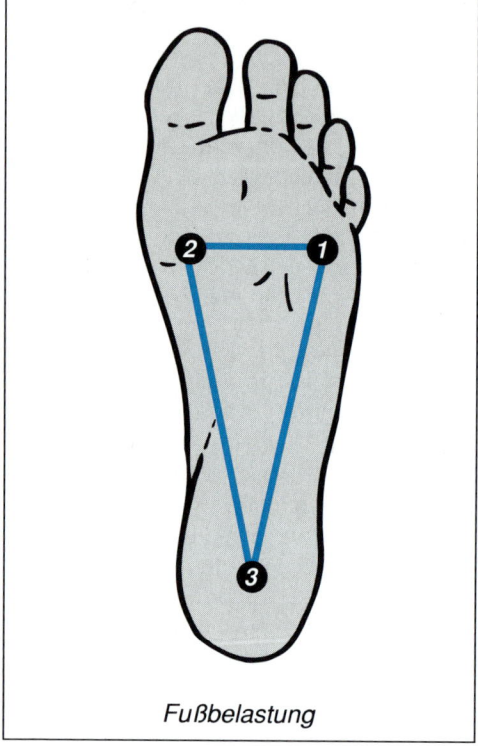

Fußbelastung

Wie Sie auf der Zeichnung sehen können, verlaufen die Muskeln am Bein in langen Ketten, die diagonal um Knochen und Gelenke angelegt sind. Funktionell kann man sie in Gruppen zusammenfassen.
Beispielsweise beugt die vordere Muskulatur des Oberschenkels in der Hüfte und streckt gleichzeitig im Knie, die hintere streckt die Hüfte und beugt das Knie. Diese mehrgelenkigen Muskeln erklären, warum eine kleine Bewegung oft eine ganze Kette von weiteren Folgebewegungen nach sich zieht. Auf die Funktion der einzelnen Muskelketten beim Reiten werde ich in den Folgekapiteln näher eingehen.

6.2 *Körperproportionen und individuelle Konstitution*

Bein ist nicht gleich Bein, und wie verschieden individuelle Beinformen sein können, läßt sich bei der heutigen Minirockmode gut studieren. Lange Beine, kurze Beine, O-Beine, X-Beine ... die Variationsvielfalt ist nicht gerade gering.
Generell läßt sich sagen, daß Ober- und Unterschenkel in etwa gleich lang sein sollten, um die günstigste Hebelwirkung für die Gelenke zu erzielen.

Eine weitere interessante Beobachtung ist die Fußlänge. Der Fuß sollte genau so lang sein wie der Kopf von der Nasenspitze zum Hinterhaupt gemessen.

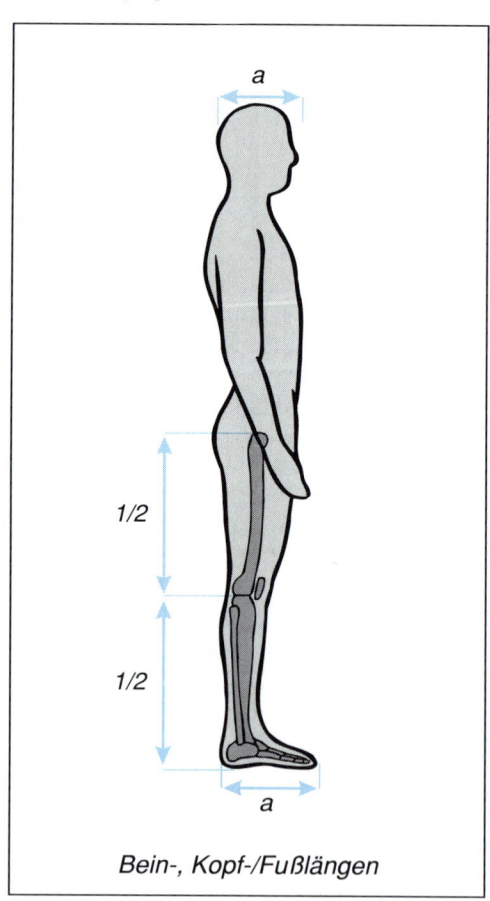

Bein-, Kopf-/Fußlängen

Der Kopf „paßt" folglich genau über den Fuß. Und nur dann befindet sich der Körper wirklich im Gleichgewicht. Wenn ein Mensch im Stehen den Kopf nicht über den Füßen trägt, ist er irgendwo in sich nicht ausbalanciert, Muskeln oder Gelenke müssen für die Stabilität sorgen, was auf Dauer zu Verspannungen oder sogar Verschleißerscheinungen führen kann.

Ähnliches gilt für den Dressursitz; ein Reiter ist nur dann wirklich ausbalanciert, wenn Kopf und Fuß übereinander eingeordnet sind.

6.3 *Tasten der wichtigsten Orientierungspunkte am eigenen Körper*

Ein wichtiger Orientierungspunkt ist der seitliche Hüftknochen. Sie haben ihn schon im Beckenkapitel getastet. Er liegt in Höhe des Hüftgelenkes und ist daher für die Bewegungsbeobachtung von großer Bedeutung. Dort setzen auch mehrere kurze Hüftmuskeln an.

Die *Klemmer* an der Innenseite des Oberschenkels kennen Sie auch bereits. Wieder-

holen Sie kurz das An- und Entspannen dieser Muskulatur, um sich dieses Gefühl immer wieder bewußt zu machen.

Nun tasten Sie sich zum Knie vor. Fühlen Sie die Ränder der Kniescheibe, und bewegen Sie diese bei geradem losgelassenem Knie in alle möglichen Richtungen. Das Gleiten nach oben und unten ist die wichtigste Richtung. Beim Strecken des Knies gleitet sie mit nach oben, beim Beugen nach unten. Sie schützt das Kniegelenk. Eine sehr eng sitzende Reithose kann diesen Gleitmechanismus behindern und vor allem bei längeren Ritten dort Schmerzen verursachen.

Tasten Sie nun bei leicht gebeugtem Knie vom unteren Kniescheibenrand seitlich. Dort treffen Sie auf den Kniegelenkspalt. Auch die Seitenbänder kann man mit etwas Übung ertasten. Wenn Sie das Knie dabei leicht bewegen, können Sie die Bewegung im Gelenk spüren. An der Außenseite des Knies finden Sie ein Stück weiter unten das Wadenbeinköpfchen. Drücken Sie nicht zu fest, dort ist man häufig sehr empfindlich. Dort verläuft – ähnlich wie beim Ellenbogen – der Nerv in den Unterschenkel hinein, und die sehnigen Enden der äußeren Beinmuskeln strahlen bis dorthin aus.

Am Fuß können Sie leicht die Knöchelgabel ertasten. Sie werden spüren, daß der

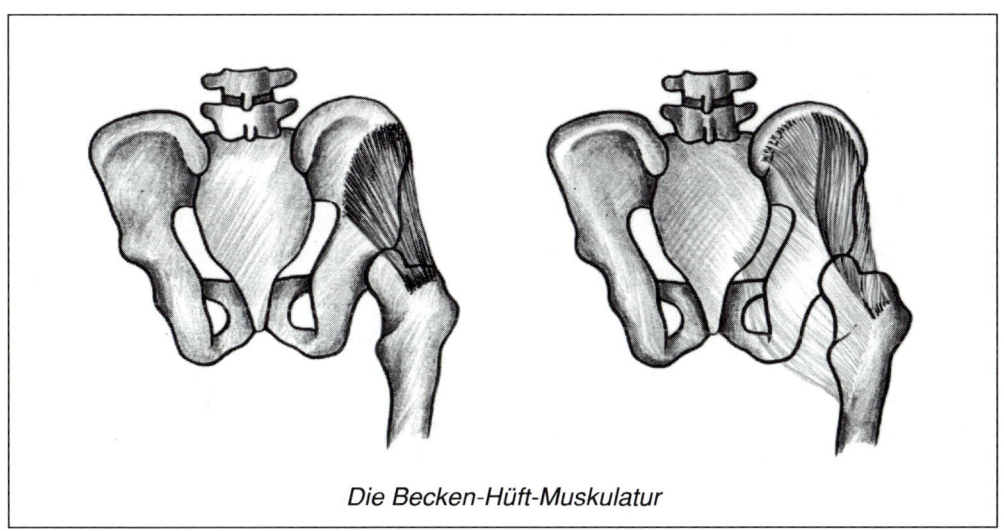

Die Becken-Hüft-Muskulatur

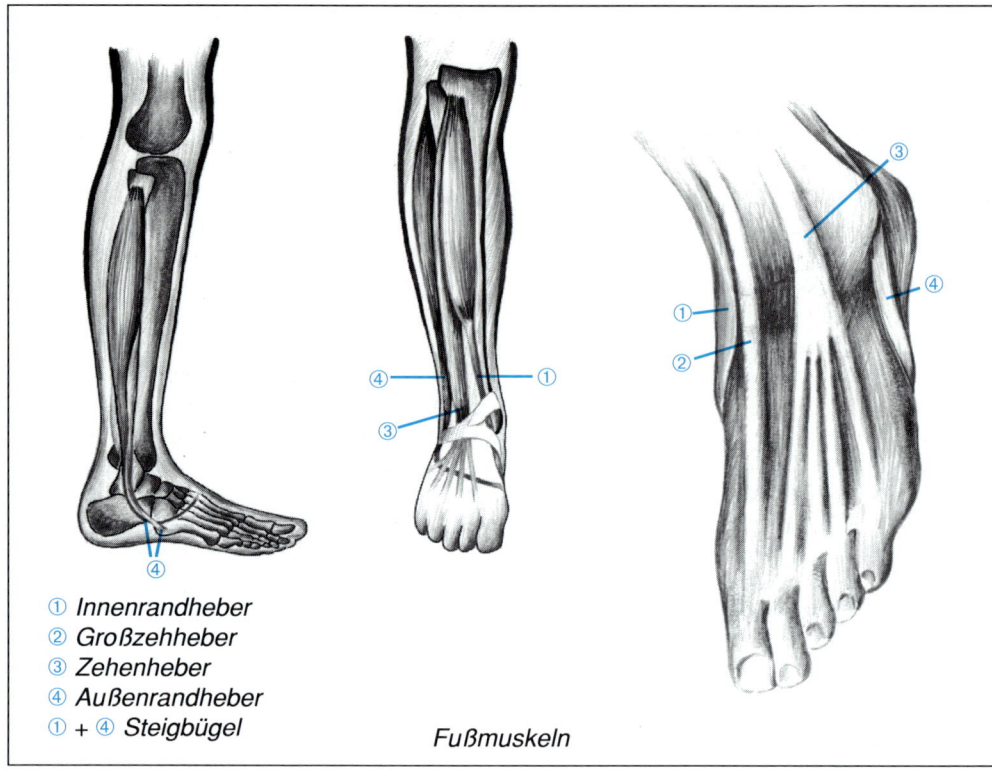

① Innenrandheber
② Großzehheber
③ Zehenheber
④ Außenrandheber
① + ④ Steigbügel

Fußmuskeln

Innenknöchel etwas vor dem Außenknöchel steht. Dies erklärt auch, warum der Fuß, der sich ja in dieser Gabel bewegt, leicht nach außen zeigt. Wieviel, richtet sich nach der individuellen Stellung der Gelenke.

Am Fuß lassen sich einige Muskeln recht gut ertasten:

An der Vorderseite gibt es drei hervorspringende Sehnen. Ziehen Sie den Innenrand des Vorfußes hoch, und eine relativ breite Sehne wird sich vorne am Fuß deutlich hervorheben. Entspannen Sie den Fuß wieder und ziehen dann nur den großen Zeh hoch, und dicht neben der Sehne des *Innenrandhebers* springt eine dünnere Sehne hervor. Zuletzt heben Sie die Zehen und den Fußaußenrand hoch, und die dritte Sehne wird deutlich. Beim Heben des Außenrandes springt Ihnen seitlich unter dem Knöchel eine weitere Sehne entgegen. Diese ist beim Reiten nicht unwichtig. Sie ist der Gegen-

spieler der dicken Sehne des Innenrandhebers, in der Anatomie werden diese beiden Muskeln sogar der *Steigbügel* genannt, da Sie unter dem Fuß entlang laufen und wie eine Schlinge oder eben ein Steigbügel ineinander münden. Dieser äußere Fußmuskel entspringt am Wadenbeinköpfchen, er ist folglich die Verlängerung der äußeren Muskelkette des Oberschenkels.

Hinten an der Ferse ist die *Achillessehne* gut zu tasten. Sie bildet das Ende des großen *Wadenmuskels*, und ihre Dehnfähigkeit ist für ein federndes Fußgelenk von großer Bedeutung.

Tasten Sie nun noch den *Fußballen* an seiner breitesten Stelle. Sie bemerken dabei, daß der Fußballen nicht gerade nach vorne zeigt, sondern auch leicht schräg nach außen. Der Steigbügel, der unter dem Fußballen liegt, sollte dementsprechend aufgenommen werden.

6.4 *Idealtypus der Bein- und Fußhaltung auf dem Pferd*

Dressursitz

Das Bein soll aus dem losgelassenen Hüftgelenk herabhängen. Der Oberschenkel wird dabei soweit zurückgenommen und leicht einwärts gedreht, wie es die Hüfte erlaubt, ohne dabei festgestellt zu werden. Damit wird das tiefe und flach anliegende Knie erreicht. Das Kniegelenk ist leicht gewinkelt, so daß sich das Fußgelenk wieder unter dem Hüftgelenk befindet. Die Wade liegt flach am Pferdeleib an, der treibende Schenkel am Gurt, der verwahrende Schenkel handbreit hinter dem Gurt. Der Bügel wird kurz vor der breitesten Stelle des Fußballens aufgenommen. Dann kann die Pferdebewegung durch alle Gelenke hindurch abgefedert werden, was man am federnden Absatz sehen kann.

Leichter Sitz

Bedingt durch den kürzeren Bügel ist im leichten Sitz eine stärkere Winkelung in Knie- und Hüftgelenken zu finden. Der Grad der Hüftbeugung richtet sich auch nach dem Grad der Vorneigung des Oberkörpers. Das Knie liegt dementsprechend weiter vorne am Sattel an. Über Oberschenkel und Knie wird das Reitergewicht ausbalanciert. Die Unterschenkel halten mit der flachen Wade am Gurt Kontakt mit dem Pferdeleib. Der Bügel kann etwas weiter auf dem Fuß aufgenommen werden, nämlich unter der breitesten Stelle des Fußes, um dem Reiter mehr Stabilität zu geben. Auch im leichten Sitz wird die Pferdebewegung durch alle Gelenke hindurch bis in den Absatz abgefedert. Durch die vermehrte Gewichtsübernahme auf die Beine ist dies nicht so deutlich erkennbar wie beim vergleichsweise hängenden Bein des Dressursitzes.

Korrekte Beinhaltung in der Dressur und beim Springen

6.

6.5 ***Trockenübungen:***
Zusammenspiel
Rumpf-Beine

Über Ihr Hüftgelenk haben Sie ja schon im Beckenkapitel einiges erfahren und ertastet. Ich möchte Ihnen nun verdeutlichen, wie sehr all die kleinen Gelenke und Schaltstellen des Körpers zusammenhängen.
An den Armen haben Sie die Auswirkung von weiterlaufenden Bewegungen kennengelernt. Auch an den Beinen gibt es ähnliche Muskelketten. Am Arm hatte die Außendrehung zum Streckmuster geführt, am Bein ist es genau andersherum. Ein Einwärtsdrehen des Beines führt zur Streckung, das Auswärtsdrehen löst das Beugemuster aus. Es ist also nicht ungeschickt, daß im gestreckten Dressursitz ein leicht einwärts gedrehtes Bein verlangt wird.

Stellen Sie sich nun einmal seitlich vor einen Spiegel. Tasten Sie mit einer Hand die Dornfortsätze der LWS und mit der anderen

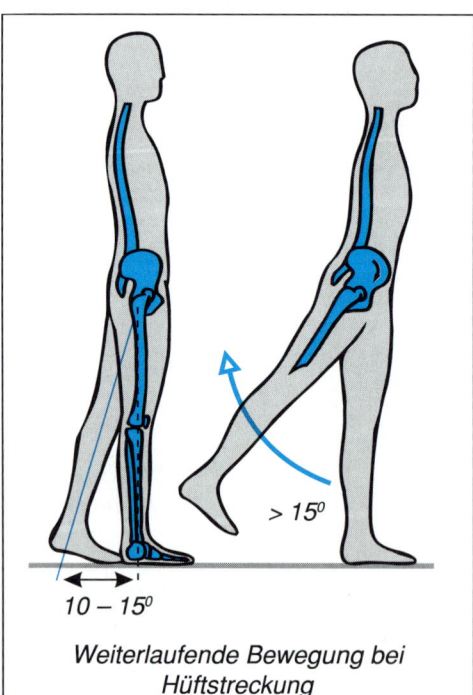

Weiterlaufende Bewegung bei
Hüftstreckung

> 15⁰

10 – 15⁰

Hand die Spina am vorderen Beckenkamm. Nun bewegen Sie das Bein dieser Seite nach hinten. Schon nach einer kurzen Wegstrecke werden Sie spüren, daß die Dornfortsätze unter Ihren Fingern verschwinden, und sich die Spina nach vorne unten bewegt. Sie haben zunächst die Hüftstreckung ausgereizt und als weiterlaufende Bewegung fand eine Beckenkippung nach vorne und eine Streckung in der LWS statt.

Der Weg, den Sie bei der Hüftstreckung zurücklegen können, ist sehr gering. Es sollten etwa 10° Streckung möglich sein, ohne daß die Bewegung in die LWS weiterläuft. Das Gefühl für eine isolierte Hüftstreckung zu schulen, ist sehr wichtig. Führen Sie die Bewegung nochmals durch und beobachten Sie Ihr Bein im Spiegel. Die Wade kommt ca. handbreit hinter das andere Bein. Die Hüftstreckung steht in engem Zusammenhang mit dem verwahrenden Schenkel! Würde man nur den Unterschenkel zurücknehmen, so spannen Sie dabei die hinteren Sehnen des Knies an, ein losgelassenes Kniegelenk ist folglich nicht mehr möglich. Außerdem wird dabei die Ferse hochgezogen, der Steigbügel ist in Gefahr ...

Die nächste wichtige Bewegung in der Hüfte ist die Einwärtsdrehung. Stellen Sie sich erneut hin und tasten Sie seitlich den breitesten Punkt Ihres Beckens. Dort können Sie den Hüftknochen ertasten. Wenn Sie nun das Bein leicht nach innen drehen, so bewegt er sich nach vorne, beim Auswärtsdrehen nach hinten.
Da das Hüftgelenk leicht schräg nach vorne zeigt, wird bei der Innenrotation des Beines die Sitzbasis verbreitert, bei der Außendrehung verschmälert. Dies läßt sich gut im Stehen tasten. Fassen Sie mit beiden Händen unter Ihr Gesäß an den Sitzbeinhöcker. Nun drehen Sie einmal die Fersen und einmal die Fußspitzen zueinander. Unter Ihren Händen können Sie deutlich spüren, wie die Ge-

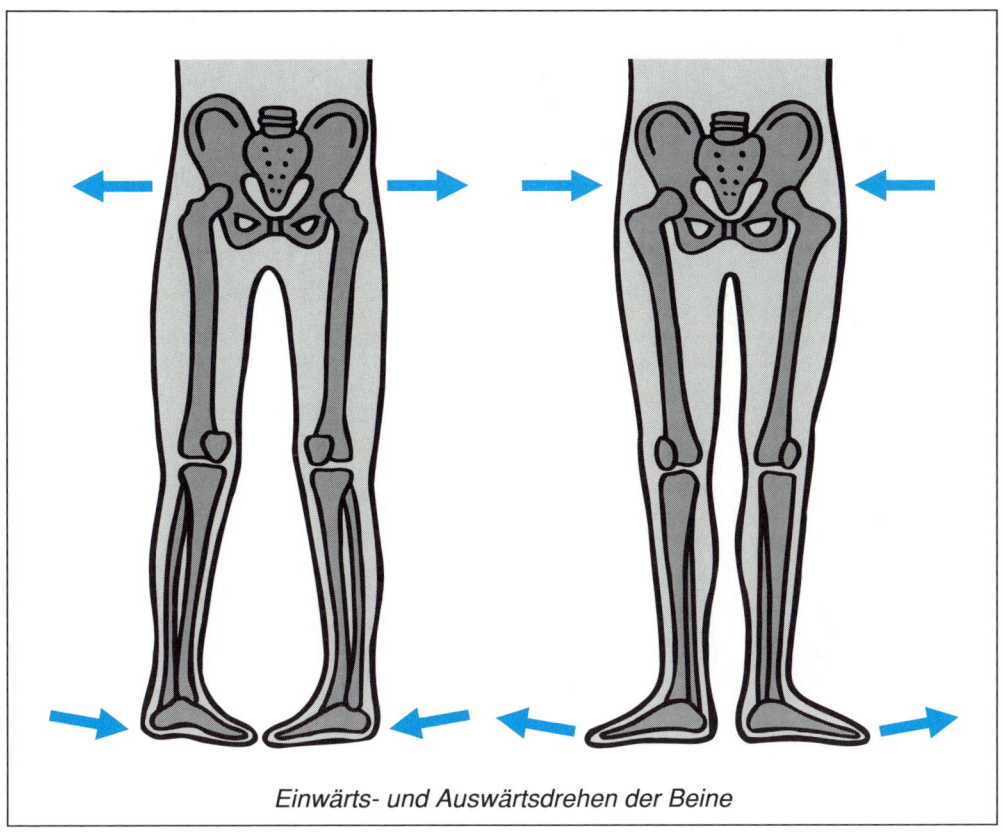

Einwärts- und Auswärtsdrehen der Beine

säßknochen bei der Einwärtsdrehung auseinandergehen, bei der Außendrehung näher zusammenkommen.

Wie geht dies nun, Hüfte strecken und einwärts drehen, ohne dabei den großen Gesäßmuskel anzuspannen? Stellen Sie sich erneut hin, belasten beide Beine gleichmäßig und tasten Sie die Spinae auf beiden Seiten. Von dort aus gehen Sie etwa zwei querfingerbreit nach unten und zur Seite. Versuchen Sie nun beide Fersen gleichzeitig nach außen zu drehen. Unter Ihren Fingern wird Ihnen ein Muskelbauch entgegen springen. Dieser Muskel hat nur einen kleinen Muskelbauch, er mündet in einem sehnigen Strang, der außen am Oberschenkel bis über das Kniegelenk hinweg zum Wadenbeinköpfchen zieht. Mit diesem Muskel können Sie die gesamte äußere Muskelkette aktivieren. Versuchen Sie immer wieder in

verschiedenen Stellungen, beim Gehen, Sitzen, Treppesteigen und natürlich auch beim Reiten, diesen Muskel zu erspüren. Diese äußere Muskelkette bringt die Innenseite des Knies dichter an das Pferd heran, und hilft auch zum Anheben des äußeren Fußrandes.

Die meisten Hüftmuskeln ziehen auch über das Kniegelenk hinweg. Ein festgestelltes Hüftgelenk hat deshalb meist auch ein festes Knie zur Folge. Die leichte Beugestellung, die beim Reiten im Knie gefordert wird, entspricht der Gelenkruhestellung, das heißt der Stellung, in der die Gelenkkapsel am entspanntesten ist, und der Gelenkinnenraum am meisten Platz hat, also nur geringer Druck im Gelenk herrscht. In dieser Stellung herrscht ein muskuläres Gleichgewicht, das Federn im Knie wird ermöglicht.

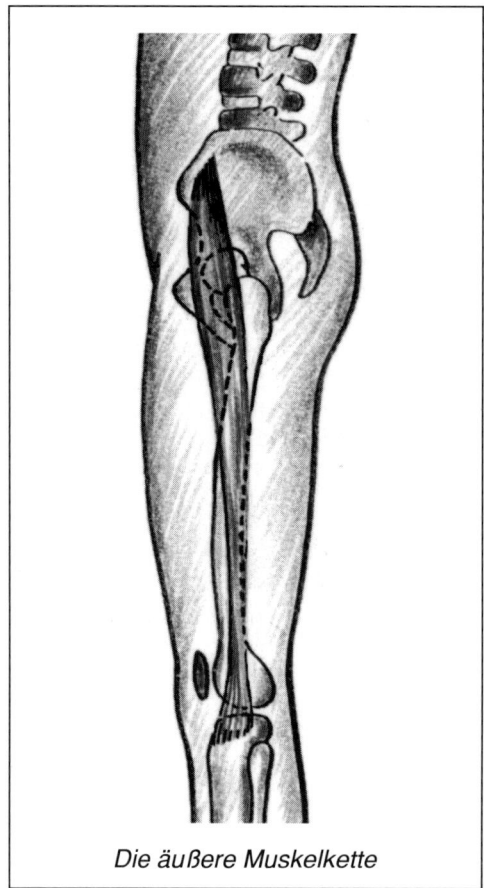

Die äußere Muskelkette

Drehung plötzlich streckt. Eine typische Unfallursache, häufig bei Skiunfällen, die Folge sind Bänderrisse, Meniskuseinrisse ...

Beim Reiten ist der kritische Punkt das Aufsitzen. Reiter mit Kniebeschwerden haben häufig Schmerzen beim Aufsitzen, da das Knie aus der Beugung in die Streckung gebracht wird. Eine Methode, dies zu umgehen, ist das Aufsitzen nach Pony-Art von hinten. Bei Großpferden steht man aber häufig zu weit hinten, und das Pferd bräuchte nur einen Schritt vorwärts zu treten ... Deshalb ist beim klassischen Aufsitzen darauf zu achten, daß Sie sich erst im Knie hochstemmen bevor Sie drehen. Oder benützen Sie einen Hocker zum Aufsitzen. Dann ist das Knie gesichert.

Wichtig zu merken ist, daß die Streckstellung im Knie das Gelenk verriegelt, und sofort Nachbargelenke belastet werden. Ein überstrecktes Beim im Dressursitz verhindert folglich auch die Losgelassenheit.

Wenn Sie gleichmäßig auf beiden Beinen stehen, sollten Sie im Kniegelenk immer noch etwa einen Zentimeter Spiel nach hinten haben. Viele stehen mit hinten überstrecktem, übertrieben durchgedrücktem Knie. Dieses Stehen ist kein muskuläres Stehen, sondern man hängt in den Bändern, die Kapsel des Knies wird unter Zug gesetzt und eine gute Ernährung des Gelenkes kann nicht stattfinden. Zusätzlich können die Blutgefäße dann nicht so gut das Blut zurück zum Herzen pumpen, eine mögliche Ursache für Krampfadern, geschwollene Knöchel bei längerem Stehen ...

Setzen Sie sich nun auf einen Hocker und winkeln das Knie auf etwa 90° an. Der Fuß steht unter dem Kniegelenk. Nun können Sie den Fuß nach innen und außen drehen, wenn Sie mit beiden Händen seitlich den Gelenkspalt tasten, so können Sie unter Ihren Fingern die Bewegung spüren.

Strecken Sie nun das Knie aus, und wiederholen Sie die gleiche Bewegung vom Fuß. Nun können Sie keine Bewegung mehr unter Ihren Fingern spüren, die Rotation erfolgt nun aus der Hüfte, da die Bänder das Knie in der Streckung feststellen.

In gebeugter Stellung können Sie in Ihrem Knie drehen, in der Streckung nicht. Dies führt leicht zu Verletzungen, wenn man das Knie aus einer gebeugten Stellung mit

Tasten Sie nun mit einer Hand an die Dornfortsätze der LWS, und bringen Sie Ihre Kniegelenke ein paar mal plötzlich in die Überstreckung. Sie werden dann eine ruckartige Bewegung in der LWS verspüren. Beim Überstrecken des Knies wird der Oberschenkel nach hinten gezogen und damit die Hüfte gestreckt. Dabei wird in der Leiste der Hüftbeuger gedehnt, der dem entgegenhält, und netterweise auch am vierten Lendenwirbel ansetzt, dieser wird dann nach vorne Richtung Hohlkreuz gezogen.

So können winzige Kleinigkeiten, insbesondere Haltungsangewohnheiten, zur Ursache von ernsthaften Rückenproblemen in der LWS werden! Kontrollieren Sie immer wieder im Alltag die Stellung Ihrer Kniegelenke, und wann immer Sie sich in der scheinbar so bequemen Überstreckung ertappen, ändern Sie es! Ihr Rücken wird es Ihnen danken.

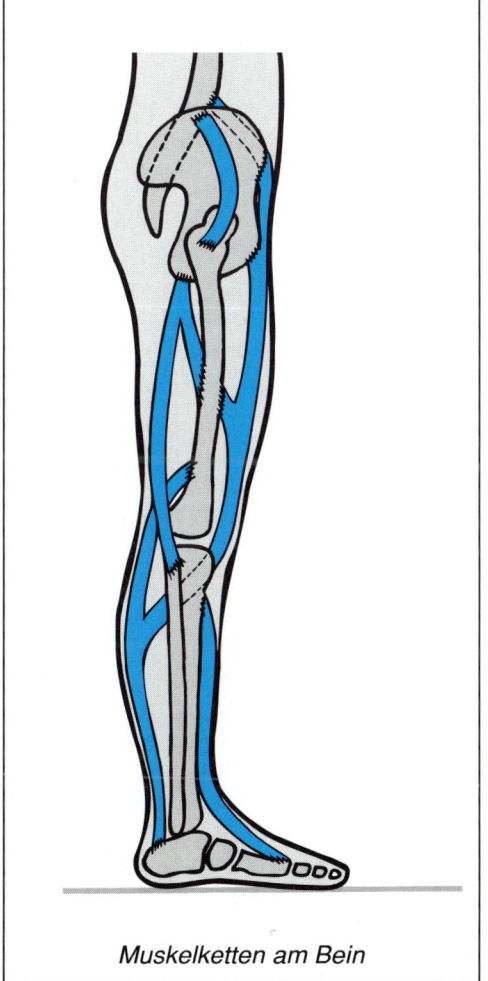

Muskelketten am Bein

Jetzt arbeiten wir uns weiter nach unten vor. Der Fuß ist ein ähnlich kompliziertes Gebilde wie die Hand, und wenn man sich die Fußgröße anschaut, und sich verdeutlicht, daß dieser kleine Fuß das gesamte Körpergewicht trägt und ausbalanciert, so ist das allein schon eine Meisterleistung. Schauen Sie sich die Anatomiezeichnung vom Fuß nochmal an, setzen sich wieder auf den Hocker und nehmen Sie einen Fuß in die Hand. Versuchen Sie den Fuß möglichst entspannt zu halten und bewegen Sie ihn in alle möglichen Richtungen. Der Fuß ist in sich sehr beweglich, um auf kleinste Bodenunebenheiten und Gewichtsverlagerungen sofort reagieren zu können. Am besten hält eine Hand den Unterschenkel fest, und die andere bewegt den Fuß.

Federn soll nun das Fußgelenk, während die Bewegung von oben kommt, nämlich vom Pferderücken. Wie soll das gehen?
Stellen Sie sich am besten an eine Bürgersteigkante oder einen Treppenabsatz. Gehen Sie ein wenig in die Kniebeugung und federn Sie nun in die Ferse hinein. Dies wäre die beim Reiten geforderte Bewegung, nur daß Sie jetzt Ihr gesamtes Körpergewicht auf den Vorfüßen halten müssen.
Um ein wirklich unabhängiges Fußgelenk zu bekommen, kann man folgende Übung durchführen: Sie sitzen wieder einmal auf Ihrem Übungshocker und halten diesmal ein Knie mit beiden Händen fest, so daß der Fuß frei hängt. Bewegen Sie nun Ihren Fuß in alle möglichen Richtungen, ohne daß sich der Unterschenkel in seiner Lage verändert. Häufig reagiert gleich eine ganze Muskelkette, so möchte man beim Hochziehen des Fußes auch das Knie strecken. Eine nicht seltene Bewegung, die man bei der Korrektur: „Absatz tief!" beobachten kann. Gemeint ist viel eher ein leichtes Anheben des Vorfußes, unabhängig von der Unterschenkellage.

Die flache Wade soll am Pferde liegen und immer wieder hört man, das An- und Abspannen der Wade treibt das Pferd. Ist dies wirklich so? Der Wadenmuskel verläuft ja hinten am Unterschenkel und mündet in der Achillessehne an der Ferse. Oben zieht der Wadenmuskel in zwei dicken Strängen sogar über das Kniegelenk hinweg.

Verkürzt sich dieser Muskel, so zieht er das Knie in Streckung und die Ferse nach oben! Ist dies nun ein Widerspruch zur Reitlehre? Nein, Sie als aufmerksamer Leser erinnern sich daran, daß ich schon öfters über die Muskelarbeit in die Verlängerung hinein geschrieben habe. Dies trifft gerade beim Treiben mit der Wade zu. Setzen Sie sich erneut auf den Stuhl, eine Hand hält das

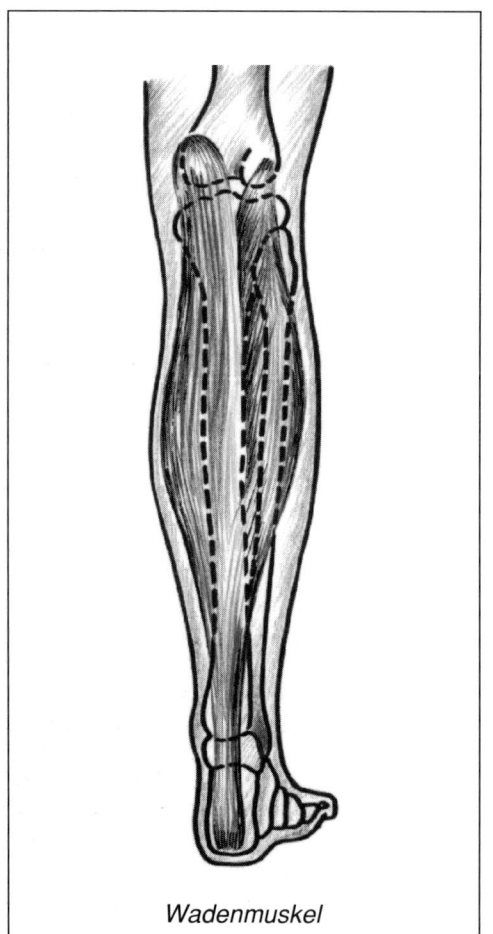

Wadenmuskel

Knie, die andere fühlt die Innenseite der Wade. Ziehen Sie nun den Vorfuß hoch, und Sie können spüren, wie der Wadenmuskel unter der Dehnung fester wird. Dieses Nachgeben der Ferse nach unten ist mit einem federnden Fußgelenk gemeint. Üben läßt es sich wie oben beschrieben recht gut an einer Bürgersteigkante oder einem Treppenabsatz.

Nun neigen aber gerade die Beinmuskeln aufgrund falscher Fußbelastung, überstreckten Knien und anderen Haltungs- und Bewegungsproblemen zu Festigkeiten und Verkürzungen. Im folgenden möchte ich ein paar Dehnungsübungen für die typischsten Muskelketten aufzeigen. Sollten Sie auf extreme Schwierigkeiten oder Seitendifferenzen stoßen, so wäre es sinnvoll, einen Fachmann zu Rate zu ziehen, um nach der Ursache zu forschen.

Für jede hier aufgeführte Dehnung gilt: Langsam und weich in die Dehnstellung hineingehen, diese über mehrere Atemzüge halten, eventuell in der Dehnstellung Anspannen und Lösen üben, um dann weich und langsam wieder aus der Dehnung heraus zu gehen. Sonst schnallen die Muskeln wie ein Gummiband wieder zurück, was unangenehm sein kann. Ein Nachfedern am Bewegungsende schädigt den Muskel und führt erneut zu dessen Verkürzung!

Der Gesäßmuskel: Legen Sie sich auf den Rücken und winkeln Sie ein Bein in Hüfte und Knie um 90° an. Das andere Bein soll gestreckt auf dem Boden liegen bleiben. Drehen Sie nun den Unterschenkel zu sich nach innen, und ziehen Sie mit Ihren Händen Knie und Unterschenkel in Richtung gegenüberliegende Hüfte. Ein ziehender leichter Schmerz über dem Gesäß bestätigt Ihnen die Richtigkeit dieser Dehnung.

Die Klemmer: Sie liegen wieder auf dem Rücken, diesmal stellen Sie beide Beine an. Stellen Sie nun die Fußsohlen aneinander

Dehnung des Gesäßmuskels

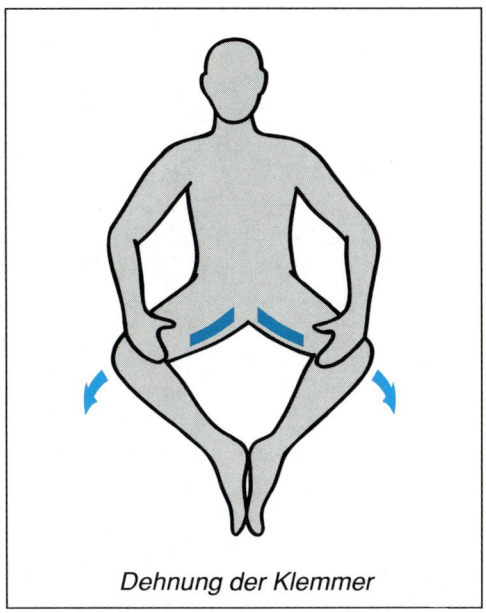

Dehnung der Klemmer

Händen kann man sich auch weich an den festen Muskelsträngen massieren.

Die vordere Hüftmuskulatur: Die einfachste Dehnung ist wieder in Rückenlage, ein Bein wird maximal mit dem Knie an den Bauch herangezogen und dort von den Händen festgehalten. Das Becken soll etwas mitdrehen und die LWS gerundet auf dem Boden liegen. Der Vorfuß des anderen Beines wird hochgezogen und das ganze Bein wird von der Ferse aus lang gestreckt. Wenn Sie dabei eine Dehnung in der Leistenbeuge spüren, ist die Übung korrekt.
Da einige Hüftmuskeln auch bis über das Knie hinausziehen, kann man die Übung noch verstärken, indem das Knie des gedehnten Beines in eine Beugestellung genommen wird. In Rückenlage wie oben beschrieben, müßte man dann an einer Bank- oder Tischkante liegen, so daß das gedehnte Bein seitlich herabhängen kann. Ansonsten können Sie dies in Seitlage dehnen. Das obere Bein wird maximal gebeugt, das untere mit gebeugtem Knie nach hinten gestreckt. Um die Dehnung zu verstärken, können Sie den Fuß mit einem Handtuch anschlingen.

und lassen die Knie nach außen fallen. Je nachdem, wie weit man die Beine angewinkelt hat, werden verschiedene Anteile der inneren Oberschenkelmuskulatur gedehnt. In dieser Dehnlage bietet sich das kombinierte Arbeiten mit Anspannen und Lösen gut an. Drücken Sie die LWS fest auf die Unterlage, und versuchen Sie, die Knie immer weiter nach außen zu senken. Mit den

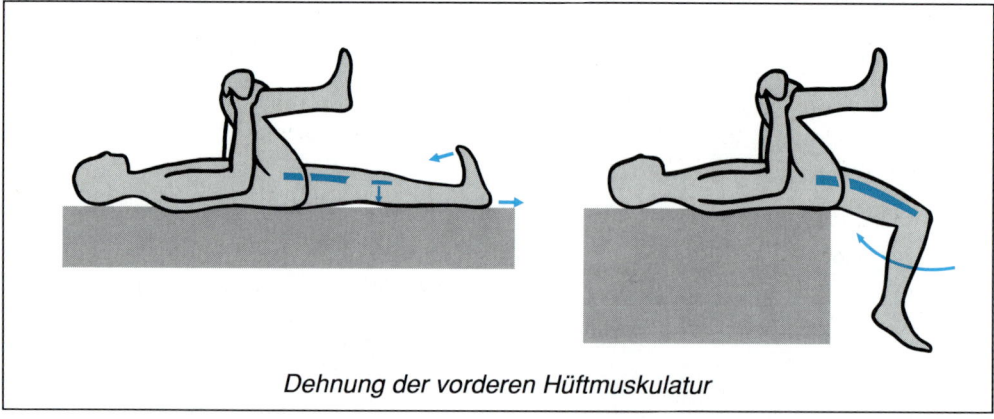

Dehnung der vorderen Hüftmuskulatur

Die Ferse im Stehen an den Po zu ziehen ist wenig sinnvoll, da man in dieser Stellung zu leicht in ein Hohlkreuz ausweichen kann. Für jegliche Hüftdehnung ist es wichtig, das andere Bein in die entgegengesetzte Richtung zu bewegen, damit die weiterlaufenden Bewegungen auf Becken und Wirbelsäule ausgeschaltet werden.

Die hintere Oberschenkelmuskulatur: Dies sind die meist verkürzten Muskeln. Da sie sehr kräftig sind und auf die Beckenstellung im Stehen, Gehen und Sitzen einen nicht geringen Einfluß haben, gehört die Dehnung dieser Muskulatur zu den wichtigsten Dehnungen überhaupt. Versuchen Sie aber nicht im Stehen mit beiden Händen auf den Boden zu kommen. Hierbei dehnen Sie die LWS, aber nie gezielt die gewünschte Muskulatur.

Es gilt wieder, die Beine in entgegengesetzte Ausgangsstellungen zu bringen, um Ausweichbewegungen entgegenzuwirken. In Rückenlage ist dies gut möglich. Sie strecken ein Bein lang aus und halten es fest auf der Unterlage. Das andere Bein wird maximal mit dem Knie an den Bauch herangezogen. Der Fuß kann in eine Handtuchschlinge geschoben werden, und Sie versuchen dann langsam den Unterschenkel über den Kopf zu ziehen und dabei das Knie etwas zu strecken. Wenn Sie das Knie einfach bei 90° gerade durchstrecken, spüren Sie die Dehnung in den Sehnen hinten am Knie. Besser ist es, den Oberschenkel weiter zu beugen, die Dehnung ist dann tiefer im Oberschenkel zu spüren. Und Muskelgewebe ist immer besser dehnfähig als Sehnengewebe.

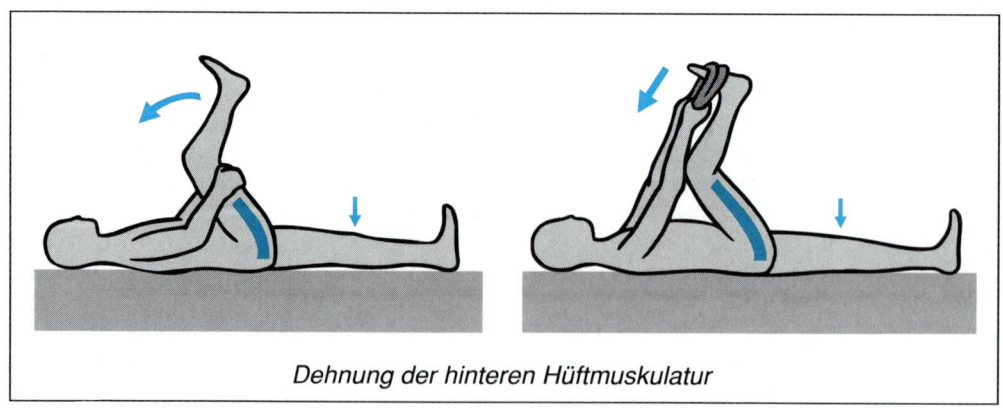

Dehnung der hinteren Hüftmuskulatur

Die Wadenmuskulatur: Diese Dehnung ist für das Reiten wichtig, da das Nachgeben der Wade für das Treiben von großer Bedeutung ist. Stellen Sie sich in einer Schrittstellung vor eine Wand. Verlagern Sie Ihr Gewicht auf das vordere Bein, die Hände stützen sich an der Wand ab. Wichtig ist es, darauf zu achten, daß die Hüften paralell bleiben und daß die Ferse des hinteren Beines Bodenkontakt behält.

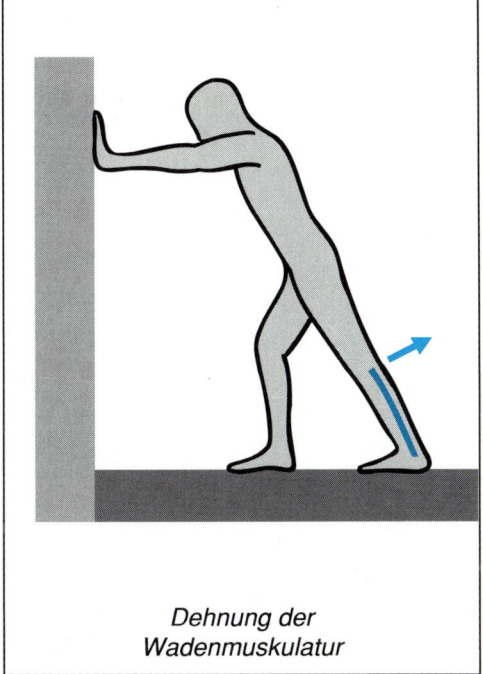

*Dehnung der
Wadenmuskulatur*

Beweglichkeit des Sprunggelenks: Das Fersenbein hat eine wichtige Funktion für die Fußbeweglichkeit. Damit man wirklich in die Ferse hineinfedern kann, muß sie über Bewegungsspiel nach unten verfügen. Umfassen Sie mit einer Hand den Unterschenkel, mit der anderen die Ferse und versuchen Sie, die Ferse ein wenig nach unten und zu den Seiten zu bewegen. Sie können beobachten, daß beim Zug an der Ferse der Vorfuß leicht nach oben gehoben wird. Diese Bewegung geschieht beim Reiten und heißt das federnde Fußgelenk. Sie ist nur beim entspannten Fuß möglich.

6.6 Erfühlen der Beinhaltung in der Pferdebewegung

Wie Schultergürtel und Hände unabhängig vom Sitz sein sollten, genauso wird auch von den Beinen eine Unabhängigkeit gefordert. Das unabhängig hängende Bein kann dem Rumpf für die Balance eine große Hilfe sein, vergleichbar dem Pendel eines Fahrradfahrers auf dem Hochseil.

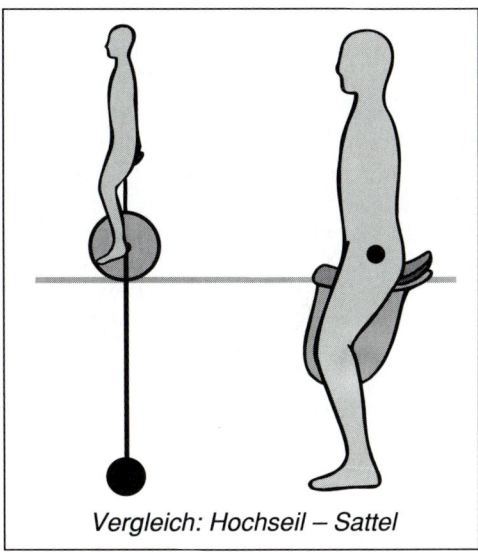

Vergleich: Hochseil – Sattel

Schon die Beckenstellung hat großen Einfluß auf die Losgelassenheit des Beines. Das Hüftgelenk sitzt höher als die Gesäßknochen, und es wird bei jeder Beckenbewegung zwangsläufig mitbewegt. Zum Finden der Beckenmittelstellung war das Bein eine wichtige Hilfe. Kippt man das Becken zu stark nach vorne, so sitzt man vermehrt auf der Innenseite der Oberschenkelmuskulatur, die reflektorisch fest wird, kippt man das Becken nach hinten, so bekommen die Knie eine Tendenz, nach vorne hoch zu rutschen, der vordere Oberschenkelmuskel wird angespannt. Nur in der mittleren Beckenstellung kann der Oberschenkel wirklich frei hängen. Dieses Gefühl zu schulen, und sich gerade in der Bewegung immer wieder zu verdeutlichen, ist ein ganz wichtiger Punkt für gute Schenkelhilfen.

Oberschenkelmuskel nach hinten ziehen

Setzen Sie sich auf Ihr Pferd, und versuchen Sie, für sich das Gefühl des hängenden Beines herzustellen. Dafür ist es zunächst einfacher, die Bügel überzuschlagen. Das flache leichte Einwärtsdrehen des Oberschenkels ist nicht immer ganz einfach. Oft ist es eine Hilfe, mit der Hand unter das hintere Muskelpaket zu greifen und es nach hinten wegzuziehen. Dann kann der Knochen dichter an das Pferd heran, ohne daß Muskulatur störend dazwischen liegt. Eine Hilfe, die besonders bei kurzen, runden Oberschenkeln sinnvoll ist.

Umgekehrt kann der Oberschenkel auch die Beckenstellung stabilisieren, er ist folglich ein Stabilisator, wohingegen der Unterschenkel agil als Beweger / Agitator den Part der Hilfengebung übernimmt.

Wenn Sie spüren, daß Ihr Bein hängt, dann nehmen Sie vorsichtig die Steigbügel auf, ohne das Gefühl des hängenden Beines zu verlieren. Das ist gar nicht so einfach, häufig baut man eine leichte Spannung auf dem Fuß auf, streckt den Unterschenkel fast unmerklich nach vorne, und schon ist es Essig mit dem hängenden Bein. Für Reitanfänger ist es deshalb oft leichter, zunächst ohne Bügel den tiefen Sitz zu erlernen. Der Bügel erschwert das Loslassen des Beines. Auf der anderen Seite stellt er aber auch eine Hilfe dar. Er trägt den Vorfuß, so daß das Fußgelenk nach unten federn kann, und die Wade besser an den Pferdeleib kommt. Mit einem guten Gefühl für den Steigbügel können Sie Ihre eigene Schenkellage über-

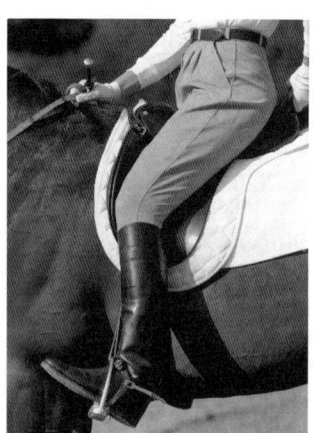

Vorgestreckter Unterschenkel

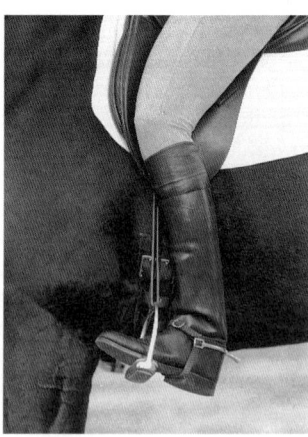

Korrekte Schenkellage

Unterschenkel zu weit hinten, Steigbügel zu weit vorne

Tanzender Bügel als Eigenkontrolle

prüfen. Das Fußgelenk soll – laut Richtlinien – unter dem Hüftgelenk sein. Um das zu kontrollieren, müßte man seitlich runterschauen, oder einen Spiegel in der Reitbahn haben. Der Steigbügel ist am Sattel so aufgehängt, daß er von sich aus schon da hängt, wo er nachher am Fuß sitzen soll, nämlich unter dem Fußballen. Wenn Sie nun Ihren Vorfuß vom Bügel lösen und der Bügel bleibt an Ort und Stelle, dann liegt Ihr Bein korrekt. Rutscht der Bügel auf den Spann, so halten Sie Ihren Unterschenkel zu weit vorne, rutscht er unter die große Zehe, so ist der Unterschenkel zu weit hinten plaziert.

Diese Möglichkeit der Eigenkontrolle ist auch in der Bewegung jederzeit durchführbar. Mit der Fußsohle auf dem Steigbügel zu tanzen hilft, die Schenkellage zu kontrollieren und das Fußgelenk locker zu halten. Wichtig ist, bei dieser Übung wirklich nur den Vorfuß zu heben, keinenfalls darf das Knie mit nach oben gezogen werden. Sie schult also neben der Beinposition auch die Unabhängigkeit des Unterschenkels vom Oberschenkel. Dies ist für eine differenzierte Hilfengebung wichtig.

Viele Reiter, besonders die Reitanfänger, haben Angst, den Steigbügel zu verlieren. Als Folge wird sich leicht im Bügel abgestemmt, damit er ja fest sitzt. Sofort hebelt sich dieser Reiter aus dem tiefen Sitz heraus, und die Hüfte ist festgestellt. Ein geschmeidiges *In-der-Bewegung*-Sitzen ist nicht mehr möglich. Es ist also ein diffizieles Spiel, da unten mit dem Bügel zurechtzukommen. Eine hilfreiche Übung ist es, den Steigbügel ab und zu absichtlich zu verlieren. Wenn Sie dann nur den Vorfuß anheben, fällt der Bügel meist von ganz alleine wieder an seinen Platz zurück. Diese Übung hilft spielerisch, die Angst vor dem Bügel-Verlieren zu überwinden, und verdeutlicht, daß der Bügel am korrekt liegenden Bein seinen Platz von alleine findet und hält. Der Reiter braucht ihn folglich nicht festzuhalten. Aufpassen sollte man dabei, wenn der Steigbügel gerade so lang ist, daß er an die Ellenbogen des Pferdes schlägt, das kann empfindlich weh tun.

Die korrekte Steigbügellänge kann man nicht so einfach definieren. Ich habe persönlich an meinem eigenen Sattel sechs Loch unterschiedliche Bügellängen, je nachdem mit welchem Pferd ich was reiten will. Es gibt Richtwerte, aber die optimale Länge muß man immer wieder neu für sich herausfinden. Das Hauptkriterium für die korrekte Bügellänge ist der losgelassene Sitz. Ein zu langer Bügel überfordert die Dehnfähigkeit der Hüfte, dann kann der Reiter dort nicht mehr Bewegungen abfedern, er wird steif ...

Oder er versucht immer wieder durch Strecken des Fußes, den Bügel zu behalten. Dabei rutscht der Unterschenkel nach hinten, und der Reiter tendiert zum Spaltsitz. Der zu kurze Bügel verführt zum Stuhlsitz, oder einem vermehrten Sich-in-die-Bügel-Stellen, wo dann über die Muskelketten wiederum die Hüfte festgestellt wird.

Erfahrungsgemäß ist es für den Reitanfänger leichter, mit einem etwas kürzeren Bügel zu

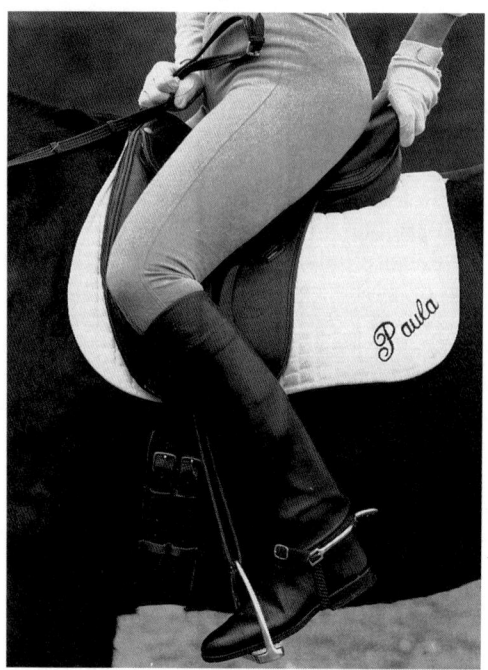

Klemmendes Knie und Unterschenkel

beginnen, da er mit dem gestreckten Bein in seiner gesamten Balancesituation noch überfordert ist. Kinder und Reitanfänger sollten immer wieder ohne Bügel reiten, um das Gefühl für einen tiefen Sitz zu erlernen. Dabei ist darauf zu achten, daß sie nicht mit den Beinen klammern oder die Knie hochziehen. Wer es sich erst einmal angewöhnt hat, der Pferdebewegung auszuweichen, indem man sich in die Bügel stellt, der wird es sehr schwer haben, einen tiefen geschlossenen Sitz zu erlernen. Ein typisches Beispiel ist gleich eine ganze Nation. In England reiten die meisten mit einem phantastischen Leichten Sitz. Aber in der Dressur fällt es vielen Reitern schwer, wirklich im Pferd zu sitzen.

In der Dressur sollte man den Bügel stets so verschnallen, daß er durch bloßes Anheben des Vorfußes seinen Platz am Fuß finden kann. Dies kann auch in einer Reitstunde variieren. Ich kenne viele Reiter, die sich für die Lösungsphase die Bügel bis zu zwei

Loch kürzer schnallen, bis ihre eigenen Gelenke sich gelöst haben, die Hüften dehnfähiger werden, und im Verlauf der Stunde wird es möglich, auch mit einem längeren Bügel zu reiten. Kontrollieren Sie Ihre eigene Bügellänge, verändern Sie die Länge und versuchen Sie dabei, die Auswirkungen auf den gesamten Sitz zu spüren. Ein Loch Unterschied kann manchmal Welten verändern.

Ein sorgfältiges Verschnallen der Bügel ist Voraussetzung für einen losgelassenen, geschmeidigen Sitz. An dieser Stelle kann ich nur zu einer guten Sattelzeugpflege appellieren. Da sich der linke Steigbügelriemen durch das Aufsitzen längt, ist es ratsam, die Riemen regelmäßig zu tauschen, oder genauso oft von rechts aufzusteigen. Probieren Sie letzteres ruhig mal, dann werden Sie wieder wissen, wie man sich als Anfänger fühlt.

Wirklich gleich lange Bügel sind Voraussetzung für ein symmetrisches Sitzen. Häufig entschuldigen Reiter ihren asymmetrischen Sitz mit einer Beinlängendifferenz und verstärken dies mit ungleich verschnallten Bügeln. Dies wäre erst bei mindestens zwei Zentimetern Beinlängendifferenz angebracht, und diese Leute haben auch im Alltag einen Schuhausgleich, ein Schuh wird entsprechen erhöht. Bei geringeren Differenzen wird dies im Becken ausgeglichen und bedarf keiner Korrektur. Wenn man das Gefühl hat, immer zu einer Seite zu sitzen, so ist es keine Hilfe, die Bügellänge einseitig zu verändern. Dies verschafft nur eine scheinbare Symmetrie, das Pferd wird in seinem Gleichgewicht empfindlich gestört. Vielmehr sollte man an seiner Oberkörperbalance arbeiten. Kleine Rotationseinschränkungen in der Wirbelsäule können auch dazu führen, daß man im Becken ausweicht.

Eine wirklich gute Möglichkeit, die Egalität der Bügel zu überprüfen, ist das Umschlagen am Sattelblatt.

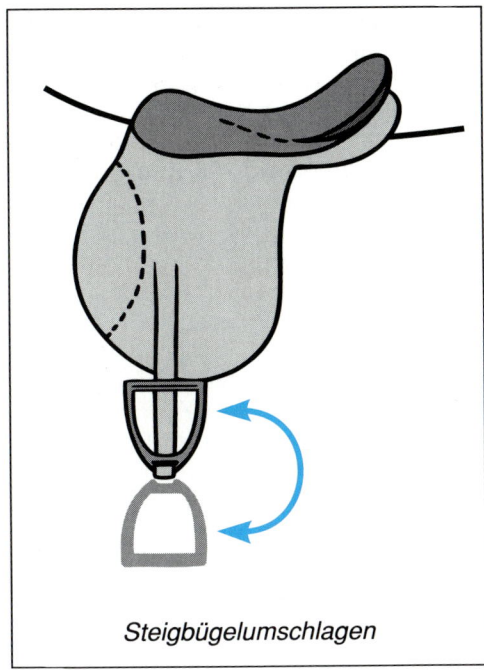

Steigbügelumschlagen

Die Sattelblätter sind stets gleich lang geschnitten. Somit lassen sich die Steigbügellängen genauer vergleichen, als beim Augenmaß von vorne. Fehlerquellen, wie ein nicht ganz mittig liegender Sattel, werden dabei ausgeschaltet. Wer nach dem Aufsitzen das Gefühl hat, der linke Bügel sei länger, der sollte den rechten Bügel gut austreten, und den Sattelgurt kontrollieren. Gutes Sattelzeug ist das Rüstzeug für gutes Reiten. Ein einseitig ausgesessener oder hinten heruntergesessener Sattel kann eine losgelassene Hüfte unmöglich machen.

Für Gelände und Springen wird der Bügel von vornherein kürzer verschnallt. Die verstärkte Winkelung in Hüfte und Knie soll eine bessere Balance in größerer Geschwindigkeit bieten, und das Gewicht des Reiters auf die Seiten des Pferdes übertragen. Dabei nähern sich die Schwerpunkte von Pferd und Reiter an. Der Bügel kann dann etwas weiter auf den Fuß aufgenommen werden, so daß er einen sicheren Halt bekommt, das Federn im Fußgelenk muß aber noch möglich sein.

Oft genug habe ich inzwischen das federnde Fußgelenk beschrieben, so daß Ihnen sicherlich klar geworden ist, daß es etwas besonders Wichtiges auf sich haben muß, die Sache mit dem Fußgelenk. So ist es auch. Sie ist das letzte Glied in einer Kette, und ein Fußgelenk kann nur dann federn, wenn Becken, Hüft- und Kniegelenke losgelassen sind. Insofern ist das Federn im Fußgelenk ein wichtiges Beobachtungskriterium für die Beurteilung des Sitzes.

Um im Fußgelenk zu federn, muß der Reiter die Bewegung des Pferdes nach unten in das Bein hineinlassen.

Dies läßt sich sehr gut beim Leichttraben erfühlen und erlernen. Korrrektes Leichttraben ist alles andere als leicht. Im Gegenteil! Es stellt eine differenzierte Mischung aus belastendem und entlastendem Sitz dar. Schauen Sie ruhig einmal vielen Reitern beim Leichttraben zu, und achten Sie dabei auf die Beinhaltung. Sie werden mit Sicherheit sehr verschiedene Bilder sehen. Sie alle haben Ihre Ursache in der Balance des Reiters. Sobald ein Reiter auch nur minimalst vor oder hinter die Bewegung seines Pferdes kommt, müssen im Bein Gleichgewichtsreaktionen stattfinden, die wiederum einer feinen Hilfengebung im Wege stehen.

Für das Leichttraben müssen Sie Ihren Schwerpunkt so weit nach vorne verlagern, daß die Schwerelinie nicht wie im Dressursitz durch das Fußgelenk zieht, sondern durch den Fußballen. Dies kann eine winzig kleine kaum zu beobachtende Gewichtsverlagerung sein. Stellen Sie sich mit geschlossenen Augen gleichmäßig auf beide Füße und verlagern Sie Ihr Gewicht von den Fersen auf die Vorfüße. Fühlen Sie, mit wie geringer Bewegung im Körper dies möglich ist. Solch feine Gewichtsverlagerungen werden beim Reiten gefordert.

Üben Sie dies auch auf dem Pferd. Stellen Sie sich leicht in die Bügel und balancieren Sie sich dabei aus. Sie werden merken, daß dies vor allem in der Vorwärtsbewegung nicht ganz so einfach ist. Sie können dabei spüren, ob Sie eher vor oder hinter die Bewegung des Pferdes kommen. Das Knie spielt hierbei eine Schlüsselrolle. Es muß Ihnen gelingen, Ihr Gewicht über Oberschenkel und Knie zu verlagern, nicht allein sich in die Bügel zu stellen. Wenn Sie nur im Bügel stehen, haben Sie keinen sicheren Halt. Der Bügel ist ja nichts Festes, er hängt oben am Sattel wie ein Pendel, und bleibt darum nicht immer am gleichen Ort hängen. Das Knie sollte in leichter Beugestellung die Balance kontrollieren. Strecken Sie die Knie dabei, so werden Sie sofort merken, wie sehr dies die Balance stört – ein häufiger Fehler beim Erlernen des Leichttrabens. Man denkt an die Bewegung des Aufstehens, und schon werden die Knie gestreckt ... Aufstehen beim Leichttraben wird nicht an der Höhe des Aufstehens, sondern vielmehr an der Bewegung des Hüftgelenks gemessen. Der Schwung des Pferderückens bestimmt, wieviel der Reiter aufsteht.

Beim Hinsetzen dürfen Sie keinesfalls an das Hinsetzen auf einen Stuhl denken, dann ist sofort der Oberkörper hinten, die Beine rutschen vor, die Balance ist verloren. Wer so leichttrabt, hebelt im Grunde mit seinem Oberkörper gegen seine Beine. Keine besonders angenehme Bewegung, weder für das Pferd, noch für den Reiter. Lassen Sie zum Hinsetzen die Beine einfach tiefer gleiten. Das Knie darf ein wenig nach unten, nie nach oben rutschen. Dann kann die Bewegung bis in das Fußgelenk hineinfedern. Anfangs kommt einem diese Bewegung so klein vor, daß man meint, damit nie effektiv auf das Pferd einwirken zu können. Und wie schnell bekommt man einen klopfenden Schenkel, beim Aufstehen breit, und beim Hinsetzen mit hochgezogenem Knie an das Pferd geklemmt. Solch ein Schenkel kann einem Pferd zwar Eindruck machen, besitzt aber keinerlei Unabhängigkeit für eine differenzierte Hilfengebung (Vergl. Kapitel 7).

Wie im Leichttraben bei jedem zweiten Schritt die Bewegung in die Ferse hineingelassen wird, so geschieht es im Aussitzen bei jedem Schritt. Traben Sie und ziehen Sie sich mit dem Riemchen so in den Sattel, daß Sie Ihre Sitzbasis konsequent belasten. Dann können Sie sich ganz auf Ihre Beine konzentrieren. Wenn Sie sie wirklich hängen lassen, so können Sie jedesmal, wenn Ihr Pferd ein Beinpaar auf den Boden setzt, spüren, wie diese „Landung" Ihr ganzes Bein nach unten lang zieht. Dies gilt es zuzulassen.

Oben hatte ich geschrieben, daß der Oberschenkel den Sitz stabilisiert, der Unterschenkel von ihm unabhängig für die Hilfengebung zuständig ist. Leider ist es ein häufiger Fehler besonders des äußeren Unterschenkels, nach vorne auszuweichen, und für seine eigentliche Aufgabe nicht vorhanden zu sein. Ich möchte Ihnen hier ein paar Bilder beschreiben, die helfen sollen, den Unterschenkel an seinem Platz zu halten: Stellen Sie sich vor, Ihr Bein wäre ein *Bogen*, dessen Sehne vom Hüftgelenk zum Fußgelenk zieht. Eine leichte Dehnung verläuft über Oberschenkel und Knie der Unterschenkel wird etwas nach hinten genommen. Schauen Sie sich nochmals die Anatomiezeichnung an, der Oberschenkelmuskel verläuft tatsächlich bis vorne über das Knie. Er muß beim Reiten (mal wieder) in die Länge, nicht in die Kürze arbeiten.

Das andere Bild ist ein Gummiband, das von Ihrer Ferse zum gleichseitigen Hinterhuf des Pferdes reicht. Schließlich möchte Ihr Unterschenkel ja auf dieses Bein Einfluß bekommen.

Probieren Sie beim Reiten beide Bilder aus. Und üben Sie immer in der Fortbewegung, denn da wird es gebraucht. Der Sitz ist nichts Statisches!

Besonders wichtig wird die Unterschenkellage bei Wendungen und bei Halben und Ganzen Paraden. Aber auch beim Galoppieren kann man häufig beobachten, wie bei der Landephase das innere Bein nach vorne weggleitet, und für den neuen Galoppsprung das innere Hinterbein nicht auffordern kann. Galoppieren Sie und versuchen Sie stets, den Kontakt der Wade am Pferd zu erspüren.

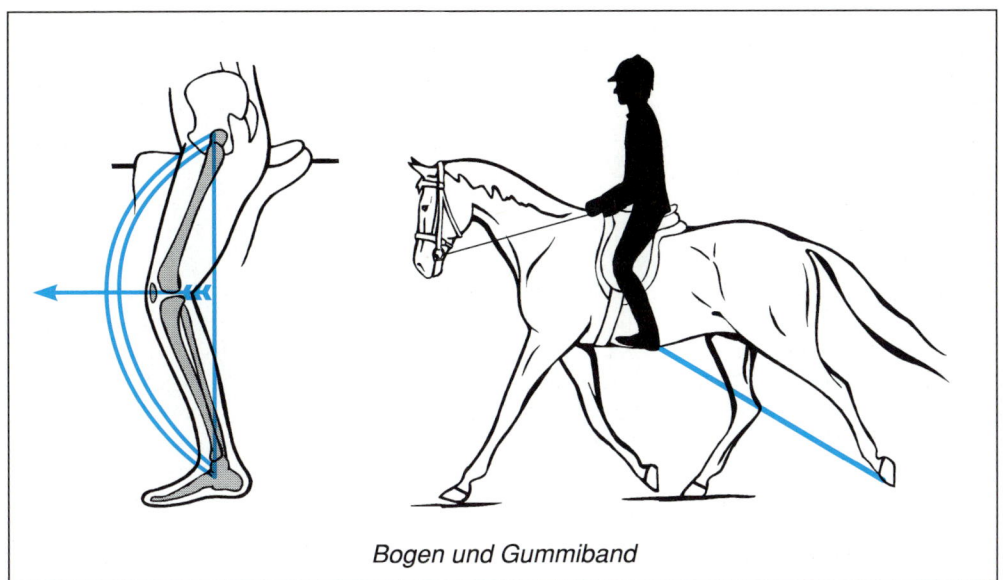

Bogen und Gummiband

Stellen Sie sich in der Landephase die Bilder vor, damit der Unterschenkel seinen Platz behält.

Nun habe ich Ihnen endlos die Lage des Beines verdeutlicht und bisher nichts über die Hilfengebung, wie sie funktioniert, geschrieben. Mit Absicht. Denn das Pferd kann sich seine Hilfen an einem korrekt liegenden Bein selbst holen. Wenn das Hinterbein vorschwingt, werden die Rippen auf der gleichen Seite mit nach vorne geschoben, der Pferdeleib kommt dichter an das Bein ...

Dies ist natürlich eine Idealsituation. Oft schafft man dieses Gefühl nur für Momente. Aber es ist ganz wichtig, immer wieder den Kraftaufwand der Hilfengebung zu überprüfen und zu versuchen, ihn auf ein Minimum zu reduzieren. Warnen möchte ich vor einer zu technischen Hilfengebung der Beine. Keine Schenkelhilfe, ohne daß der gesamte Sitz mit reagiert! Der treibende Schenkel am Gurt, diese Lage haben Sie, wenn Sie das Bein wie beschrieben hängen lassen. Der verwahrende Schenkel, das Zurücknehmen aus der Hüfte, ist eine winzige Bewegung, oft reicht die Wendung alleine schon aus, um das Bein verwahrend zu placieren. Wenn

Sie beispielsweise rechte Hand eine Ecke durchreiten, so wird in der Wendung vom Becken die innere Hüfte vorgeschoben – die Belastung kommt auf den inneren Schambeinast. Automatisch wird die äußere Hüfte vermehrt gestreckt, das äußere Bein liegt verwahrend. Wenn Sie wirklich in der Balance und in der Bewegung sitzen, so ergibt sich Vieles von alleine. Dieses Gefühl müssen Sie sich immer wieder verdeutlichen, bis aus Momenten auch Runden und mehr werden. Zur Abstimmung der Hilfengebung noch ein Tip: Wenn Sie beispielsweise Ihr Pferd antraben wollen und es reagiert nicht auf die feinen Hilfen, so werden Sie lieber einmal schnell energisch. Wiederholen Sie dann die Lektion sofort wieder mit den leichten Hilfen. Meist reagieren die Pferde dann feiner. Ein Pferd kann nur dann fein reagieren, wenn es sich auf die geforderten Lektionen konzentriert. Kraftfreies Reiten verlangt sehr viel Konzentration von Pferd und Reiter. Wenn Sie einen Dauerdruck mit dem Bein herstellen, so stumpft das Pferd auf diesen Druck ab. Sie benötigen immer mehr Kraft. Vergleichen läßt sich dies mit folgendem Bild: Legen Sie Ihre Hand mit Druck auf Ihren Oberschenkel. Anfangs nehmen Sie

| *Korrekte Schenkellage* | *Eingerolltes Bein* | *Bein nach außen gedreht* |

diesen Druck viel deutlicher wahr. Nach einer gewissen Zeit gewöhnen Sie sich an den Druck, und Ihre Wahrnehmung macht Platz für andere Dinge. Liegt Ihre Hand aber nur lose auf dem Oberschenkel und tippt diesen ab und zu mal an, so wird Ihre Wahrnehmung immer wieder zum Oberschenkel hin geleitet und der leichtere kurze Druck ist viel deutlicher als ein lang anhaltender Reiz, an den man sich gewöhnen kann. Für das Pferd ist es ganz genauso.

Wenn Ihr Pferd wiederum beim Antraben auf Ihre Hilfe reagiert hat, so lassen Sie Ihr Bein sofort wieder hängen, das Pferd empfindet dies auch als Belohnung. Es merkt sich, daß der Druck an der Seite wieder verschwindet, wenn es reagiert.

In der Bewegung hat das Bein die Aufgabe, das Pferd zu umfassen. Das atmende Bein am Pferdeleib wird oft genug beschrieben. Im Grunde ist damit das korrekte Loslassen des Beines gemeint. Es liegt immer an Ort und Stelle, um wenn nötig, das Pferd aufzufordern, Fleiß und Konzentration zu erhalten. Ein Pferd zu reiten, das sich wirklich am Bein findet, und sich dort die Hilfen holt, ist ein Genuß. Es ist eine Frage der Konzentration und konsequenter Geduld, sein Pferd so fein darauf abzustimmen. Nicht immer ganz einfach, aber es lohnt sich!

| *Verwahrender Schenkel* | *Falscher Einsatz des verwahrenden äußeren Schenkels* |

7.

Perfekte Körperkoordination - Die Hilfengebung

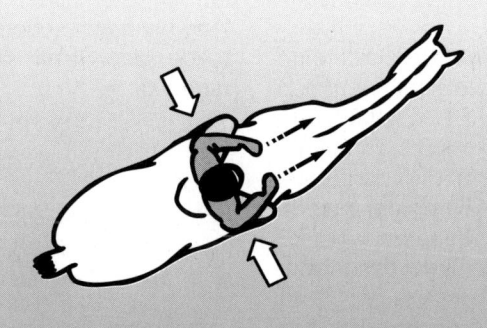

7.

Wirkung und Einwirkung des Gewichts auf den Pferderücken

In jeder Reitlehre findet man die Unterteilung der Hilfen in Gewichts-, Schenkel- und Zügelhilfen. Und spätestens für die Abzeichenprüfung werden diese schematisch auswendig gelernt. Man kennt die beidseitig und einseitig belastenden und die entlastenden Gewichtshilfen, den treibenden, verwahrenden und vorwärts-seitwärts-treibenden Schenkel, die nachgebende, annehmende, verwahrende und durchhaltende Hand. Dazu die entsprechenden Lektionen – und das Abzeichen ist zumindestens theoretisch bestanden. Natürlich weiß man auch in der Theorie, daß diese Hilfen immer aufeinander abgestimmt werden müssen und dieses feine Zusammenspiel der Hilfen wird als reiterliches Gefühl bezeichnet. Ich möchte in diesem Buch auf die schematische Unterteilung der Hilfen verzichten und vielmehr etwas über das Gefühl schreiben. Das Buch soll Möglichkeiten und Wege aufzeigen, wie man Fühlen lernen kann. Hilfengebung zu erlernen ist gar nicht so leicht. Es ist zunächst immer ein technisches Lernen einer Bewegung, beispielsweise das Eindrehen des Handgelenks. Wann, wie stark und wie lange diese Hilfe dann eingesetzt werden muß – dies zu erfühlen ist ein entscheidender Knackpunkt im reiterlichen Werdegang.

Die Gewichtshilfen spielen hierbei eine Schlüsselrolle. Auf das Gewicht kann man nämlich nicht verzichten. Beine lassen sich wegstrecken, Zügel kann man durchhängen lassen, das Gewicht, das man in den Sattel bringt, läßt sich nicht vom Pferd wegzaubern. Man kann es ein wenig verlagern, aber 60 Kilo bleiben immer 60 Kilo und müssen vom Pferd getragen werden.

An dieser Stelle möchte ich nochmals an das Bild des Rucksacks erinnern. Es leuchtet ein, daß nicht das eigentliche Kilo-Gewicht, sondern die Art, wie es verteilt und befestigt ist, für das Tragen wesentliche Bedeutung hat. So kann ein schwerer Reiter einem zierlichen Pferd angenehmer sein als ein vergleichsweise leichterer, aber unausbalanciert sitzender Reiter.

Das Gewicht ist folglich immer vorhanden. Das Idealziel ist es, sein Gewicht so über dem Pferd auszubalancieren, daß man stets in der Bewegung des Pferdes ist, ein Teil davon wird. Kommt der Reiter vor oder hinter die Bewegung, so wirkt dies extrem störend auf das Gleichgewicht des Pferdes. Das Pferd wird in seinem natürlichen Takt gestört. Genauso störend wirken sich auch seitliche Gewichtsveränderungen aus. Das Pferd muß auf die neue Gleichgewichtssituation reagieren und tut dies entweder, indem es seitlich unter das Gewicht tritt, oder indem es dem Gewicht zur Gegenseite hin ausweicht.

So betrachtet, ist die Reiterei ein goßes Gleichgewichtsspiel. Denn indem der Reiter minimal sein Gewicht verändert, muß das Pferd darauf reagieren. Diese feinen Gewichtsverlagerungen sind von unten fast nicht zu sehen, da das Pferd blitzschnell reagiert, um wieder mit dem Reiter in ein gemeinsames Gleichgewicht zu finden.

Setzen Sie sich das nächste Mal ganz bewußt auf Ihr Pferd, und versuchen Sie zu spüren, ob Ihr Gewicht wirklich immer in der Bewegung ist, ob Sie sich stets ausbalanciert fühlen. Bedenken Sie dabei, was für einen langen Hebel der Oberkörper darstellt, dann können Sie sicher verstehen, wie viele Auswirkungen schon ein nach vorn hängender oder leicht seitlich geneigter Kopf haben kann.

Fließender Übergang und Zusammenspiel von Dressur- und Leichtem Sitz

Da wie oben beschrieben das Gewicht und damit das Gleichgewicht für das Reiten von entscheidender Wichtigkeit ist, möchte ich auf das Ausbalancieren des Gewichts in den verschiedenen Sitzarten näher eingehen.

Im Dressursitz finden die feinsten Balancereaktionen statt. Der Oberkörper wird scheinbar ruhig gehalten. Er wird um eine gedachte Lotlinie herum ausbalanciert. Als Unterstützungsfläche dient die Sitzbasis des Beckens. Eine dreieckige Unterstützungsfläche ist recht stabil. Die aus den Hüften hängenden Beine wirken wie ein Pendel und helfen, die Balance zu stabilisieren.

Im Leichten Sitz wird der Oberkörper über den Beinen ausbalanciert. Im Oberkörper ist eine höhere Grundspannung, da er bedingt durch das Vorneigen labiler ist als im Dressursitz, in dem alle „Bausteine" übereinander eingeordnet sind. Die höhere Grundspannung ermöglicht auch ein schnelleres Anpassen und reagieren auf Bewegungen des Pferdes. Die Unterstützungsfläche im Leichten Sitz sind die Oberschenkel-Knie-Steigbügel. Die Unterstützungsfläche ist breiter als im Dressursitz. So betrachtet kann man den Springsitz mit einem breitbeinigen Stand vergleichen, den Dressursitz mit dem ballettähnlichen Zehenstand.

Auf den ersten Blick betrachtet erscheint so der Leichte Sitz als der stabilere Sitz, da die Unterstützungsfläche breiter ist. Doch wenn Sie sich die Gewichtsverteilung über der Unterstützungsfläche anschauen, ist der Leichte Sitz mit dem Buchstaben „T" zu vergleichen. Der Oberkörper ist ein waagerechter Hebel, den es auszubalancieren gilt. Die Unterstützungsfläche ist zwar zu den Seiten hin breit, aber nach vorne und hinten schmal. Die labile Oberkörpersituation fordert eine höhere Grundspannung und Reaktionslage der Muskulatur, was gerade für das Reiten im Gelände, über Sprünge und in höherem Tempo notwendig ist.

Den Dressursitz könnte man eher mit dem Buschstaben „I" vergleichen, der mit einer Reißzwecke in der Mitte an die Wand befestigt ist. Die Unterstützungsfläche ist zwar klein, aber dreieckig, und ist in der Mitte des Körpers anzusiedeln. Ein länglicher

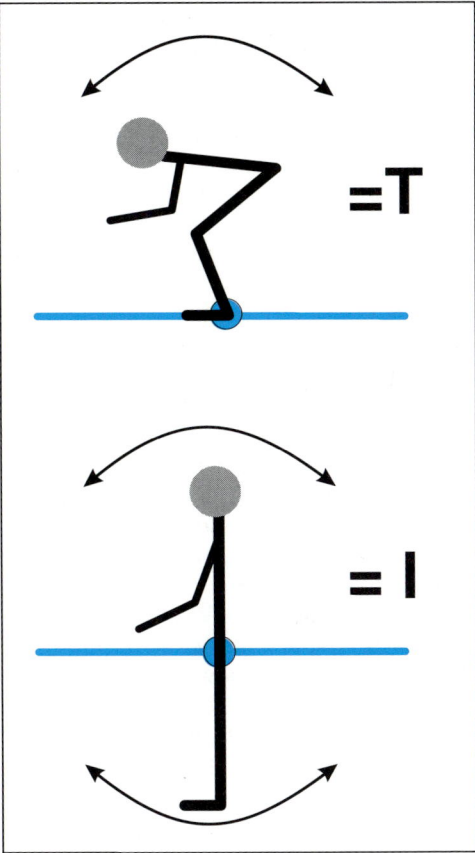

Körper, der in der Mitte befestigt ausbalanciert wird, wird sich immer senkrecht auspendeln. So betrachtet ist der Dressursitz von der Gleichgewichtssituation her wesentlich stabiler als der Leichte Sitz. Die Praxis belegt dies, wenn Sie mal einem Cowboy im Rodeo zuschauen. Der Oberkörper muß senkrecht bleiben, dann kann er sich lange halten. Und selber haben Sie es sicherlich auch schon mal gespürt: Kleinere Bocksprünge, die in die Vorwärtsbewegung gehen, kann man recht gut in den Bügeln stehend abfangen. Wenn die Pferde aber so richtig losbocken, wird man sich tunlichst gerade hinsetzen und in den Sattel ziehen. Sonst verliert man die Balance und alles ist zu spät.

Zusammenfassend läßt sich sagen: Der Dressursitz hat eine höher liegende, schmale, dreieckige Unterstützungsfläche und die Beine als Pendel. Das Gleichgewicht ist eher stabil, die Grundspannung der Muskulatur niedriger. Im Leichten Sitz ist die Unterstützungsfläche breiter, aber tiefer, der Sitz labiler, und es wird eine höhere Grundspannung und Reaktionslage der Muskulatur gefordert. Deshalb ist der Leichte Sitz auch anstrengend und sollte behutsam auftrainiert werden.

Der Übergang von einer Sitzform in die andere ist eine hochkomplexe Bewegung und Gleichgewichtsübung: von einer schmalen hohen zu einer breiten tiefen Unterstützungsfläche wechseln, und die Grundspannung der Muskulatur stets an die neue Situation anpassen, ohne sich zu verkrampfen. Diese Aufgabe ist besonders geeignet, das eigene Körpergefühl zu schulen. Sich immer wieder neu anpassen müssen hilft, die eigenen Balancereaktionen und -reflexe, die unbewußt ablaufen, zu trainieren. Je mehr ein Reiter dies übt, desto leichter wird ihm das Ausbalancieren über dem sich bewegenden Pferd fallen.

7.3 Das Leichttraben – ein schwieriger Balanceakt

Das Leichttraben stellt eine Mischung aus Be- und Entlastung dar. Der Reiter verändert ständig seine Unterstützungsfläche. Nach all dem, was Sie bisher gelesen haben, können Sie verstehen, was für eine anspruchsvolle Bewegung dabei gefordert wird. Im Zusammenhang mit dem federnden Absatz habe ich schon einiges über die Technik des Leichttrabens geschrieben. Wichtig zu wissen und zu fühlen ist es, daß das Leichttraben keineswegs nur aus Aufstehen und Hinsetzen besteht. Ständig wechselt die Unterstützungsfläche von schmal zu breit, von hoch zu tief, von stabil zu labil ...

Anhand des Leichttrabens lassen sich viele grundlegende Sitz- und Balanceprobleme erkennen: Der Oberkörper sollte beim Leichttraben möglichst ruhig gehalten werden. Ein häufiger Fehler, der Reiter und Pferd aus dem Gleichgewicht bringt, ist das Vorneigen beim Aufstehen und Rückneigen beim Hinsetzen. Man ist einfach nicht schnell genug, um sich zusätzlich der Pferdebewegung anzupassen. Vergleichen kann man dies auch mit der Oberkörperbalance beim Aufstehen und Hinsetzen aus einem tiefen Stuhl. Wenn man mit senkrechtem Oberkörper aus dem tiefen Stuhl aufstehen möchte, so ist das Körpergewicht hinter den Füßen, und es gelingt nur unter Einsatz der Arme und mit Schwung. Beim Hinsetzen ist es nicht anders, wenn das Gewicht zu weit hinten ist, kann man die letzten Zentimeter sich nicht mehr sicher ausbalancieren, man plumpst in den Stuhl hinein. Wird der Oberkörper so weit nach vorne gebracht, daß das Gewicht wirklich gleichmäßig über den Füßen ausbalanciert ist, so ist dann ein kontrolliertes Hinsetzen und Aufstehen möglich.

Wer in jedem Abschnitt dieses Bewegungsablaufs anhalten kann, ohne das Gleichgewicht zu verlieren, ist korrekt ausbalanciert. Mit diesem Anhalten, Innehalten in einer Bewegung kann man Balance auch überprüfen.

Die Belastungslinie beim Leichttraben geht nicht durch das Fußgelenk, sondern durch den Fußballen. Das entspricht einer Gewichtsverlagerung im Stehen auf die Vorfüße. Wie weit man dazu den Oberkörper vorneigt oder senkrecht lassen kann, ist verschieden. Ein sich gut tragendes, versammelt gehendes Pferd wird man eher mit senkrechtem Oberkörper leichttraben können als ein junges Pferd, das in die Tiefe geritten wird. Selbstverständlich sollte man auch nicht nach vorne überhängen, was das Pferd auf die Vorhand bringen würde.

Auch die eigenen Körperproportionen spielen beim Leichttraben eine nicht unwichtige Rolle. Denken Sie an die verschiedenen

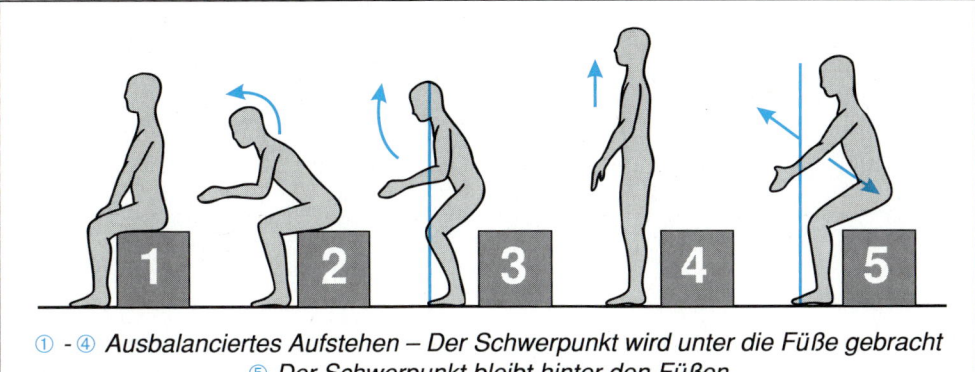

① - ④ Ausbalanciertes Aufstehen – Der Schwerpunkt wird unter die Füße gebracht
⑤ Der Schwerpunkt bleibt hinter den Füßen

Bücktypen, die ich im Oberkörperkapitel dargestellt habe. Jemand mit langen Beinen und kurzem Oberkörper bückt sich eher mit Vorneigung des Oberkörpers, die langen Oberkörper werden dagegen vermehrt senkrecht gehalten. Beim Leichttraben ist besonders die Oberschenkellänge von Bedeutung. Ein langer Oberschenkel fordert mehr Vorneigung als ein vergleichsweise kurzer Oberschenkel.

Nur wenn der Oberkörper es schafft, sich über der wechselnden, sich bewegenden Unterstützungsfläche auszubalancieren, können die Hände unabhängig vom Aufstehen und Hinsetzen einen gleichmäßigen Kontakt zum Pferdemaul halten. Beobachten Sie einmal verschiedene Reiter beim Leichttraben. Nicht gerade selten verbreitet ist die Angewohnheit, beim Aufstehen oder Hinsetzen die Hände mit zu heben oder zu

Korrektes Leichttraben mit Belastungslinien

Unausbalanciertes Aufstehen vor der Bewegung – Klemmen mit Knie und Unterschenkel

Übertrieben gerades und hohes Aufstehen

„Becken durch die Arme schieben" Blockierte Hüften

Aufstehen mit gestrecktem Knie

Aufstehen hinter der Bewegung

Hinsetzen hinter der Bewegung

senken. Üben läßt sich dies wieder gut mit dem Riemchen vorne am Sattel. Es darf beim Leichttraben weder nach vorne/hinten noch nach oben/unten wackeln, sondern man sollte in der Lage sein, in jeder Phase des Leichttrabens einen ganz gleichmäßigen leichten Zug in jede gewünschte Richtung (vorzugsweise nach vorne oben) halten zu können.

Die Beine dürfen zum Leichttraben weder angeklemmt noch weggestreckt werden. Sowohl die Angewohnheit, sich in die Bügel zu stellen, als auch durch übertriebenen Knieschluß möglichst hoch aufzustehen, verhindert das feine Balancespiel über der bewegten Unterstützungsfläche. Eine Schwierigkeit ist es sicherlich, sich zu verdeutlichen, daß beim Aufstehen die Unterstützungsfläche tiefer rutscht, und beim Hinsetzen zwar die Beine länger, das Gesäß tiefer, die Unterstützungsfläche jedoch höher kommt. Wenn Sie dies aber einmal verstanden und auf dem Pferd erfühlt haben, wird es Ihnen logisch erscheinen.

7.4 **Der Reiter als Initiator der Pferdebewegung**

In der Bewegung sitzen ist notwendig, um das Pferd in Bewegung zu setzen.

Sich perfekt auf das stehende Pferd zu modellieren, nützt zum Reiten gar nichts. Zuerst muß man lernen, ein Teil der Bewegung zu werden, die man später auslösen will. Am Beispiel des Angaloppierens möchte ich dies verdeutlichen.

Ein Anfänger, der nicht weiß, wie sich Galopp anfühlt, wird kaum in der Lage sein, die korrekten Hilfen zum Angaloppieren zu geben. Je öfter er galoppiert, desto besser lernt sein Körper, sich der veränderten Bewegung anzupassen, bis er sie schließlich willkürlich beeinflussen kann. Wenn ich einen Reitschüler an der Longe zum zwanzigsten

Mal Trab-Galopp-Trab-Galopp reiten lasse, so weiß das Pferd meist bereits nach dem dritten Mal, daß es angaloppieren soll, sobald es von mir oder dem Reiter irgendeine Veränderung spürt. Oft beklagen sich die Reitschüler, daß das Pferd schon vor ihrer Hilfe angaloppiert ist. Das Pferd dagegen war nur aufmerksam und schneller, und hat die kleinste Veränderung schon als Hilfe zum Angaloppieren befolgt, während der Reiter noch seine Beine sortierte ... Man kann dabei einem Reiter sehr gut die unterschiedliche Dosierung der Hilfengebung demonstrieren. Wenn das Pferd sich konzentriert und weiß, was es soll, so genügen oft winzigste Hilfen, um das gewünschte zu erreichen. Wäre das Pferd dagegen vielleicht gerade im Zuckeltrab eine halbe Stunde um die Bahn getrottet, möglichst noch mit einem unausbalancierten Reiter, dann würde das Angaloppieren einen wesentlich größeren Aufwand an Hilfengebung erfordern.

Zurück zu dem Beispiel der unzähligen Trab-Galopp Übergänge. Zuerst kommt der Reiter sicherlich hinter die Bewegung, er wird rasch lernen, schneller zu reagieren, bis er schließlich in der Bewegung bleibt und genau spüren kann, wann und wie sich der Pferderücken beim Angaloppieren verändert. Sein Gewicht wird immer senkrecht zum Pferd ausbalanciert bleiben. Letztlich schult er dabei sein reiterliches Gefühl für eine feine Hilfengebung zum Angaloppieren. Würde er stets in einer ungünstigen Situation mit dem Angaloppieren konfrontiert, könnte er nur eine viel gröbere Hilfengebung lernen. In dem von mir geschilderten Beispiel ist in diesem Bewegungsübergang zunächst das Pferd schneller, der Reiter folgt der veränderten Bewegung. Im zweiten Schritt bleibt er Teil der Bewegung, um schließlich im dritten Schritt selber mit der Bewegung zu beginnen, und das Pferd folgt. Pferde, die sich so am Sitz orientieren, sind ein Genuß zu reiten. Im Grunde ist es nur ein Sich-Konzentrieren auf ein gemeinsames Gleichgewicht.

Ein unvergeßliches Erlebnis war es für mich, als mir ein sehr nerviges Pferd immer ins Angaloppieren auswich, und die Reitlehrerin mir sagte, ich sollte keinesfalls die Beine zumachen und an den Zügeln parieren, sondern einfach in aller Seelenruhe weiter *Trab sitzen*, bis das Pferd sein Gleichgewicht an meinem Sitz orientiert. Es war die einzige Möglichkeit, dieses Pferd vor die Hilfen zu bekommen.

Kinder haben es hier ungleich einfacher als Erwachsene. Sie besitzen eine sehr hohe Geschicklichkeit und Koordination. Instinktiv gehen Sie mit in die Bewegung hinein. Eine Erklärung, warum auch so manch „fauler Esel" unter Kindern zufrieden vorwärtsläuft. Sein Gleichgewicht wird nicht durch übertrieben starke Hilfengebung gestört.

Der Erwachsene hat viel mehr Mühe, sich einer bewegten Unterstützungsfläche anzupassen. Stellen Sie sich mal auf eine Skateboard oder ziehen Sie Rollschuhe an, und Sie werden wissen, wie ich dies meine. Die Kinder trainieren ihren Gleichgewichtssinn den ganzen Tag lang. Sie spielen, sie hüpfen, rollen, rutschen ... sie suchen die Herausforderung, das Unsichere, um zu erfahren, was sie leisten können. Der Erwachsene hingegen bewegt sich fast nur auf bekanntem sicheren Terrain. Sitzen, Stehen, Liegen, Gehen, ... dabei wird der Gleichgewichtssinn nicht sonderlich stark gefordert. Doch keine Sorge, er ist vorhanden und läßt sich auch wieder aktivieren, genau wie auch das Kind im Erwachsenen wohl niemals völlig verlorengehen kann.

7.5 Der geschlossene Sitz

Voraussetzung für eine effektive Einwirkung ist ein tiefer geschlossener Sitz. Was ist nun genau gemeint mit dem Wort *Geschlossenheit*? Sicherlich ist damit nicht „Beine zu"

gemeint. Ich kenne eine junge Frau, die von Geburt an nur winzige Beinstümpfe hat, und die mit einem sehr geschlossenen Sitz phantastisch gut reiten kann.

Ein geschlossen sitzender Reiter hat jeden Zwischenraum zwischen sich und dem Pferd zugemacht. Er sitzt ausbalanciert und losgelassen in der Bewegung. Sein gesamter Körper ist ein Teil der Pferdebewegung. Kein äußeres Bein fliegt in der Wendung weg, der Rumpf weicht keiner Pferdebewegung aus, das Gesäß „klebt" in jeder Phase der Bewegung am Sattel. In keiner Sekunde macht der Reiter irgendwo auf, das Pferd kann ihm nicht entweichen, es gibt keine offene Hintertür, durch die sich das Pferd den Hilfen entziehen kann.

Je ausbalancierter der Reiter sitzt, desto weniger Kraft wird er für einen geschlossenen Sitz benötigen. Die notwendige Grundspannung des Körpers ist adäquat zur geforderten Bewegung, im versammelten Trab höher als im Schritt. Jede Balanceschwierigkeit kann hier nur mit einem hohen Kraftaufwand ausgeglichen werden.

Der geschlossene Sitz wird in jedem Moment der Pferdebewegung gefordert. Deutlich zu sehen und auch zu überprüfen ist er in Bewegungsübergängen. Beispielsweise das Antraben vom Sitz oder ein geschlossener Leichter Sitz vor dem Absprung. Auch im Leichten Sitz ist die Geschlossenheit von großer Bedeutung. Sie ist nur schwieriger, da die Balance im Leichten Sitz labiler ist. Im Leichttraben ist es besonders schwer, uneingeschränkt die Geschlossenheit im Sitz zu wahren. Häufig macht man einfach den Sitz auf und zu, und die Pferde können sich wunderbar entziehen. Diesen Wechsel der Belastung und der Unterstützungsflächen so zu vollziehen, daß man mit seiner Balance und Grundspannung immer am Pferd dran bleibt, ist schon höhere Kunst. Perfektes Leichttraben beherrschen nur sehr wenige sehr gute Reiter.

7.6 Das Geheimnis des Kreuzanspannens

Vielleicht haben Sie bei all der Anatomie bisher den „Kreuzmuskel" vermißt, mit dem Sie Ihr Kreuz anspannen können, und fragen sich, warum ich so lange mit diesem doch wichtigen Punkt warte. Nun, einen Kreuzmuskel gibt es nicht. Mit dem Begriff *Kreuzanspannen* ist eine so komplexe Angelegenheit gemeint, daß die vielen Ausführungen vorher nötig waren, um Ihnen meine Erläuterung verständlich zu machen. Schauen Sie sich ruhig nochmals das Anatomiebild des Beckens an und wiederholen Sie für sich die rollende Beckenbewegung nach vorne und hinten. Dabei bleiben die Gesäßknochen an Ihrem Platz, und der Beckenkamm wird nach vorne und hinten darüber bewegt. Wenn Sie mit leicht gebeugten Knien stehen, so können Sie auch den Beckenkamm still stehen lassen, und mit den Gesäßknochen nach vorne und hinten schwingen. Und sie können auch noch die Hüften still halten und das Becken um die Hüften vor und zurück bewegen. Dabei geht der Beckenkamm nach vorne und der Gesäßknochen nach hinten, bzw.

umgekehrt. Ich möchte Ihnen damit verdeutlichen, daß die gleiche Bewegung immer verschieden aussehen kann, je nachdem, um welche Achse bewegt wird, wo etwas stabil und wo eine mobile Region ist.

Welche der drei Beckenbewegungen ist nun für das Kreuzanspannen wichtig?

Wenn wir beim Kreuzanspannen dem Pferd einen Schub nach vorne geben wollen, so scheidet die erste Version völlig aus. Hier geht das Gewicht nach hinten (Sie wollen doch vorwärts reiten!) und der Gesäßknochen bleibt an Ort und Stelle. Durch das Zurückbewegen des Beckenkamms wird als Bewegungsfolge die LWS gerundet, der fünfte Lendenwirbel festgestellt, und meist sinkt der Brustkorb ab. Das bedeutet, daß keine Bewegung korrekt abgeschwungen werden kann und der Oberkörper nicht in der Lage ist, die Grundspannung zu halten, geschweige denn zu erhöhen. Leider glauben viel zu viele Reiter, daß sie mit dieser Bewegung ihr Kreuz anspannen. Dabei sacken sie in sich zusammen, das Pferd erhält höchstens einen Schlag in den Rücken und wird nach rückwärts aus dem Gleichgewicht gebracht!

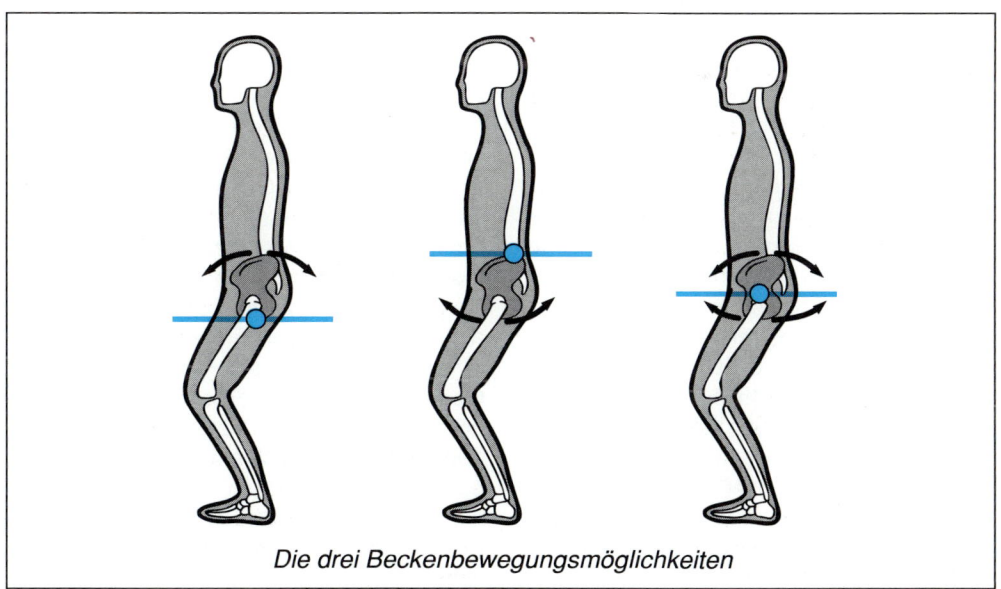

Die drei Beckenbewegungsmöglichkeiten

In der zweiten Version – der Beckenkamm bleibt still und die Gesäßknochen werden nach vorne geschwungen – erhält das Pferd einen deutlichen Schub nach vorne. Der Hebel Becken ist allerdings sehr lang und benötigt viel Kraft. Außerdem wird in dieser Bewegung der fünfte Lendenwirbel wieder in die blockierte Endstellung gezogen, was die Bewegungsmöglichkeiten der gesamten Wirbelsäule und des Rumpfes beeinflußt.

Am optimalsten erscheint die dritte Möglichkeit mit der durch das Hüftgelenk verlaufenden Drehachse. Es leuchtet ein, daß für diese Bewegung, bei der es einen oberen und unteren Hebelarm gibt, der geringste Kraftaufwand notwendig ist. Die Gesäßknochen schieben nach vorne, und die Bewegung in der LWS ist geringer, so daß der fünfte Wirbel gerade noch freibleiben kann. Stellen Sie sich ruhig mal seitlich vor einen Spiegel und probieren Sie alle drei Möglichkeiten aus, um Ihr Gefühl für die differenzierte Beckenbewegung zu schulen. Fassen Sie sich dabei ruhig mit den Händen an, um Beckenkamm, Hüften, etc. ruhig zu halten. Der Oberkörper sollte dabei möglichst stabil bleiben.

Womit bewegen Sie sich nun dabei? Welche Muskeln müssen arbeiten? Im Grunde ist es wieder ein Zusammenspiel von hauptsächlich zwei Muskelgruppen, der Bauch- und der unteren tiefen Rückenmuskulatur.

Die Bauchmuskeln versuchen, den vorderen Beckenrand hochzuziehen, während die Rückenmuskulatur in die Verlängerung arbeitet. Sie können sich sicherlich entsinnen, daß die Muskelarbeit in die Länge die schwierigere und anstrengendere Arbeit ist. Eine Erklärung, warum viele Reiter im unteren Rücken naß geschwitzt sind, wenn sie absteigen. Doch damit allein ist das Kreuz noch lange nicht angespannt.

Bei der oben beschriebenen Bewegung würden Sie im Sattel quasi mit den Gesäßknochen nach vorne gleiten. Da Sie aber still mit dem Gesäß am Sattel „kleben", wird der

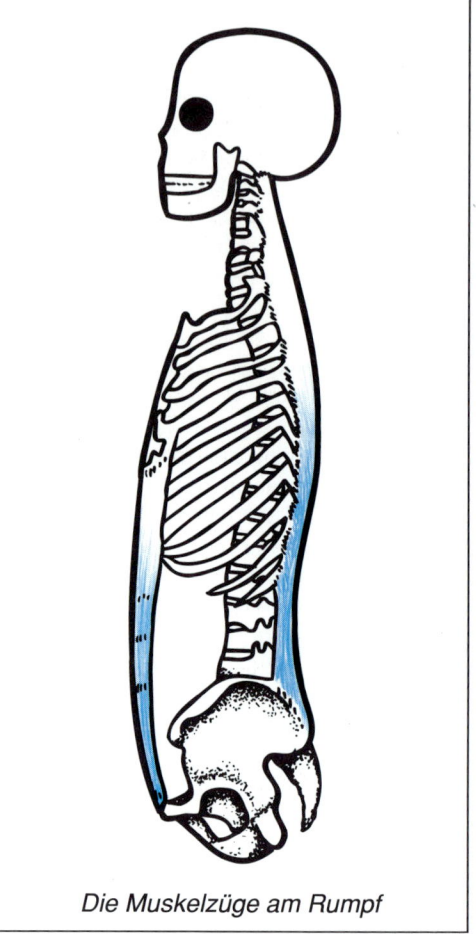

Die Muskelzüge am Rumpf

Druck der Gesäßknochen nach vorne durch den Sattel hindurch auf das Pferd übertragen. Dadurch, daß die Gesäßknochen fest am Sattel sind, ist die Gefahr groß, daß man die erste Version der Beckenbewegung ausführt, die Gesäßknochen als Stabile und den Beckenkamm als Mobile benutzend. Um nicht mit dem mobilen Beckenkamm nach hinten auszuweichen, wird ein stabiler Gegenhalt im Oberkörper notwendig. Sie erinnern sich, im Oberkörperkapitel habe ich den Oberkörper in funktionelle Abschnitte eingeteilt, das Becken war potentiell beweglich und der Brustkorb ein Stabile. Der Brustkorb muß stabil nach vorne gegenhalten. Dies geschieht durch ein vermehrtes

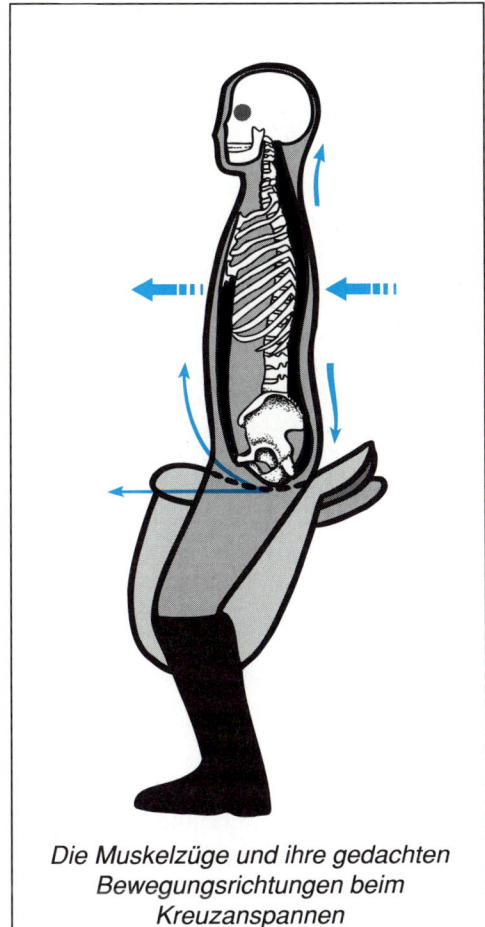

*Die Muskelzüge und ihre gedachten
Bewegungsrichtungen beim
Kreuzanspannen*

Aufrichten der BWS, einem nach vorne Schieben der Brustbeins. Arbeiten sollen dazu die tiefen Schulterblatt- und Rückenmuskeln (verkürzend) und die oberen Bauchmuskeln (verlängernd).

Wenn Sie nun zum Kreuzanspannen die Bewegung in den Hüftgelenken ansetzen, das Becken nach oben über den Brustkorb und nach unten über Gesäßknochen / Sattel stabilisieren, so ist die tatsächliche Bewegung gering. Es wird vielmehr die Grundspannung im Rumpf erhöht, und die erhöhte Spannung wird in Druck/Energie des Sitzes nach vorne umgesetzt. Wird beim Kreuzanspannen Bewegung sichtbar, so verringert

sich die Grundspannung und es entsteht kein Schub, der auf das Pferd übertragen werden kann. Kreuzanspannen ist folglich eine Frage der Geschicklichkeit und Geschlossenheit des Sitzes in der Bewegung, und die Effektivität ist unabhängig von Größe und Gewicht des Reiters.

Trocken üben läßt sich dies auf einem Stuhl. Die Füße stehen fest auf dem Boden und Sie probieren die Bewegung des Beckens aus, ohne daß der Oberkörper sie zuläßt. Dabei können Sie spüren, wie der Druck unter Ihren Gesäßknochen nach vorne zunimmt, man kann den Stuhl auch zum Kippeln bringen. Dabei geben die Füße auf dem Boden einen Gegenhalt. Beim Reiten wird dieser Gegenhalt vom Oberschenkel als Stabilisator geleistet, der Unterschenkel muß davon unabhängig bleiben können.

Das Pferd hat ein feines Gespür für die Grundspannung des Reiters. So wie es deutlich spürt, wenn sich ein Reiter verkrampft und Angst hat, so kann es auch den kompetenten Reiter am Sitz erkennen. Das Pferd spürt die Grundspannung des Reiters und reagiert darauf. Beispielsweise beim Antraben erhöht der Reiter seine Grundspannung der Muskulatur, und das Pferd folgt und trabt an. Unter den Voraussetzungen einer konzentrierten Arbeitssituation von Pferd und Reiter und einer gefühlvollen Dosierung der Hilfengebung kann man darlegen, daß das Pferd der Grundspannung des Reiters in die geforderte Richtung folgt: vorwärts, seitwärts und rückwärts.

Dieses Erhöhen der Grundspannung geschieht automatisch, die Muskelgruppen dazu sind wieder auf der Rückenmarksebene verschaltet, so daß sie willkürlich nur gering beeinflußbar sind. Sie erhöhen Ihre Grundspannung wenn sie Liegen-Aufstehen oder Gehen-Rennen, ohne daß Sie sich überlegen, daß Sie oder wie Sie die Grundspannung erhöhen. Sie wissen nur, daß Sie Aufstehen bzw. Losrennen wollen. Diese

Automatismen sollten Sie nun auf das Reiten übertragen. Häufig sind vergleichende Bilder hilfreich. Beispielsweise Antraben = Gehen-Laufen, Angaloppieren = Laufen-Pferdchen-sprung, Ganze Parade = Abstoppen aus dem Laufen ...

Deutlich kann ich mich an einen sehr talentierten Reitschüler erinnern, der mich anfangs immer mit der Frage, wie mache ich das, wie fühlt sich das an, gelöchert hat. Alle meine Beschreibungen genügten nicht. Schließlich rettete ich mich etwas autoritär in die Ausrede, daß man das nicht beschreiben kann, und daß er es irgendwann fühlen würde. Keine für ihn befriedigende Antwort, aber mein strenges selbstsicheres Auftreten verschonte mich erstmal vor weiteren unangenehmen Fragen. Dann kam eine Longenstunde auf einem gut ausgebildeten sensiblen Pferd. Ich ließ ihn selber antraben und angaloppieren, wieder durchparieren und hielt nur noch das Ende der Longe, ohne wirklich zu longieren. Ich ließ ihn wechselnd aus dem Schritt antraben oder angaloppieren, und ebenso wieder durchparieren. Bedingung war, es vom Sitz zu bewirken, ohne daß ich unten Bewegung sehen kann. Es gelang ihm bald sehr sicher, und als er zufrieden abstieg, wagte ich die Rückfrage, wie er das gemacht hätte, und wie es sich anfühlt. Zu meiner Genugtuung erhielt ich keine befriedigende Antwort, er meinte, das fühlt man eben. Das ist das große Problem dieses Buches. Manche Gefühle lassen sich eben nur erfühlen und nur bedingt beschreiben.

7.7 Treibende und verhaltende Hilfen

Reiten und insbesondere die gefühlvolle Hilfengebung sieht in der Theorie immer logisch und einfach aus.

Sie sind nun mit umfassenden Vorkenntnissen über den Sitz ausgerüstet, und ich werde Ihnen nun die damit verbundene Hilfengebung beschreiben. Ein sehr theoretisches Modell, es klingt fast zu logisch, erst den Sitz zu perfektionieren, bevor es an das Eigentliche, die Hilfengebung, geht. Ein Reitschüler und auch jeder fortgeschrittene Reiter wird häufig mit einer Situation konfrontiert, wo Hilfengebung dringend erforderlich ist, auch wenn der Sitz noch nicht hundertprozentig ist. Sitz und Hilfen gehören immer zusammen, je gefestigter der Sitz ist, desto feiner können die Hilfen werden. Im Grunde ist der Sitz selber eine wichtige Hilfe für das Pferd. Der Reiter schult immer beides parallel – Sitz und Einwirkung – wie es schon in Reiterwettbewerben beurteilt wird.

Zu Beginn dieses Kapitels habe ich beschrieben, warum ich die Hilfengebung als eine komplexe, den gesamten Reiter fordernde Situation betrachte, und die Hilfen nicht in die drei Bausteine Gewicht-, Schenkel- und Zügelhilfen unterteile. Vielmehr möchte ich sie ihrer Funktion nach einordnen in Treibende, Versammelnde und Einrahmende Hilfen.

Das Pferd sollte zwischen die Hilfen des Reiters eingespannt werden. Die Engländer haben dafür den schönen Ausspruch „between knees and hands", wenn ein Pferd an den Hilfen im Leichten Sitz galoppieren soll.

Stellen Sie sich ein *Gummiband* vor, oder eine Saite, die zum Schwingen gebracht werden soll. Dazu muß sie an zwei Enden befestigt sein, sonst können keine Schwingungen entstehen. Der Pferderücken ist ein solches *Gummiband*, und wenn er wirklich schwingen soll, dann braucht auch er die Befestigungsenden. Das eine Ende ist dann das abfußende Hinterbein, und das andere Ende das Maul. Nicht umsonst heißt es in der Reitlehre, daß das Pferd *an* den Zügel gehen soll. Das Pferd tritt von hinten an das Gebiß heran, und stößt sich am Gebiß ab, um vermehrt Tragkraft entfalten zu können. Dies ist im Wesentlichen schon die Funktion der treibenden und verhaltenden Hilfen.

Das Pferd wird zwischen die treibenden und

verhaltenden Hilfen eingespannt. Was der Reiter von hinten treibt wird vorne abgefangen und dosiert. Es entsteht folglich ein regelrechtes Spiel zwischen Treiben und Abfangen. Dieses Spiel der Hilfen ist immer für jeden Stand der Ausbildung und in jeder Phase des Reitens notwendig. Es gilt gleichermaßen für ein junges wie für ein ausgebildetes Pferd, für die lösende und die versammelnde Arbeit. Die Korrektur eines verdorbenen Pferdes muß genau an diesem Punkt ansetzten, um das Pferd wieder zwischen die Hilfen des Reiters einzuspannen und darüber Gehorsam und Durchlässigkeit zu verbessern.

Lösen

Zur lösenden Arbeit, wie zur Überprüfung der Losgelassenheit gehört das *Zügel aus der Hand kauen lassen*. Das Pferd sollte sich dabei nach vorwärts abwärts an die Hand heran strecken. Die Zügelverbindung bleibt erhalten, das bedeutet, das *Gummiband* bleibt gespannt, es können im Rücken Schwingungen entstehen. Ein Pferd korrekt in die Tiefe zu reiten gehört mit zu den schwersten Dingen des Reitens. Ein nam-

hafter Ausbilder sagte einmal zu mir, der Reiter, der ein Pferd wirklich in die Tiefe reiten kann, könnte auch Zweierwechsel reiten. Ob man dies wirklich so nebeneinander stellen darf, sei dahingestellt, jedenfalls sagt es aus, wie anspruchsvoll lösende Arbeit für Pferd und Reiter ist.

Das in die Tiefe gerittene Pferd sollte fleißig mit beiden Hinterbeinen abfußen. Der Rücken wird vermehrt gewölbt, der Hals wird aus dem Widerrist heraus nach vorwärts abwärts gedehnt. Das bedeutet, daß das *Gummiband* vermehrt unter Spannung gerät, es wird gedehnt. Dabei muß die Hals- und Rückenmuskulatur in die Verlängerung arbeiten (Vergleichen Sie diese Muskelarbeit mit der des Reiters, die im Physiologiekapitel beschrieben wurde!) Muskelarbeit in die Verlängerung, in die Dehnung ist von besonders hohem Trainingswert! In der Sporttrainingslehre steht, daß ein Muskel nur dann volle Leistung bringen kann, wenn er zuvor aufgewärmt und gedehnt wurde. Von entscheidender Wichtigkeit ist hierbei das Einspannen des Pferdes zwischen die treibenden und verhaltenden Hilfen. Ohne

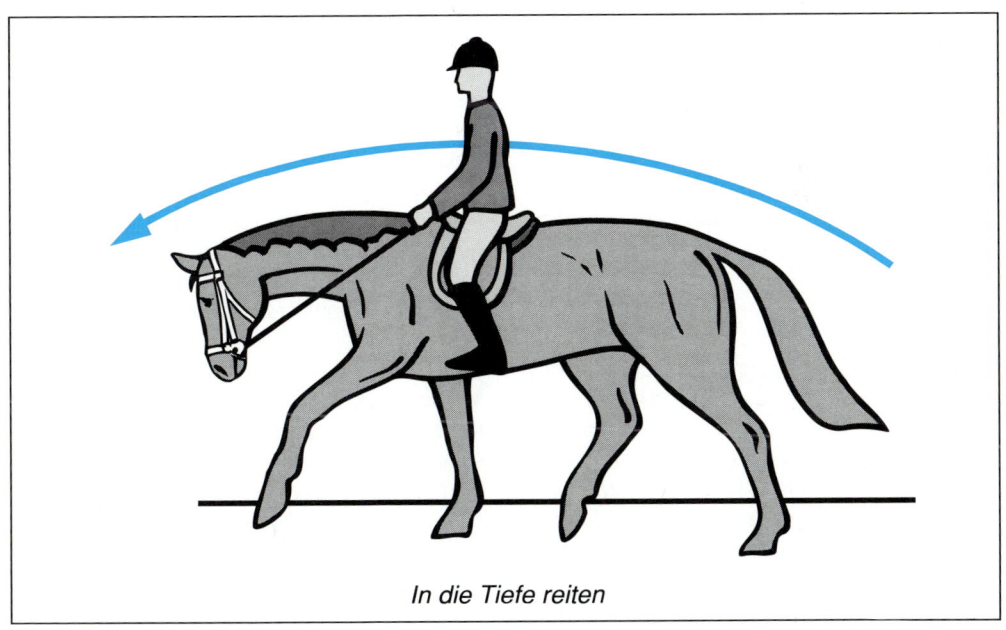

In die Tiefe reiten

Pferd am hingegebenen Zügel

das Gummiband kann keine sinnvolle Dehnung der großen Muskelkette vom Nackenband bis zum Hinterbein entstehen. Ein am hingegebenen Zügel durch die Bahn trabendes Pferd hat keine Verbindung mehr nach vorne. Es läuft sich höchstens warm, aber der Rücken kann nicht zum Schwingen kommen.

Wie tief sollte man sein Pferd einstellen? Hier gibt es in der Reitlehre Hilfslinien wie Maul in Höhe Buggelenke ...
Im Grunde hängt es mal wieder von Situation und Ausbildungsgrad ab. Es gibt viele unterschiedliche Wege, ein gutes Lösungsprogramm aufzustellen. Es sollte immer individuell auf das Pferd, den Reiter und den momentanen Ausbildungsstand des Pferdes abgestimmt werden. Ein Patentrezept kann und will ich Ihnen hier nicht verkaufen. Vielmehr sollten es Anregungen sein, sich noch tiefer in Ihr Pferd hineinzufühlen, und ein eigenes Lösungsprogramm zu finden. Und je nach Tagesform muß es variabel bleiben.
Manche Pferde lösen sich besser, wenn sie

vorher an der Longe gearbeitet werden, manche beim Leichttraben, manche lösen sich eher im Galopp als im Trab, manche lösen sich mit halben Paraden, Tempi- und Gangartswechseln, manche brauchen Arbeit auf gebogenen Linien, manche fordern einen Galopp auf einer Galoppierbahn, manche mögen Cavalettiarbeit, Springgymnastik oder gar Freispringen, ... Die Palette der Möglichkeiten kann problemlos erweitert werden. Wichtig ist, bei aller Abwechslung, daß die Grundanforderungen immer wieder gleich sind, nämlich das von hinten ans Gebiß herantreten, unser Spiel zwischen den Treibenden und Verhaltenden Hilfen, aus dem der schwingende Rücken hervorgehen kann.

Versammeln
Auch und gerade in der versammelnden Arbeit ist das Gummiband wieder von entscheidender Bedeutung. Beim Versammeln wird die Schubkraft der Hinterhand vermehrt in Tragkraft umgesetzt, das Pferd tritt mit vermehrter Hankenbiegung unter den Schwerpunkt.

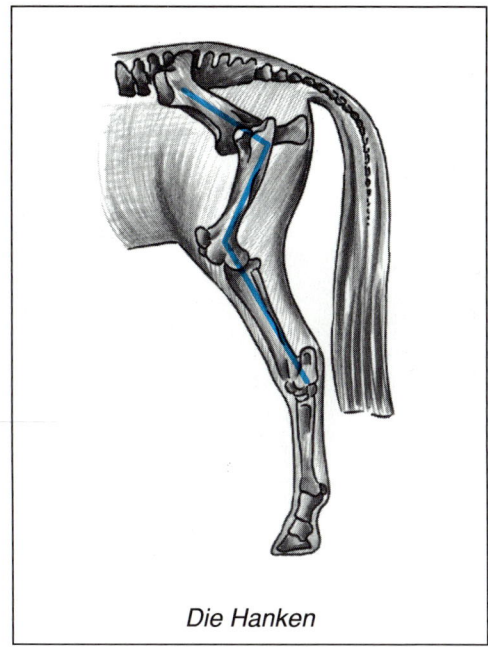

Die Hanken

Durch die vermehrte Senkung der Hanken wird die Vorhand entlastet, sie wird für die Bewegung freier. Hals und Genick werden nach vorne oben getragen, so daß das Maul circa in Höhe des Hüftgelenks des Pferdes ist.

Im Vergleich zum Reiten in die Tiefe kann man wieder die gleichen Kriterien beobachten. In die Tiefe wurde der Rücken aufgewölbt, der Bogen von der Hinterhand zum Pferdemaul gespannt, die gesamte Muskelkette arbeitete in die Dehnung. Dies ist beim Versammelnden Arbeiten nicht anders, nur daß die Dehnung jetzt nicht in die Tiefe, sondern in die Höhe nach vorne oben stattfindet. Dieses sich Aufrichten gegen die Schwerkraft, ohne dabei fest zu werden, benötigt eine große Grundspannung (und fordert das Eingespanntsein in die treibenden und verhaltenden Hilfen). Das *Gummiband* darf seine Schwingungen nie verlieren, gerade in der Versammlung werden die Schwingungen eher größer, der Pferderücken bekommt mehr Auf- und Abbewegung, da die Schritte, Tritte und Sprünge der Pferdes erhabener, kadenzierter er-

folgen. Dies fordert natürlich ein sehr gutes Einspannen in Treiben und Verhalten, da die relativ hohe für die Versammlung nötige Grundspannung nur so ohne Verlust von Losgelassenheit und Harmonie erreicht werden kann. Häufig kann man bei Pferden eine Rückwärtstendenz des Halses und Genicks in der Aufrichtung erkennen. Sie entziehen sich damit der Dehnung auf Kosten der reellen Losgelassenheit. In jeder Phase der Reitens und gerade in der Versammlung muß die Vorwärtstendenz erkennbar sein! Trotzdem gehört auch das Rückwärtsrichten zu den versammelnden Lektionen. Es ist eine Überprüfung des Gehorsams und der Durchlässigkeit und hilft dem Pferd, vermehrt Last auf die Hinterhand zu übernehmen.

Wichtig für die Versammlung ist weiterhin, daß das Abfangen nicht allein am Zügel, sondern schon im Sitz selber beginnt. Wenn das Pferd in natürlicher Aufrichtung das Maul in etwa in Höhe des Hüftgelenkes trägt, so hat es in dieser Stellung die günstigste Verbindung zwischen Maul und Hinterbein.

Ob eine Versammlung wirklich mit Vorwärtstendenz an das Gebiß herausgeritten wurde, das läßt sich am besten in den Verstärkungen überprüfen. Wenn die Versammlung gut war, kann das Pferd taktrein und scheinbar mühelos seinen Raumgriff erweitern. Längere versammelnde Arbeit ist für das Pferd sehr anstrengend. Damit sich das Pferd nicht festmacht und verspannt, sollte man die versammelnde Arbeit, die mit einer Verkürzung des Tempos einhergeht, nur für kurze Reprisen verlangen. Die Arbeit in verstärkten Tempi gehört als logisches Gegengewicht unbedingt zur Versammlung im Gange. Wenn Selbsthaltung und Losgelassenheit des Pferdes dabei schlechter zu werden drohen, sollte man zwischendurch sein Pferd wieder in die Tiefe reiten, bis es losgelassen an das Gebiß herantritt. Gerade der Wechsel zwischen versammelnden Lektionen und kurzen

Der Traum von Versammlung endet nicht selten im „Sich-eng-ziehen"

Reprisen lösender Arbeit verhindert, daß Pferd und Reiter sich „festziehen". Reelle Versammlung will behutsam auftrainiert werden.

Der Reiter selber muß sich in seinem Sitz auch „versammeln". Wie weiter oben beschrieben, spürt das Pferd die Grundspannung des Reiters und reagiert darauf. Sich selbst beim Reiten zu versammeln, ohne sich zu verkrampfen, ist nicht einfach und recht anstrengend. Diese Anstrengung

Einwirkung: Scheinbar Mühelos

sieht man dem Reiter im Idealfall nicht an. Triebige Pferde verleiten allerdings den Reiter, mit dem Oberkörper instabil hinter die Senkrechte zu kommen, übereifrige Pferde lassen den Reiter gar nicht erst zum Treiben kommen und verleiten ihn zum Bremsen mit der Hand. Gerät der Sitz dabei aus der Balance, geht die Effektivität der Einwirkung verloren.

Der Aufbau vermehrter Grundspannung, die eigene Versammlung, sollte behutsam auftrainiert werden. Es versteht sich von selbst, daß ein Anfänger keine versammelnden Lektionen reiten kann, da er dem Pferd vom Grundsitz her nicht helfen kann, die nötige Grundspannung/Versammlung aufzubauen. Daher ist es sinnlos, Versammlung von Pferd oder Reiter zu fordern, wenn die muskulären Voraussetzungen von beiden noch trainingsbedürftig sind.
Eine alte Reiterregel besagt, daß Pferd und Reiter erst dann kandarenreif sind, wenn sie eine korrekte A-Dressur mit Zügeln in einer Hand ausführen können. Dies klingt zunächst nach militärischer Schikane, näher betrachtet

Der Versuch, die Hinterhand des Pferdes beizuholen, ...

... endet bei Pferd und Reiter mit einer Rückwärtsbewegung

Der Versuch, das Pferd mit der Hand aufzurichten, ...

... endet auf der Vorhand

beinhaltet sie aber eine ganze Menge Pferdeweisheit. Nur der Reiter, der es schafft, sein Pferd vom Sitz her so zwischen treibende und verhaltende Hilfen einzuspannen, daß ihm die Zügel in einer Hand ausreichen, ist vom Grundsitz her genug gefestigt, und hat eine so unabhängige, subtil einwirkende Hand, daß man ihm die Kandare anvertrauen kann.

Halbe Paraden

Halbe Paraden dienen dazu, das Spiel zwischen treibenden und verhaltenden Hilfen immer wieder zu verfeinern und neu abzustimmen.

Die feinste Form der halben Parade geschieht im Gange selbst. Das von hinten an die Hand herantretende Pferd stößt sich selbst am Gebiß ab, und die Reaktionskette läuft wieder zurück und regt das Hinterbein zu vermehrtem Untertreten und Aufnehmen der Last an.

Dies ist die eigentliche durchhaltende Zügelhilfe, die sich das Pferd selbst holt. Wer dieses feine Gefühl auch nur für ein paar Momente gehabt hat, weiß, was Reiten bedeutet.

Neben Aufmerksam machen, Erhalten und Verbessern des Ganges gehören auch Tempiunterschiede und Übergänge zwischen einzelnen Gangarten zu den Halben Paraden. Ich möchte auf die Bewegungsübergänge Trab/Galopp und Schritt/Trab näher eingehen.

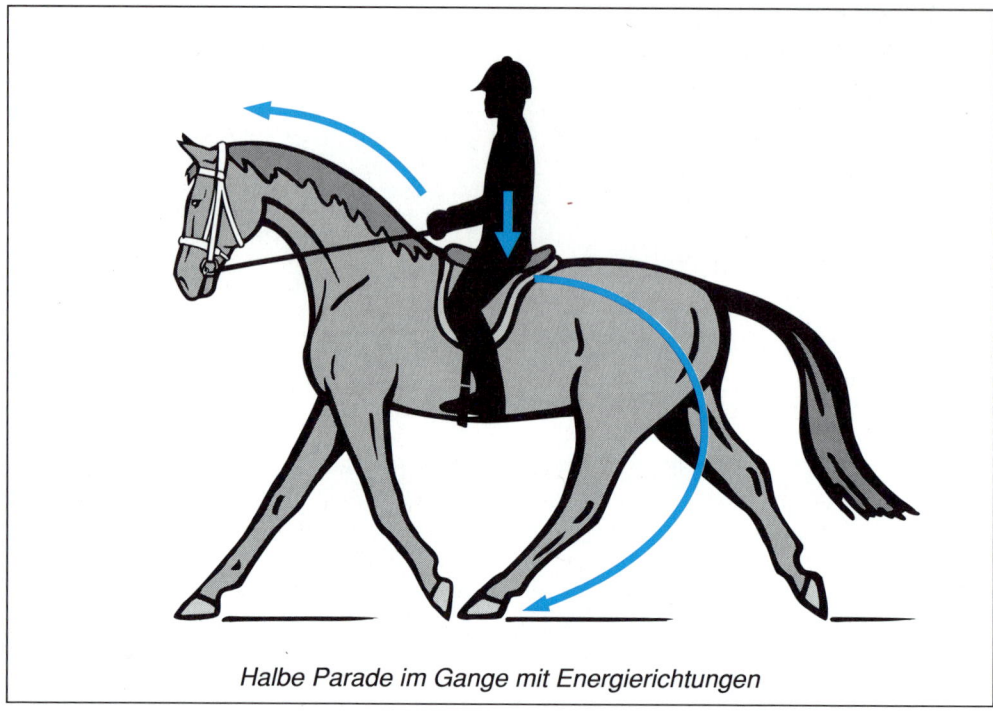

Halbe Parade im Gange mit Energierichtungen

Beim Wechseln zwischen Trab und Galopp wird vor allem die Geschmeidigkeit und Geschicklichkeit des Pferdes trainiert. Es sollte schwungvoll gehen, dabei von einem Zweitakt in den Dreitakt wechseln und die Fußfolge verändern, ohne dabei an Schwung zu verlieren. Dies gelingt nur dann harmonisch, wenn sich das Pferd in die Hilfen einspannen läßt und der Reiter im Gleichgewicht sitzt. Häufig entziehen sich die Pferde der geforderten Dehnung ihrer Muskulatur, (die ich mit dem Stichwort Gummiband beschrieben habe), durch Herausheben des Genicks beim Angaloppieren, hohe Kruppe beim Durchparieren, Landen auf der Vorhand, stockendem Parieren fast bis zum Schritt (Schwungverlust!), Davonstürmen ... Es bedarf dann eines kompetenten Reitens, das Pferd vom Sitz her in aller Ruhe wieder so auf die Reiterhilfen abzustimmen, daß diese Übergänge schwungvoll und geschmeidig geritten werden können. Diese Lektion ist auch eine sehr gute Möglichkeit zur Überprüfung der Rittigkeit eines Pferdes.

Grundsätzlich dient sie zur Lösung und verbessert Geschicklichkeit und Geschmeidigkeit von Pferd und Reiter.

Der Reiter lernt dabei aus der parallelen Belastung seiner Sitzbasis in die diagonale Belastung zu wechseln und umgekehrt. Die Tendenz, vor oder hinter die Bewegung zu kommen, ist in diesem Bewegungsübergang deutlich zu erkennen. Wie gerne stehen Reiter ein wenig auf beim Angaloppieren, oder fallen beim Durchparieren nach hinten ... Seinen eigenen Schwerpunkt immer mit in die Vorwärtstendenz zu nehmen und selbst über dem Schwerpunkt des Pferdes zu bleiben, ist eine sehr diffizile Aufgabe. Vielen Reitern hilft es, wenn sie sich zum Durchparieren ganz auf ihre Gesäßknochen konzentrieren, das heißt, sich am Ende eines Galoppsprungs tief ins Pferd hineinsinken lassen, dann beide Gesäßknochen gleichmäßig belasten und einfach Trab sitzen. Es ist verblüffend, mit wie wenig Zügeleinwirkung die Pferde nur am Sitz im Tempo zurückkommen und durchparieren.

Der Übergang vom Trab zum Schritt und wieder zum Trab läßt sich in den Grundzügen mit den Trab/Galopp Übergängen vergleichen. Der eigentliche Unterschied liegt darin, daß aus der schwungvollen Gangart Trab zu der schwunglosen Gangart Schritt gewechselt wird. Schwung bleibt also nicht wie im Trab / Galopp Übergang erhalten, sondern muß abgebremst und neu entfaltet werden. Last muß aufgenommen und wieder nach vorne abgefußt werden. Somit dient dieser Bewegungsübergang vermehrt der Kräftigung der Hinterhand und fordert erhöhte Durchlässigkeit vom Pferd. Nicht umsonst reitet man in der Ausbildung eines Pferdes meistens zuerst die Trab / Galopp Übergänge, bevor man an Trab/Schritt Paraden arbeitet.

Beim Durchparieren ist es von entscheidender Wichtigkeit, daß das Pferd die Last von hinten abbremst und aufnimmt. Dann kann es im Schritt frei schreiten und jederzeit wieder energisch abfußen, Schwung entfalten und antraben. Pariert es auf der Vorhand, dann fällt die Grundspannung in sich zusammen, das Pferd latscht und es kostet vermehrten Kraftaufwand, es wieder zum Antraben zu bewegen.

Hier ist auch der Sitz des Reiters wieder gefordert. Wie oft passiert es, daß ein Reiter beim Durchparieren in sich zusammensinkt, die eigene Grundspannung aufgibt. Dann kann das Pferd nie schreiten! Das Gefühl, im Schritt eine Art Bereitschaftsspannung für die nächste kommende Aufgabe – welcher Art sie auch sei – zu erhalten, ohne daß das Pferd an Losgelassenheit verliert, gelingt nur bei einem feinen Abstimmen der treibenden und verhaltenden Hilfen. Das Gummiband darf in keiner Halben Parade verlorengehen!

Dieser Bewegungsübergang schult auch beim Reiter das Gefühl für Treiben und Abfangen.

Als Hilfe für die versammelnde Arbeit kann die Trab / Schritt / Trab-Parade so verkürzt geritten werden, daß alles in einem einzigen Schritt geschieht. Der Reiter fängt das Pferd ab, es nimmt vermehrt Last auf der Hinterhand auf, um den Schwung abzubremsen, im selben Moment herrschen wieder die treibenden Hilfen vor, und das Pferd drückt sich sofort wieder von der Hinterhand ab und entfaltet neuen Schwung. Diese Feinstform der Halben Parade im Gange stellt ein höchst wirkungsvolles Kraft- und Durchlässigkeitstraining für das Pferd dar. Für den Zuschauer sieht es fast so aus, als ob das Pferd einen Bruchteil einer Sekunde in der Bewegung innehält und dann weiterläuft.

Ganze Parade

Eine Ganze Parade ist aus *n* Halben Paraden zusammengesetzt und führt immer zum Halten. *n* bedeutet in diesem Zusammenhang: soviel Hallben Paraden wie nötig. An dieser Stelle möcht ich Sie daran erinnern, was ich weiter oben über Stehen und Haltung ausgeführt habe, und was Sie auch an sich selber schon erfühlt haben. Haltung ist nie etwas Starres, absolut Stilles. Erinnern Sie sich daran, daß beim Stehen mit geschlossenen Augen stets kleine Gewichtsverlagerungen über den Füßen zu spüren waren, und daß das Stehen eigentlich ein Schwanken um eine gedachte Lotlinie herum ist. Ein totales Stillstehen gibt es nicht. Je stabiler die Unterstützungsfläche ist, desto geringer sind die Bewegungs-ausmaße, ein breitbeiniger Stand ist ruhiger als ein schmaler Stand. Ein Pferd hat mit seinen vier Beinen eine relativ stabile Unterstützungsfläche. Doch auch hier finden im Stand stets Gewichtsverlagerungen statt. Haltung heißt also nicht still stehen, sondern fordert ein feines Spiel mit dem Gleichgewicht. Haltung ist in der Krankengymnastik definiert als angehaltene Bewegung, aus der jederzeit wieder Bewegung entstehen kann. Dies trifft auf die Ganze Parade genau zu. Das Pferd sollte so halten, daß es ohne großen Aufwand jederzeit wieder in die gewünschte Bewegung starten kann.

Zum Anhalten werden so viele Halbe Paraden aneinandergereiht, wird das Pferd mit treibenden und abfangenden Hilfen so gefordert, daß es mit der Hinterhand immer mehr Last aufnimmt, und den Schwung abbremst, bis es kein Bein mehr vor das andere setzt – das Pferd hält. Bei einem jungen Pferd wird die Ganze Parade zunächst auslaufend geritten, bis das ausgebildete Pferd sie sofort ausführen kann. In der gesamten Ganzen Parade, wie auch im Halten selbst, muß stets die Vorwärtstendenz erhalten bleiben. Jederzeit sollte das Pferd aus dem Halten wieder in die Bewegung explodieren können. Dieses Halten mit der Bereitschaftsspannung, sofort wieder in der gewünschten Gangart zu starten, ist eine extreme Form der Versammlung. Diese hohe Grundspannung zwischen treibenden und verhaltenden Hilfen so fein abzustimmen, daß das Pferd nach außen hin scheinbar gelassen stillsteht, gehört mit zur höchsten Kunst des Reitens. Dies ist mit fünf Sekunden Unbeweglichkeit gemeint: Fünf Sekunden lang in der Bewegung innehalten, ohne die Tendenz der Bewegung nach vorne zu verlieren! Geht diese Grundspannung verloren, so müßte man streng genommen zwischen einem stehenden und einem haltenden Pferd unterscheiden!

Auch der Reiter muß in der ganzen Parade Haltung bewahren. Nur so kann er mit unsichtbaren Hilfen das Pferd aus dem Halten wieder in Bewegung versetzen. Die Ganze Parade fordert von Reiter und Pferd eine Menge an Konzentration und Kraft. Der aktuelle Trainingsstand von Pferd und Reiter sind dabei zu berücksichtigen. Ein müdes Pferd oder ein schlapper Reiter sind mit dieser Lektion überfordert!
Eine Ganze Parade kann nur so gut werden wie die vorhergehende Arbeit. Nur ein Pferd, daß sich gehorsam im Gange zwischen die Hilfen einspannen läßt, wird sich auch gehorsam durchparieren lassen. Ganze Paraden zu üben, wenn Pferd oder Reiter dieses Zusammenspiel noch nicht wenigstens ansatzweise beherrschen, endet immer in einem Ziehen nach Rückwärts – das sieht man leider viel zu oft!

Reiten Sie nach vorne, erfühlen Sie sich das *Gummiband* und lassen den Rücken zum Schwingen kommen, und Sie werden weiter in das Geheimnis der Reiterei eindringen!

7.8 Innere und Äußere Hilfen

Im gleichen Maße wie zwischen die vorwärtstreibenden und verhaltenden Hilfen muß das Pferd auch zwischen die seitlichen Hilfen eingespannt werden. Auch hier entsteht wieder ein regelrechtes Spiel zwischen den inneren und äußeren Hilfen. Nur wenn innen und außen miteinander korrespondiert, kann sich das Pferd am Reiter orientieren und sich korrekt stellen, biegen und geraderichten.

Als Kind hat mir ein Reitlehrer einmal sehr anschaulich demonstriert, warum innen nie ohne außen geht. Ich hatte mal wieder viel

Ohne äußere Begrenzung ist keine Biegung möglich.

zu viel am inneren Zügel gezogen, und das Pferd hat sich natürlich jeder Stellung und Biegung entzogen. Da nahm mir der Reitlehrer die Gerte weg, und bog sie zwischen seinen Händen und dem Knie halbmondförmig auf.

Sein Knie war der innere Schenkel, seine Hände äußerer Zügel und äußerer Schenkel. Und wenn eine Hand, bzw. Knie losließe, ginge die gesamte Biegung der Gerte verloren. Arbeiten mit den inneren Hilfen ohne die verwahrenden äußeren Hilfen kann folglich niemals zum Stellen, Biegen oder Geraderichten eines Pferdes führen. Zusätzlich erklärt dies Bild auch, warum der verwahrende Schenkel weiter hinten liegt, als der treibende.

Einrahmen

Sein Pferd einrahmen bedeutet, es so zwischen alle Hilfen einzuspannen, daß sich das Pferd in jedem Moment der Bewegung am Reiter orientiert. Meistens wird dieses Wort im Zusammenhang mit den inneren und äußeren Hilfen gebraucht, da es dabei am offensichtlichsten ist. Wenn ein Pferd seitlich nicht eingerahmt ist, schleudert die Hinterhand in der Wendung herum, das Pferd wird lose vor dem Widerrist ...

Einrahmen ist aber noch mehr. Es umschließt das ganze Pferd und seinen Bewegungsablauf. Der Reiter begrenzt sein Pferd innen und außen, treibend und verhaltend, lösend und versammelnd. – Mathematisch betrachtet hieße es seitlich, vorne und hinten und in der Höhe, in allen drei Bewegungsachsen. Die Dreidimensionalität der Bewe-gung ist wieder gefragt! Vorstellen kann man sich einen Luftballon, in dem sich Pferd und Reiter befinden. Dieser Luftballon fliegt durch den Raum/Reithalle und solange der Reiter sein Pferd wirklich eingerahmt hat, kann er in diesem Balllon bleiben. Entzieht sich das Pferd aber den Hilfen, so tritt es aus dem Hilfenkreis heraus und der Ballon platzt. Vielleicht hilft dieses Bild, sich die Bewegungseinheit Pferd und Reiter besser vorzu-

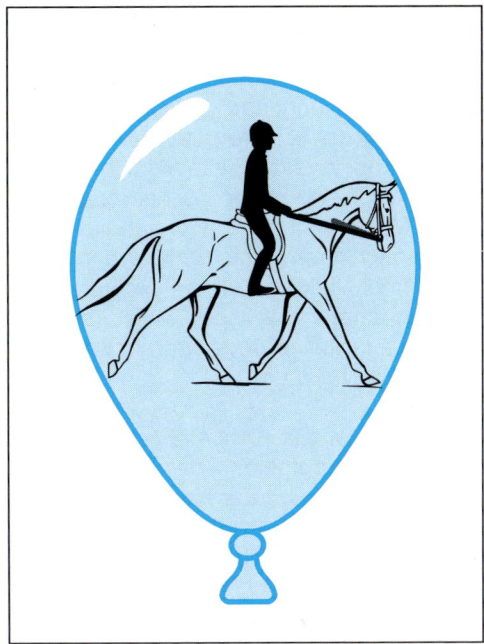

stellen, und erklärt, warum manche Reiter alles um sich herum vergessen und nichts mehr sehen oder hören, wenn sie konzentriert zu Pferde sitzen.

Stellen

Stellung findet im Genick des Pferdes statt. Als Genick wird der Beginn des Halses direkt hinter den Ohren bezeichnet. Dort mündet der erste Halswirbel in das Schädeldach. Dieses Gelenk ist von besonderer Bedeutung und Funktion. Es muß ja auch einen Grund haben, warum wir Reiter immer so versessen darauf sind, ein Pferd durchs Genick zu reiten, und auch der schwächste Anfänger lernt bald, daß man zufrieden sein kann, wenn das Pferd den Kopf runternimmt. Fühlen, wann das Hinterbein Last aufnimmt, lernen manche nie.

Beim Menschen gilt das Kopfgelenk als das erste Bewegungssegment, und beim Säugling entwickelt sich die Bewegung vom Kopf zum Rumpf und weiter in die Extremitäten. Weiter oben habe ich beschrieben, wie wichtig es ist, immer in die Bewegungsrichtung zu schauen, da der Kopf die Bewegung einleitet und steuert. Schon eine Bewegung mit den Augen nach rechts kann eine Kopfdrehung nach rechts auslösen, danach folgt der Schultergürtel ... Ein Reiter, der den Kopf zu einer Seite neigt, hat sofort eine unterschiedliche Bereitschaftsspannung seiner Muskulatur. Selbstverständlich können wir auch nach rechts schielen und dabei den Kopf nach links drehen – probieren Sie es ruhig einmal aus. Aber es ist sehr viel schwieriger, als Kopf und Augen in die gleiche Richtung zu bewegen.

Beim Pferd ist das nicht viel anders. Auch hier ist das Kopfgelenk das erste Bewegungssegment, und der Kopf führt die Bewegung an. Wenn ein Pferd dort „gepackt" ist, muß der restliche Körper zwar nicht zwangsläufig, so doch reflektorisch folgen. Eine Tatsache, die einem guten Reiter das feine gefühlvolle Reiten leicht macht. An diesem Kopfgelenk setzen Muskeln, Bänder und Sehnen an, die für das Ausbalancieren der Bewegungen sehr wichtig sind. Durch das Abkippen / Nachgeben im Genick, wird das lange Nackenband vom Ansatz her gedehnt und gerät unter eine leichte Vorspannung. Nur dann kann sich auch der Rücken wölben und zum Schwingen kommen. Pferde, die sich genau in diesem

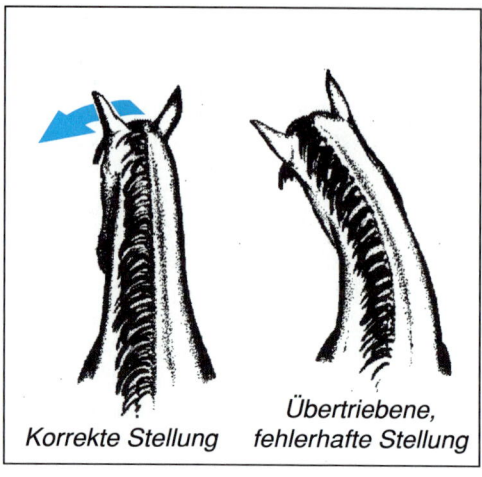

Korrekte Stellung *Übertriebene, fehlerhafte Stellung*

letzten Segment entziehen, haben häufig einen *Falschen Knick* und gehen nie ganz losgelassen; das *Gummiband* existiert nicht.

Die seitliche *Stellung* im Genick ist für alle Gleichgewichtsreaktionen des Pferdes wichtig. Ähnlich wie beim Menschen wird damit eine Grundspannung der Muskulatur erzeugt. Nur bei guter Stellung kann das Pferd ausbalanciert in die Wendung gehen.

Stellung kann man als Reiter sehr gut am Mähnenkamm erkennen. Wenn Sie auf dem Pferd sitzen und es im Halten mal von rechts nach links umstellen, so können Sie beobachten, wie der gesamte Mähnenkamm mit einem Klack zur anderen Seite hin fällt. Wenn das Pferd nur den Hals zu einer Seite hin bewegt, so kann der Mähnenkamm selber noch zur anderen Seite hin abkippen. Das Pferd *verwirft* sich dann im Genick und ist nicht sauber zwischen den Hilfen eingerahmt. Nüstern und Pferdeaugen sollte man auf der Innenseite der Stellung schimmern sehen, damit man sicher gehen kann daß der Kopf des Pferdes gerade bleibt und nicht schief gehalten wird. Ein weiteres Beobachtungskriterium dafür sind die Ohren. Sie sollten stets auf einer Höhe sein. Kippt der Mähnenkamm zur gewünschten Seite, können Sie Nüstern und Augen schimmern sehen und sind beide Ohren gleich hoch, so

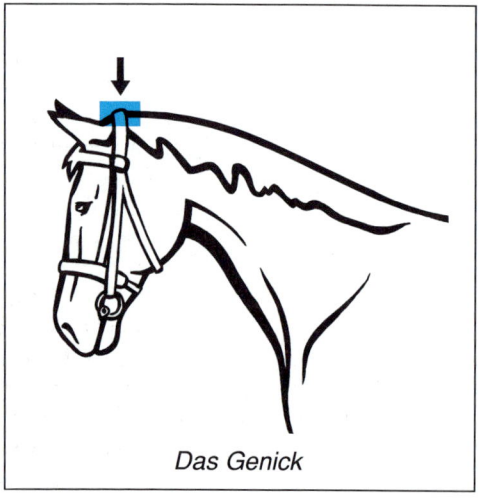

Das Genick

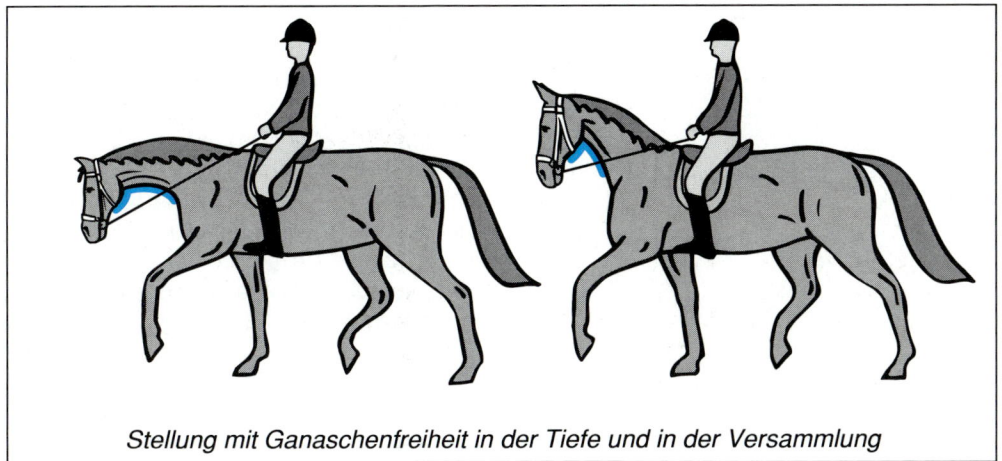

Stellung mit Ganaschenfreiheit in der Tiefe und in der Versammlung

ist Ihr Pferd korrekt gestellt. Fühlen Sie dies auf möglichst vielen verschiedenen Pferden. Jedes Pferd ist da ein wenig anders, für jedes Pferd muß man die optimale Stellung finden. Eine interessante Beobachtung ist, daß viele junge Pferde sich leichter auf der Hand tun, zu der Seite auch die Mähne fällt. Und auch bei älteren ausgebildeten Pferden stimmt häufig die Mähnenseite mit der Schokoladenseite überein.

In der Reitlehre findet man den Satz: „Der innere Zügel gibt die Stellung, der äußere Zügel hält die Stellung. Dann sorgt der innere Zügel für Weichheit und Durchlässigkeit." Dieser Satz ist wieder mal ein Beispiel, wie in einem kurzen, nicht immer leicht zu verstehenden Satz unwahrscheinlich viel hineingepackt werden kann. Er beinhaltet das ganze korrespondierende Spiel zwischen den inneren und äußeren Hilfen. Die Stellung wird innen hergestellt, dann wird das Pferd so an die äußeren verwahrenden Hilfen herangetrieben, daß der innere Zügel wieder frei wird, und eine Art Unterhaltung mit dem Pferdemaul führen kann. Das klingt so einfach und ist doch so schwer. Gerade beim Stellen eines Pferdes werden die elementarsten Fehler gemacht, derentwegen ein Weiterkommen von Pferd und Reiter über einen gewissen Grundlevel hinaus nicht möglich sein wird.

Ein Patentrezept, mit dem man alle Pferde korrekt stellen kann, gibt es nicht. Manche brauchen nur sehr wenig Hilfen, andere Pferde wollen zunächst Genick und Hals in die gewünschte Richtung abstellen, bevor man die Stellung wieder nur auf das Genick begrenzen kann. Dies entspräche beim Bewegungslernen dem Lernen vom Groben zum Feinen: Zuerst die große Bewegung, die dann verfeinert und auf das gewünschte Maß abgestimmt wird.

Pferde, die in der Ganasche eng sind oder dazu neigen, sich eng und kurz zu machen, kann man häufig zunächst gut in der Tiefe stellen, bevor man Stellung in der Aufrichtung verlangen kann. Ein in die Tiefe gerittenes Pferd mit der Nase kurz vor der Senkrechten hat eine viel größere Ganaschenfreiheit, und wenn es da in der Stellung nachgegeben hat, kann es sich leichter in der gewünschten Stellung aufrichten, ohne dabei eng zu werden.

Man kann weder vom Pferd noch vom Reiter auf Anhieb die perfekte Feinform einer Bewegung verlangen. Aber wichtig ist, immer genau zu wissen, wohin eine Bewegung zielt, und zu beobachten, ob sie sich der gewünschten Feinform nähert, oder nicht. Für den Reiter gilt, sich ganz auf das Gefühl, das Pferd an *einem* durchgehenden Zügel

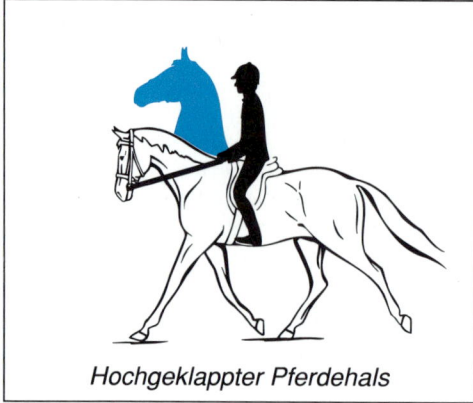

Hochgeklappter Pferdehals

zu reiten, zu konzentrieren. Jede Bewegung der einen Hand wird über das Pferdemaul in die andere Hand weitergeleitet. Und das Pferd soll auch in *Stellung* an beide Zügel herantreten. Dann kann es auch mit seinem gesamten Rumpf dieser Anfangsbewegung folgen und ausbalanciert und losgelassen in die Wendung treten.

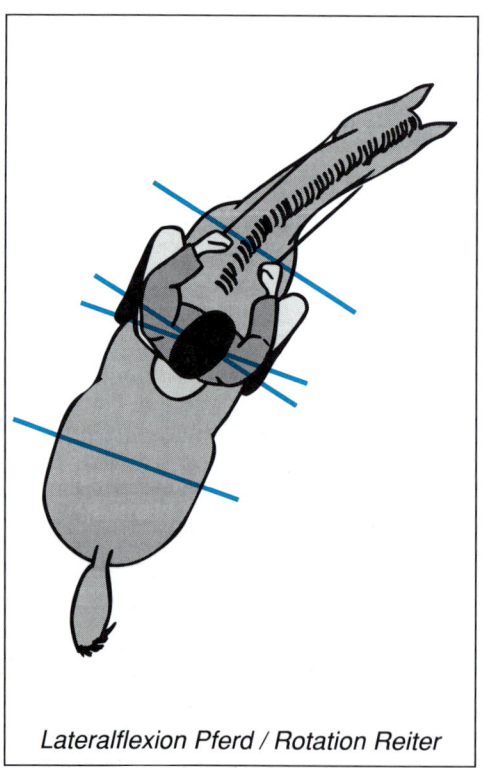

Lateralflexion Pferd / Rotation Reiter

Biegen

Biegung ist eine möglichst gleichmäßige seitliche Krümmung der Wirbelsäule des Pferdes, die sich von Kopf bis Schweif vollzieht. Die Biegung wird begrenzt durch den Rumpf, insbesondere die Rippen und die fest miteinander verwachsenen Kreuzwirbel. Die *maximale Biegung* wird in den Ecken und in der Volte gefordert, die geringere Biegung auf sämtlichen gebogenen Linien. In der Regel gelingt das Biegen nach einer bestimmten Seite besser. Pferde wie Reiter haben ihre angeborenen Schokoladenseiten. Um ein Pferd korrekt zu biegen, ist es eine wichtige Voraussetzung, daß der Reiter ausbalanciert in der Bewegung sitzt, um von ihr unabhängig auf das Pferd einwirken zu können. Von großer Bedeutung ist hierbei wieder die Oberkörperbalance. Mir hat da ein Bild sehr geholfen. Wenn Sie auf dem Pferd sitzen, so stellen Sie sich vor, der Pferdehals sei Ihre eigene Wirbelsäule. Und wenn der Hals senkrecht hochgeklappt würde, muß Ihr Rumpf mit dem Hals identisch sein, die Pferdeohren neben Ihren Ohren ...

Dieses Bild hilft, den Oberkörper immer mit in die Bewegungsrichtung zu nehmen. Es ist eine weitere Möglichkeit, den komplizierten Drehsitz zu beschreiben. Die andere Möglichkeit, nämlich selber zu Fuß um die Kurve zu laufen, habe ich weiter oben schon ausführlich dargestellt. Jedes seitliche Biegen des Pferdes fordert vom Reiter eine Drehung des Rumpfes. Diese Rotation im Rumpf muß immer genau so groß sein, wie die geforderte Biegung des Pferdes.

Und schon haben Sie die Erklärung für Ihre bevorzugte Schokoladenseite beim Reiten in Wendungen. Fast niemand hat eine total symmetrische Rotationsfähigkeit der Wirbelsäule. Aus dem Oberkörperkapitel wissen Sie ja bereits, daß das Hauptrotationszentrum der Wirbelsäule in der unteren Brustwirbelsäule und dem Übergang zur Lendenwirbelsäule liegt. Eine gute Kontrolle in diesem Wirbelsäulenabschnitt ist ein *Muß* für jeden guten Reiter. Man kann schließlich nicht vom Pferd das verlangen, was man selber nicht zu leisten imstande ist und dabei von der Bewegungsharmonie zwischen Reiter und Pferd träumen!

Die *Biegung* ist wichtig, damit das Pferd auch in engeren Wendungen nicht aus dem Gleichgewicht gerät, und weiter unter das Gewicht des Reiters treten kann. Auch hier gilt, das Pferd zunächst mit den inneren Hilfen „hohl" zu machen, und es damit an die verwahrenden äußeren Hilfen zu treiben, so daß die inneren Hilfen wieder frei werden und für weitere Einwirkung genutzt werden können. Dies trifft besonders auf schwierige Pferde zu.

Geraderichten

Die Vorhand des Pferdes wird so auf die Hinterhand eingestellt, daß das auf einem Hufschlag gehende Pferd sich mit seiner Längsachse dieser Linie anpassen lernt, egal ob sie gerade oder gebogen ist.

Diesen Satz habe ich als Kind mit Begeisterung auswendig gelernt und diverse Reitlehrer und Richter damit beeindruckt, ohne ihn damals wirklich verstanden zu haben. Was bedeutet nun *Geraderichten*, und warum ist es so wichtig, daß es sogar in der *Ausbildungsskala des Pferdes* seinen Platz gefunden hat?

Das Pferd besitzt eine n*atürliche Schiefe* und ist von seiner Anatomie hinten breiter als vorne. Das Pferd hat wie der Mensch ein bevorzugtes Stand- bzw. Spielbein. Genau wie der Mensch mit einem bestimmten Bein deutlich besser abspringen kann, kann auch das Pferd mit einem bestimmten Hinterbein deutlich besser abfußen. Mit diesem Hinterbein tritt es lieber unter den Schwerpunkt und kann besser Last aufnehmen. Das andere Hinterbein weicht dann bevorzugt seitlich aus. Damit kommt mehr Gewicht auf die Vorhand. Ein Pferd, das hinten links lieber belastet, weicht gleichzeitig hinten rechts aus und fällt auf die diagonale Schulter.

An jedem rohen Pferd kann man diesen Sachverhalt besonders gut studieren. Die unterschiedliche Spurbreite von Vorder- und Hinterbeinen stellt eine zusätzliche Schwierigkeit dar. Bei Fohlen ist dies besonders deutlich zu beobachten. Mit ihren langen Streichholzbeinen wissen die Hinterbeine häufig nicht, wo sie an den Vorderbeinen vorbeikommen. Oft sieht man die Fohlen hinten ganz breit rechts und links neben die Vorderbeine treten. Manche spuren auch mit einem Hinterbein zwischen die Vorderbeine und seitlich daneben. Behalten sie diese Eigenart auch später noch bei, sind sie besonders schwer geradezurichten. Ich habe aber noch kein Fohlen mit beiden Hinterbeinen zwischen die Vorderbeine spuren gesehen.

Auch in der Ausbildung eines Pferdes läßt sich diese Beobachtung finden. Junge Pferde neigen besonders in Verstärkungen oder in Paraden dazu, hinten breit zu treten, statt unter den Schwerpunkt. Erst die geraderichtende Arbeit holt die Hinterhand unter den Schwerpunkt und befähigt sie, dort Last aufzunehmen.

Immer wieder liest und hört man, wie wichtig das innere Hinterbein ist. Auch beim Leichttraben wird das innere Hinterbein belastet. Auf dem falschen Fuß erwischt zu werden, ist für jeden Reiter blamabel, und schon in den Jugendreiterprüfungen wird mit Argusaugen auf das Leichttraben geschaut. Beim Reiten im Gelände gilt, das Pferd am Hang talwärts zu stellen, und beim Leichttraben das Hinterbein der Talseite zu belasten. Warum ist dies so? Wenn Sie Skilaufen können, so werden Sie es sicherlich verstehen. Beim Skilaufen wird stets der Talski belastet, sonst landet man in der nächsten Kurve im Schnee. Die Belastung der Talseite ist folglich für die Balance in der Vorwärtsbewegung und der Wendung von entscheidender Wichtigkeit.

Beim Reiten ist dies nicht anders. Der Bewegungsmotor sitzt hinten, und um sich gut auszubalancieren, muß das Pferd vermehrt das talwärts schauende Hinterbein unter seinen Schwerpunkt nehmen. In der Reitbahn hat man innen mit talwärts gleichgesetzt. Dies ist auch logisch, da in einer Wendung Fliehkräfte auftreten, die nach außen oben gerichtet sind. Innen entstünde ein Loch.

Dieser kleine Exkurs ist wichtig, um zu verstehen, warum die Vorhand des Pferdes beim *Geraderichten* auf die innere Hinterhand eingestellt wird. Das äußere Hinterbein wird dann vom verwahrenden Schenkel eingerahmt und dazu angeregt, auch unter den Schwerpunkt zu treten.

Natürliche Schiefe

Wie auf der Zeichnung zu sehen, kann ein Pferd nicht so ohne weiteres gerade an einer Bande entlanglaufen. Das junge, unausbalancierte Pferd wird sich mit der äußeren Schulter an der Bande „abstützen", ein älteres Pferd entzieht sich häufig am Ende der langen Seite der geraderichtenden Arbeit und weicht aus, indem die Hinterhand auf den zweiten Hufschlag kommt.

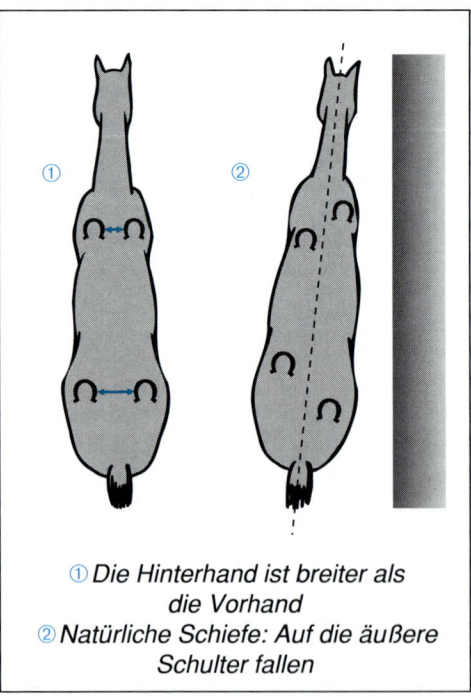

① *Die Hinterhand ist breiter als*
die Vorhand
② *Natürliche Schiefe: Auf die äußere*
Schulter fallen

Geraderichten schematisch betrachtet, bedeutet also, die Vorhand des Pferdes soweit nach innen zu holen, daß das innere Hinterbein in die Spur des inneren Vorderbeins fußt. Das äußere Hinterbein wird durch den verwahrenden Schenkel mit unter den Schwerpunkt geholt.

Wenn ein Pferd auf allen vier Füßen gleichmäßig steht, so müßte man, von vorne betrachtet, auch vier Füße sehen, da das Pferd ja hinten breiter ist. Im Dressurviereck jedoch, wenn die Pferde schnurgerade auf die Mittellinie abwenden und bei X geschlossen stehen (schön wär's!), sehen die Richter nur zwei Beine. Die geraderichtende Arbeit holt folglich die Hinterbeine schmaler unter den Schwerpunkt von Pferd und Reiter. Das schmalere Fußen bedeutet eine kleinere Unterstützungsfläche. Stehen fordert dann eine erhöhte Grundspannung der Muskulatur. Aus der schmalen, labilen Unterstützungsfläche kann das Pferd auch schneller und leichter in jede vom Reiter gewünschte Bewegung starten. Deutlich sichtbar wird der Erfolg der geraderichtenden Arbeit deshalb in Paraden und Bewegungsübergängen, Verstärkungen ...

Zum *Geraderichten* gehört besonders das *Biegen* des Pferdes, um somit die Vorhand auf die Hinterhand einstellen zu können. Zirkel Verkleinern und Vergrößern, Schlangenlinien, Volten, Schulterherein, Travers und Renvers ... All diese Arbeiten helfen, das Pferd geradezurichten. Das Pferd muß lernen, sich geschmeidig zwischen alle Hilfen des Reiters einspannen zu lassen, ohne dabei an Losgelassenheit und Vorwärts zu verlieren.

Der größte und häufigste Fehler beim Biegen und Geraderichten ist, daß die Pferde rückwärts geritten werden. Jede Wendung kostet Kraft und Schwung. Und wenn das Vorwärts in der Wendung verlorengeht, kommt das Pferd unweigerlich auf die Vorhand und wird fest. Erst der Antritt von hinten befähigt das Pferd, die Vorhand frei zu bekommen, sich

Wenden im Galopp

Für das Geraderichten im Oberkörper ist besonders die Rotation von großer Bedeutung. Im Abschnitt über das Biegen bin ich näher auf den Zusammenhang der seitlichen Biegung des Pferdes und der Rotation des Oberkörpers eingegangen. Die Rotationsbewegung steht in der Entwicklung als höchste Stufe des Bewegungslernens. Es ist die am meisten ausdifferenzierte Bewegung und erst sie ermöglicht wirklich feine Gleichgewichtsreaktionen. Beim Gehen beispielsweise wird diese Rotation dauernd gefordert. Becken und Schultergürtel stehen über diese Rotation in engem Muskelzusammenspiel.

zu tragen. Erst dann kann der Reiter Einfluß auf die Vorhand gewinnen und sie so einstellen, wie er es wünscht. Je mehr Gewicht das Pferd hinten aufnimmt, desto leichter wird die Vorhand, desto leichter und freier kann sie sich bewegen und läßt sie sich einstellen.

Nicht umsonst gilt der berühmte Satz: „Reite Dein Pferd vorwärts und richte es gerade!"

Geraderichten sollte sich auch der Reiter. Der gesamte Rumpf muß in sich harmonisch zu einem Gleichgewicht finden. Schultergürtel und Becken müssen zueinander, zum Pferd, und zur geforderten Bewegung passen. Deutlich wird dies an der oben schon mehrfach beschriebenen Komplexität des Drehsitzes, in dem die Wirbelsäule mit allen Bewegungsrichtungen ein harmonisches Muskelzusammenspiel aufweisen soll. Wenn wir uns dabei schon so unendlich schwer tun, bringen wir vielleicht auch ein wenig Verständnis dafür auf, daß auch das Pferd dabei Probleme haben kann, und danken es wiederum einigen Pferden, die trotz unserer Fehler korrekt gehen.

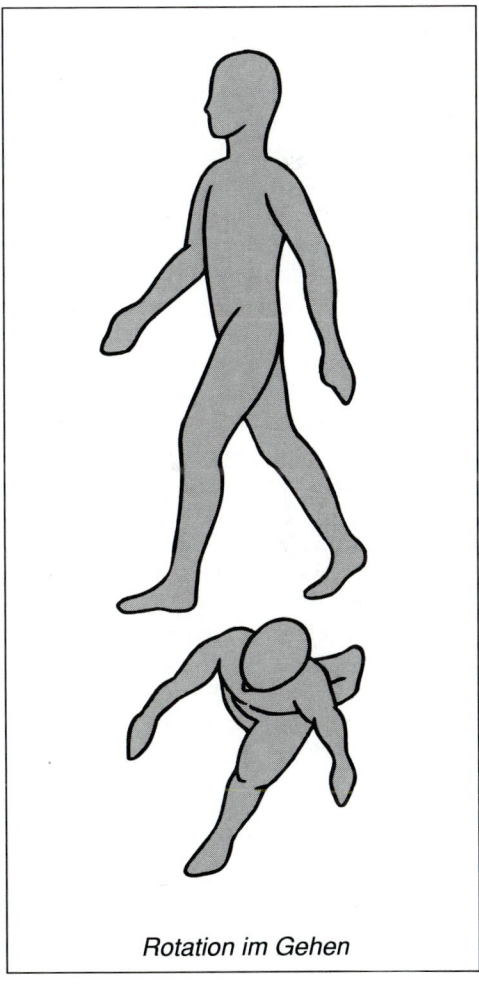

Rotation im Gehen

Ist irgendwo im Körper eine Blockade oder ein zu wenig an Bewegung, so wird es an einer anderen Stelle durch ein mehr an Bewegung kompensiert. Beim Gehen wird mangelnde Rotation durch seitliches Ausweichen der Hüften und einen veränderten, meist im Ellenbogen verstärkten Armpendel ersetzt. Reiten und Gehen sind eng verwandt. Ein Reiter, der nicht in sich geradegerichtet ist, wird dies durch ein Plus an Bewegung seiner Extremitäten kompensieren. Er wird für seine Hilfengebung auch einen wesentlich größeren Einsatz von Kraft benötigen, um seine Mängel im Grundsitz zu ausgleichen. Eine einseitig unruhige Hand eines Reiters findet nicht selten ihre Ursache in einer eingeschränkten Rotationsfähigkeit der Wirbelsäule zu einer Seite. Diese Erkenntnis läßt auch einen Rückschluß auf das Pferd zu. Pferde, die Schwierigkeiten beim Biegen und Geraderichten haben, zeigen häufig unterschiedliche Beinbewegungen, Taktfehler, Hahnentritte ...
Takt ist folglich nicht nur ein Kriterium für Losgelassenheit, sondern von grundlegender Bedeutung in jeder Phase der Ausbildung.

Seitengänge

Die Seitengänge dienen dazu, das Pferd zu gymnastizieren und zwischen die Hilfen des Reiters einzuspannen.

Schenkelweichen

Das Schenkelweichen ist kein Seitengang, sondern eine Art Vorübung. Der Definition nach ist es eine Vorwärts-Seitwärtsbewegung, bei der das Pferd nur gestellt ist und in sich gerade bleibt. Das Pferd wird entgegen der Bewegungsrichtung gestellt, und weicht dem inneren Schenkel. Junge Pferde lernen, das innere Hinterbein unter den Schwerpunkt zu bringen und sich zwischen vorwärtsseitwärts treibenden und verwahrend abfangenden Hilfen gehorsam einspannen zu lassen. Noch unerfahrene Reiter können beim Schenkelweichen die Abstimmung zwischen inneren und äußeren Hilfen er-

spüren lernen. Schenkelweichen schult den Gehorsam auf die Reiterhilfen, den man für die Erarbeitung der Seitengänge notwendig braucht. In jeder weiterführenden Ausbildung lernt das Pferd mit dem inneren Hinterbein dem inneren Schenkel in die Bewegungsrichtung zu folgen und ihm nicht (wie beim Schenkelweichen) auszuweichen.

Schulterherein

Schulterherein ist der grundlegende Seitengang. Um ihn zu erarbeiten, wird das Pferd zunächst vermehrt in Stellung geritten, bis hin zur deutlichen Schulter-vor-Stellung. Allmählich wird dem Pferd dabei die nötige Längsbiegung abverlangt, die ein unverzichtbares Kriterium aller Seitengänge darstellt.

Beim Schulterherein wird die Vorhand – und nicht nur Kopf und Hals! – soweit nach innen genommen, daß das innere Hinterbein in die Spur der äußeren Vorhand fußt. Dazu muß das Pferd sich biegen. Das Hinterbein des Pferdes tritt somit exakt unter den Schwerpunkt, das Pferd kann lernen, sich optimal auszubalancieren und zu tragen. Deswegen ist das Schulterherein auch eine große Hilfe für andere Lektionen. Pferde, die am Ende der langen Seite mit der Hinterhand nach innen drücken, kann man mit Schulterherein vor und nach der Wendung korrigieren. Vor Halben und Ganzen Paraden ist das Schulterherein eine ideale Möglichkeit, das Pferd so auszubalancieren, daß die gewünschte Lektion tatsächlich von der Hinterhand aus durchgeführt werden kann. Ein Pferd, das stets auf der Vorhand pariert, kann sich im Schulterherein besser tragen und in der Parade hinten leichter Last aufnehmen. Vor Volten kann man das Pferd über Schulterherein auf die folgende maximale Biegung vorbereiten. Ein Pferd, das scheut, läßt sich häufig im Schulterherein gehorsam an der Gefahrenstelle vorbeilotsen.
Wichtige Kriterien für das Schulterherein sind die Biegung bei gleichzeitiger Vor-

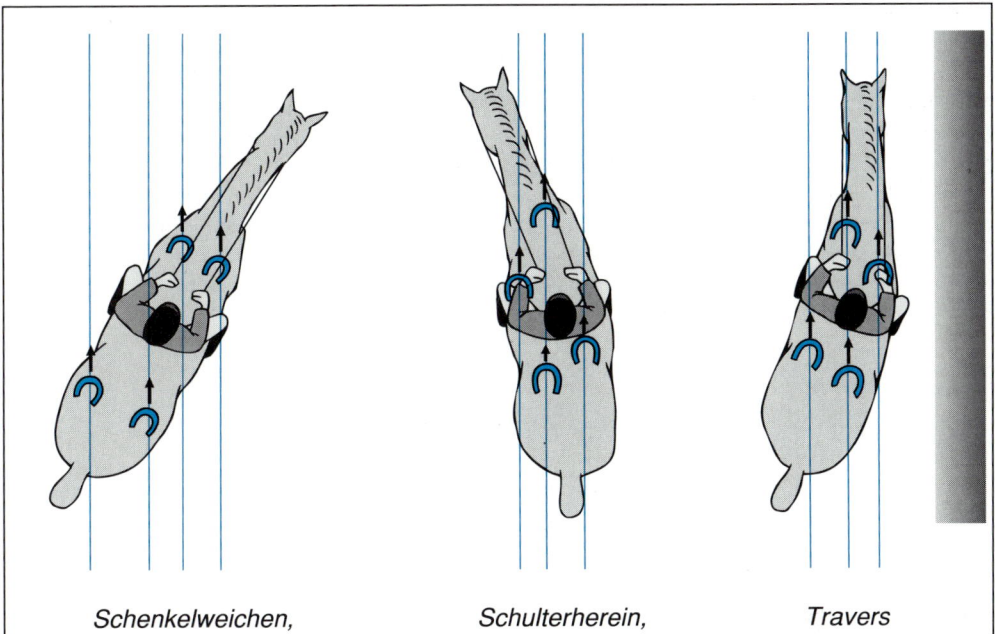

| Schenkelweichen, | Schulterherein, | Travers |

wärtstendenz des Pferdes. Die häufigsten Fehler sind fehlende äußere Hilfen, zu starke Abstellung des Pferdes mit Abknicken des Halses am Widerrist. Der Reiter sollte sich auf das komplexe Einrahmen seines Pferdes konzentrieren und in die Bewegungsrichtung schauen, um nicht in der inneren Hüfte einzuknicken.

Travers

Im *Travers* wird das Pferd soweit gebogen, daß die äußere Hinterhand der Spur des inneren Vorderbeins folgt. Pferd und Reiter schauen in die Bewegungsrichtung.

Travers zu sitzen ist ein Scheideweg der Reitkunst. Hierbei wird der Drehsitz in seiner Vollendung verlangt. Im Travers sieht man die meisten Sitzfehler: manche Reiter lernen das Gefühl für Travers nie, oder sie schieben die Pferde mit erhöhtem Kraftaufwand und -einsatz seitwärts.

Der Oberkörper muß mit in die Bewegungsrichtung genommen werden. Um sich dies zu verdeutlichen, hat mir folgende Übung eines erfahrenen kompetenten Ausbilders sehr geholfen. Er verlangte von mir, mich

während des Seitengangs zum inneren Hinterbein hin zu drehen, und es die ganze Zeit anzuschauen. Es war sicherlich stark übertrieben, aber das Pferd lief plötzlich, und ich bekam ein Gefühl für die Richtung, in die ich mich bewegen mußte.

In der *Traversale* ist es eine weitere Schwierigkeit, daß das innere Hinterbein seitlich nach vorne tritt. Wenn der Reiter nicht schnell genug mit dem Oberkörper mit in die Bewegungsrichtung geht, bleibt er immer hinter der Bewegung und belastet das äußere Hinterbein. Um dies zu vermeiden, ist es ein Tip, in der Traversale leichtzutraben. Dann wird einem der Moment des Auffußens des inneren Hinterbeins deutlich ins Gefühl gebracht, und man kann sich vom Takt und Rhythmus her leichter im richtigen Moment mit in die richtige Richtung bewegen.

Ein weiterer vielleicht etwas unkonventioneller Tip, um zu spüren, ob man wirklich auch im Seitengang im Gleichgewicht sitzt ist: „Absatteln!". Ohne Sattel spüren Sie Ihre Gesäßknochen neben der Wirbelsäule des Pferdes viel genauer und können ganz sicher unterscheiden, ob sie den inneren Gesäßknochen im Sinne der Sitzbasis nach vorne unten belasten, oder in der Hüfte einknicken und mit einem hebelnden Oberkörper ausweichen. Pferden, die sich mit Seitengängen schwer tun, kann man nicht selten ohne Sattel leichter klar machen, was man von ihnen will. Der Sattel bleibt eben doch ein Fremdkörper zwischen Reiter und Pferd. Natürlich gibt der Sattel auch Halt und ermöglicht darüber eine stärkere Einwirkung. Aber viele Sitzfehler kann man im Sattel grandios vor jedem Reitlehrer und auch vor sich selbst verstecken. Ohne Sattel ist man viel mehr auf Balance angewiesen und kann weniger mit Kraft kompensieren.

Eine schwungvoll nach vorne gerittene Traversale, bei der das Pferd einfach davontanzt, gehört für mich zu dem schönsten Gefühl, das mir das Reiten vermitteln kann.

Probleme - Ursachen - Korrektur

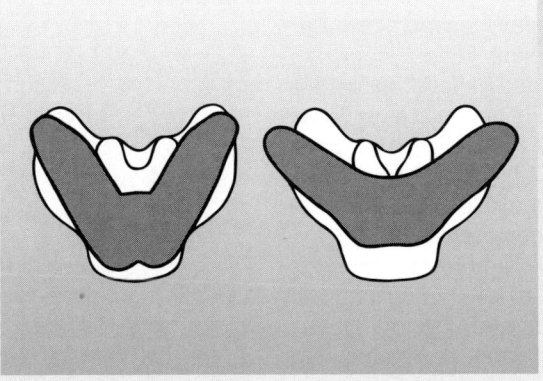

Tips und individuelle Übungen für den Reiter
Den perfekten Reiter, das perfekte Pferd
gibt es nicht. Zu erkennen, wo und warum
manche Schwierigkeiten auftreten, ist von
entscheidender Wichtigkeit, wenn man
weiterkommen möchte. Einige Probleme sind
nicht sofort zu erkennen, stören aber, wenn
feinere Einwirkung gefordert wird. So können
Reiter auch im Stuhlsitz alle drei Gangarten
beherrschen lernen, eine feine reaktions-
schnelle Einwirkung wird ihnen aber nie
möglich, da sie stets hinter der Bewegung
sitzen.

Im folgenden habe ich versucht, die am
häufigsten vorkommenden Probleme darzustellen und Wege zu ihrer Lösung
aufzuzeigen. Ein für jeden gültiges Patentrezept gibt es nicht. Aber ich möchte Anregungen geben und Sie ermutigen, an sich
zu arbeiten. Auch wenn es mühsam ist – es
lohnt sich!

8.1 *Balanceprobleme*

Reiten ist ein Gleichgewichtsspiel von Reiter
und Pferd. Zwei Lebewesen sollen im Idealfall
so zu einem gemeinsamen Gleichgewicht
finden, daß es nach außen hin aussieht, als
wären sie miteinander verwachsen. Der
souverän ruhig sitzende Reiter prägt das
ästhetische Idealbild des Reitens. Jeder Laie
würde einen guten Reiter an dieser Ruhe
erkennen. Sobald die Einwirkung optisch im
Vordergrund steht, beherrscht Unruhe das
Bild. Das empfindliche Gleichgewicht von
Reiter und Pferd ist gefährdet.
Denken Sie nochmals an das Beispiel des
Stehens. Still stehen ist unmöglich, Sie
balancieren sich stets neu über der Unterstützungsfläche aus. Somit ist Haltung kein
still halten, sondern die feinste Form des
Ausbalancierens um die gedachte Lotlinie
herum. Mit der *Balance* beim Reiten, sowohl
im Dressur- wie auch im Springsitz, ist dies

nicht anders. Es finden stets Gleichgewichtsreaktionen statt, und je feiner diese
koordiniert werden, desto unsichtbarer
werden sie für den Beobachter. *Balance* ist
folglich kein greifbarer feststehender Zu-
stand, sondern eine sehr bewegliche, immer
neu reagierende und herzustellende dynamische Aktivität, die man als „Minimum an
Bewegung und Spannung, um das Gleichgewicht stabil zu halten" definieren kann.

Theoretisch lassen sich fast alle Fehler beim
Reiten als Balancefehler beschreiben. Jeder
Fehler beim Reiten führt zur Störung der
Harmonie, und das Gleichgewicht kann nicht
mehr stimmen. Pferd oder Reiter, einer ist
stets aus der Balance gekippt. Zu erkennen,
wo und warum Balance verloren geht, ist
notwendig, um die richtige Korrektur zu
finden.
In dem Moment, in dem man aus der Balance
kommt, treten unwillkürlich, sozusagen
automatisch Gleichgewichtsreaktionen auf.
Wenn man beispielsweise auf einem
Schwebebalken geht, beginnt man, mit den
Armen zu rudern, um das fehlende Gleichgewicht auszugleichen. Beim Reiten klammern die Beine vermehrt, und die Arme
reagieren ähnlich. Verfehlt der Reiter nur
minimal die Balance, kann die Muskulatur
dies ausgleichen. Er fällt dann zwar nicht
herunter, kann aber zu keinem vollständig

Ausbalancierter Sitz

Stuhlsitz dezent

Extremer Stuhlsitz

Spaltsitz dezent

Spaltsitz mit festem Schultergürtel

*Der vor der Bewegung sitzende Reiter stört
das Pferd in seinem Bewegungsablauf*

*Der Reiter wird vom Pferd in den Spaltsitz
gesetzt und kommt auf die Vorhand*

In der Balance

Vor der Bewegung

losgelassenem Sitz mehr finden – eine Quelle vieler Probleme, wie Steifheit, Schiefen, unruhige Hände, ...
Manche Balanceprobleme können so fein sein, daß sie auf den ersten Blick nicht zu erkennen sind. Wichtig zu wissen ist, daß fehlende oder mangelhafte Balance nur mit einem erhöhten Aufwand an Kraft und Gegenbewegungen kompensiert werden kann.
Balance kann in alle möglichen Richtungen verlorengehen, nach vorne und hinten, zur Seite, nach oben (wenn man aus dem Sattel dopst) und im extremsten Fall nach unten (im Sturz). Um verschiedene Problematiken besser zusammenfassen zu können, habe ich die auftretenden Probleme in Gruppen eingeteilt. Die auffallendsten Balancepro-

bleme sieht man von der Seite, wenn der Reiter vor oder hinter die Bewegung kommt. Die seitlichen Abweichungen werde ich mit bei dem Problem der Schiefe/Asymmetrie ansprechen.

Balance baut sich immer über einer Unterstützungsfläche auf. Dort sitzt ihr Zentrum, und dort muß auch, wenn nötig, die Korrektur ansetzen. Im Dressursitz ist die Unterstützungsfläche die dreieckig geformte *Sitzbasis*. Die Beine stabilisieren den Sitz, ausbalanciert werden muß der lange Oberkörper. Stimmt die Belastung der Sitzbasis schon nicht, so löst dies eine Kette von Balanceproblemen aus. Wird die Sitzbasis zu weit hinten belastet, der Reiter sitzt nur auf den Gesäßknochen, so entsteht der *Stuhlsitz*. Bei vermehrter

In der Balance

Vor der Bewegung

Hinter der Bewegung: Das junge Pferd reagiert prompt auf den Balance-Verlust und kann nicht weitergaloppieren

Belastung des Schambeins kommt der Reiter in den *Spaltsitz*.

Der Stuhlsitz ist die klassische Form des *Hinter-die-Bewegung-Kommens*. Durch die vermehrte Belastung des hinteren Teiles der Sitzbasis wird das Becken nach hinten bewegt, die Lendenwirbelsäule rundet sich vermehrt, der Brustkorb sinkt ab, und der Kopf wird als Gegengewicht nach vorne geschoben. Ebenso werden die Arme nach vorne gestreckt, die Ellenbogengelenke werden meist fest und die Hände extrem unruhig. Die Beine können nicht mehr losgelassen aus der Hüfte hängen, sie werden vermehrt nach vorne geschoben, das Knie bekommt die Tendenz, nach oben zu gleiten. Der Unterschenkel liegt zu weit vorne und der Bügel rutscht auf den Spann.

Im Spaltsitz passiert quasi das Gegenteil. Die vermehrte vordere Belastung der Sitzbasis führt zu einer Beckenbewegung nach vorne mit verstärktem Hohlkreuz in der Lendenwirbelsäule. Das vorgestreckte Kinn versucht das Gleichgewicht noch zu retten. Die Ellenbogen kieksen häufig mit nach unten gedrückten Händen nach hinten heraus, um dort fehlendes Gewicht auszugleichen. Der Reiter sitzt auf der inneren Oberschenkelmuskulatur, die nicht mehr losgelassen werden kann. Der Unterschenkel wird zurückgenommen, meist angelt die Fußspitze bei verkrampftem Fußgelenk nach dem Steigbügel.

Die Bügellänge kann auch eine mögliche Ursache für Stuhl- oder Spaltsitz sein. In den

Hinter der Bewegung: Einem erfahrenen Pferd ist der Balance-Verlust nicht so stark anzusehen, es kann weitergaloppieren, aber mit Verlust von Takt und Losgelassenheit!

*Ausbalancierter Leichter Sitz
über dem Sprung*

obigen Photos divergiert die Bügellänge um acht Loch. Der zu kurze Bügel fördert den Stuhlsitz, der zu lange Bügel zwingt den Reiter in den Spaltsitz.

Im Leichten Sitz kommen Balanceprobleme noch deutlicher zum Tragen. Die Unterstützungsfläche im Leichten Sitz ist zwar breiter, aber tiefer, wie Sie weiter oben schon gelesen haben. Die breitere Unterstützungsfläche verleiht mehr Stabilität zu den Seiten. Nach vorne und hinten wird der Sitz deutlich labiler, was für die Dynamik bei Temposteigerung und beim Springen von großer Wichtigkeit ist. Auch im Leichten Sitz kann man die beiden Hauptfehler *Vor- und-*

Hinter-die-Bewegung-Kommen unterscheiden.

Die Reiter, die hinter die Bewegung kommen, beugen den Oberkörper meist nicht in der Hüfte, sondern runden den Rücken, das Becken bleibt zurück. Die Knie werden vermehrt gestreckt, die Unterschenkel rutschen zu weit vor und das Gesäß bekommt die Tendenz, immer wieder hinten in den Sattel herunterzukommen. Diese Reiter sind nicht in der Lage, ihr Gewicht mit nach vorne zu bewegen, und beispielsweise beim Traben über Cavalettis fallen sie dem Pferd ins Kreuz, da sie ihr Gewicht nicht über eine längere Strecke in Knien und Steigbügeln ausbalancieren können. Das Gesäß zieht immer wieder nach hinten unten, die Hände arbeiten als Folgebewegung nach rückwärts, was sich am Sprung fatal auswirken kann, da eine nachgebende Hand nicht möglich ist.

Vor die Bewegung kommen die Reiter, die wie Klammeraffen auf dem Hals liegen. Der Oberkörper wird häufig zu weit gebeugt, und die Gesäßknochen nicht im gleichen Maße zurückgeschoben. Damit wird das Reitergewicht vermehrt nach vorne gebracht, der Reiter bekommt Übergewicht nach vorne, und stützt sich deshalb mit den Händen am Pferdehals ab. Die Schenkel des Reiters

Der Reiter hängt vor der Bewegung und löst so einen Vorhandfehler aus

Die feste Hand bringt den Reiter hinter die Bewegung und stört die Balance des Pferdes (deutlich an Hals und Vorderbeinen)

rutschen leicht nach hinten, was den Sitz instabil werden läßt, schon beim kleinsten Rumpler oder Stolpern des Pferdes kullern diese Reiter über die Pferdeschulter herunter. Das Pferd erhält in diesem Sitz statt einer Entlastung des Rückens eine vermehrte Belastung der Vorhand, die auf Dauer schädlich ist, und die beim Bergabreiten auch das Pferd aus dem Gleichgewicht bringen kann. Beim Sprung wird das Pferd vermehrt Mühe haben, mit der Vorhand hoch zu kommen, eine nicht seltene Ursache für Vorhandfehler.

Balance, das sichere Ausbalancieren über einer Unterstützungsfläche, verlangt viel Bewegungsgefühl und Geschicklichkeit. Probleme lassen sich am ehesten in der Bewegung erkennen. Besonders deutlich ist es im Leichttraben. Der im Leichttraben stets geforderte Wechsel der Unterstützungsfläche von tief und breit zu hoch und schmal verlangt vom Reiter ein hohes Maß an Koordination und Balance. Hier lassen sich schon minimale Tendenzen des Sitzes ableiten. Plumpst der Reiter beim Hinsetzen in den Sattel zurück, so tendiert er, hinter die Bewegung zu kommen, er ist mit Schwung aufgestanden und läßt sein Gewicht, das nie wirklich ausbalanciert vorgebracht wurde, einfach wieder zurück in den Sattel plumpsen.

Ein zu hohes, schnelles Aufstehen, was meist bis in die Endstellung der Hüftgelenke führt, wirkt hektisch. Der Reiter steht schneller auf, als der Pferderücken ihm entgegenkommt. Damit wird das Pferd in seinem Bewegungsablauf empfindlich gestört, in den meisten Fällen wird es den Rücken fest machen und an natürlichem Vorwärts verlieren.

Aus dem korrekt ausbalancierten Leichttraben kann der Reiter jederzeit entweder in den Dressursitz oder in den Leichten Sitz wechseln, ohne daß das Pferd in seinem Bewegungsablauf gestört wird. Das Leichttraben wirkt mühelos. Das Aufstehen und Hinsetzen erfolgt zusammen mit dem Heben und Senken des Pferderückens, der die Geschwindigkeit und das Ausmaß/Höhe des Aufstehens und Hinsetzens bestimmt.

Ein nur gering unausbalancierter Sitz kann sich in einem gleichmäßigen Vorwärts recht gut verstecken. Deutlich wird der Balanceverlust dann erst, wenn Tempo, Gangart oder Richtung sich verändern. Dann kommt die fehlende Grundbalance zum Ausdruck und es ergeben sich einige sitzspezifisch typische Probleme. Schon ein „Auf-das-Pferd-herunterschauen" hat eine große Auswirkung auf die gesamte Balancesituation.

Der Reiter kam im Absprung hinter die Bewegung – Das Pferd kann keine Bascule entwickeln, die Vorhand paddelt in der Luft

Das gleiche Pferd zeigt, wenn es nicht in der Balance gestört wird, eine gute Vorderbeintechnik

Vergleichen Sie dazu nochmals das Oberkörperkapitel. Wenn Sie sich aufrecht hinsetzen und aus diesem Sitz nach vorne beugen, springen die Rückenmuskeln an, beim Zurückkneigen die Bauchmuskeln. Allein das Hängenlassen des Kopfes läßt die Rückenmuskulatur vermehrt arbeiten, mit hängendem Kopf können Sie sich eine viel größere Strecke zurückkneigen, bis die Bauchmuskulatur reagiert. In der Praxis bedeutet dies, daß ein Reiter, der nach unten schaut, stets minimal hinter der Bewegung sitzt, und nicht schnell genug reagieren kann. Im Stuhlsitz ist die Körpergrundspannung niedriger, der Rumpf ist in sich zusammengesunken. Sobald nun Reaktion vom Reiter gefordert wird, muß er erst die dafür nötige Grundspannung aufbauen. Das bedeutet beim Reiten häufig ein langsameres Reagieren, der Reiter kommt immer einen „Posttag zu spät". In der Hilfengebung ist aber schnelle Reaktion gefordert. Reiter mit Rückwärtstendenz des Oberkörpers können nicht schnell genug auf das Pferd einwirken, bis ihre Hilfen das Pferd erreichen, ist der entscheidende Moment schon vorbei. Besonders häufig wird der Moment des Nachgebens duch die rückwärtswirkende Hand verpaßt. Die Rückwärtstendenz des Oberkörpers verhindert Handunabhängigkeit, die Hände reagieren meist ebenfalls nach rückwärts und werden in unsicheren Situationen hochgezogen.

Im Spaltsitz wird die Muskulatur des Reiters eher fester, er ist verkrampft, was häufig auch unangenehm und schmerzhaft ist. Im Stuhlsitz fühlen sich einige Reiter extrem wohl, sie brauchen sich weniger anzustrengen und wackeln ein wenig auf dem Pferderücken herum. Wie sich das ganze nach rückwärts sitzen und reiten auf das Pferd auswirkt, machen sie sich nicht bewußt. Im Spaltsitz habe ich jedenfalls noch keinen Reiter erlebt, der sich zufrieden und wohl gefühlt hat. Dieser verkrampfte feste Sitz führt zu Steifheit. Der Reiter sitzt auf der Innenseite der Oberschenkelmuskulatur, auf

den Klemmern. Wie eine Wäscheklammer ist er auf das Pferd geklemmt, und kann schon bei kleinen Holpern das Gleichgewicht endgültig verlieren und herunterfallen. Ein In-die-Bewegung-hineinkommen ist aufgrund der hohen Muskelspannung nicht möglich. Die dazu notwendige Losgelassenheit kann nicht erreicht werden. In Bewegungsübergängen staucht sich der Reiter, was wie ein Teufelkreis vermehrt Schmerz auslöst oder zumindest unangenehm ist. Der Reiter reagiert mit vermehrter Verkrampfung und wird noch unfähiger, sich auf die unter ihm geschehende Bewegung einzulassen.

Balanceverlust löst beim Reiter sofort Angst aus. Angst wiederum führt zu Bewegungsverlust und der Reiter reagiert in einem für ihn typischen Reaktionsschema, meistens mit klemmenden Beinen und zurückziehenden Händen. Aber auch das Pferd wird durch den Balanceverlust des Reiters aus seiner eigenen Balance gebracht. Und dem Pferd ist dies ebenfalls extrem unangenehm und löst Angst aus. Das Pferd reagiert meist mit Verlust von Takt und Losgelassenheit. Unsicher und verkrampft stakst es durch die Reitbahn. Manche Pferde werden faul und bleiben am liebsten sicherheitshalber stehen, sie haben kein Vertrauen in ein unbefangenes Vorwärts. Andere zeigen gespannte Tritte oder rennen unkontrolliert ins Vorwärts.

Ein Pferd, das über einem Sprung mehrfach im Gleichgewicht gestört wurde, wird sich irgendwann nicht mehr trauen, den Sprung zu überwinden. Es ist „sauer"! Die Korrektur, die bewirken soll, daß das Pferd sich wieder vertrauensvoll fliegen läßt, ist langwierig und nicht selten mit Rückschlägen besetzt. Pferde haben ein sehr gutes Gedächtnis, sie vergessen Erfahrungen nie. Man kann nur versuchen, dem Pferd neue positive Erfahrungen zu geben, die stärker werden müssen als die negativen Erfahrungen. So wird ein Pferd, daß sich bei einem bestimmten Sprung (Oxer) einmal richtig weh getan hat, diesen Sprung niemals völlig unbefangen anziehen. Hier ist ein souveräner Reiter gefordert, der dem Pferd genug Selbstvertrauen einflößt, das dann stärker sein muß als die Unsicherheit vor dem Hindernis. Rittigkeit, Durchlässigkeit und Gehorsam spielen dabei auch eine wichtige Rolle.

Nicht ganz so offensichtlich wie beim Springen, aber genauso wichtig ist es in der Dressur. Ein Pferd, das in einer Ganzen Parade mehrfach einen Schlag ins Kreuz bekam, wird sich nicht mehr trauen, in der Parade den Rücken loszulassen. Kopf hochreißen, Bremsen auf der Vorhand, ... sind mögliche Folgen. Auch beim Angaloppieren geht häufig Balance verloren, und das Pferd wird dann mit hoher Kruppe und hochgeworfenem Kopf anspringen, das Angaloppieren verliert an Schwung und Vorwärts. Dies soll ein Appell an die Reiter sein, solche Angewohnheiten des Pferdes nicht immer ursächlich als Fehler des sturen Tieres anzusehen; viel häufiger ist es die Folge von schlechtem, unausbalanciertem Reiten. Dies zu korrigieren braucht Zeit, Geduld und vielleicht sogar einen Reiterwechsel, da für das Pferd zunächst wieder eine Vertrauensbasis geschaffen werden muß.

Korrektur

Wie entsteht *Balance*, wie wird sie erlernt, und wie, wenn nötig, korrigiert?

Um diese Fragen zu beantworten, möchte ich erneut auf das Bewegungslernen der Kinder aufmerksam machen. Kinder beherrschen die Domäne Geschicklichkeit und Balance. Sie trainieren ihren Gleichgewichtssinn täglich unbewußt in tausend spielerischen Situationen. Die Bewegungsentwicklung läuft über Bewegung zu Haltung. So erlernt ein Kleinkind den Vierfüßlerstand, indem es zuerst wackelt und wippt, bis es letztlich ausbalanciert steht. Es kann zuerst laufen, bevor es frei stehen kann ...

Eine neue Bewegung wird vom Kind komplex mit dem ganzen Körper wahrgenommen und erlernt. Ein Erwachsener muß sich eine neue Bewegung erst mühsam aus einzelnen bekannten Bewegungen zusammensetzen.

Am Beispiel des Leichttrabens, ein wesentliches Balancekriterium, wird dies besonders deutlich. Meine vierjährige Nichte schaute beim Leichttraben zu und erklärte mir völlig überzeugt, daß sie das auch könne. Sie hatte es noch nie versucht. Auf dem Pferd gelang es ihr auf Anhieb perfekt, ohne daß ich ihr irgendeine Anweisung oder Korrektur gab. Kinder lernen Bewegungen komplex. Ihr gut ausgeprägter Gleichgewichtssinn verleiht ihnen eine hohe Geschicklichkeit und Fähigkeit, auf neue Situationen mit dem ganzen Körper zu reagieren. Beim Erwachsenen ist dies schwieriger. Der Gleichgewichtssinn ist nicht mehr so ausgeprägt, die Extremitäten sind andere Hebel als beim Kind, und meist will der Kopf genau wissen, welche geforderte Bewegung er steuern soll. Damit wird ein reflektorisches Reagieren im Sinne einer komplexen Gleichgewichtsreaktion unmöglich. Der Erwachsene muß sich die neue Bewegung stückweise zusammensetzen, bis er sie mit viel Übung automatisiert. Das Kind braucht in dem Sinne nicht zu üben, es braucht eine neue Bewegung nur zu erfassen.

Trotzdem können Erwachsene Balance erlernen und schulen. Ein wenig „Kind" spielen wäre dabei nicht schlecht. Wenn man immer gleich die perfekte Feinform der Balance anstrebt, so führt dies häufig zu Festigkeit und Balanceverlust. Auch hier gilt die Regel *vom Großen zum Kleinen – von der Grobform zur Feinform – über Bewegung zu Haltung*. Gezieltes Balancetraining des Oberkörpers ist beim Reiten gut möglich. Bewegen Sie den Oberkörper vor und hinter die Senkrechte, finden Sie Ihre eigene Mittelstellung, wie in den Anatomiekapiteln beschrieben. Aufrichtung im Sinne von Länge in der gesamten Wirbelsäule ist dabei von entscheidender Bedeutung!

Ein häufiger Wechsel zwischen Leichtem Sitz und Dressursitz mit mittlerer Bügellänge kann hilfreich sein. Bleiben Sie beim Leichttraben einfach einmal einige Tritte in den Bügeln stehen. Sie können dabei selber spüren, ob Sie die Tendenz haben, vor oder hinter die Bewegung zu kommen. Klopfen des Pferdes im Leichttraben, Reiten über Cavalettis und kleinere Springgymnastikreihen fördern Balance, Reaktion und Geschicklichkeit.

Balance in Bewegungsübergängen muß mit Ruhe und Geduld ausführlich trainiert werden. Am Schwierigsten erscheint für den Reiter der Bewegungsübergang Trab-Galopp. Sich dieser unter sich veränderten Bewegung anzupassen, sie dabei auszulösen, ist nicht einfach. Kontrollieren können Sie sich dabei mit dem Riemchen am Sattel. Gelingt es Ihnen, das Riemchen während des Bewegungsübergangs gleichmäßig nach vorne oben zu spannen, so ist Ihre Hand wirklich unabhängig, und das kann sie nur sein, wenn der Grundsitz ausbalanciert ist.

Das eigene Körpergefühl ist kein objektiver Maßstab. Viele Reitschüler sind der Meinung, gerade zu sitzen, und erst wenn sie sich auf Photos oder auf einem Video wiedersehen, stellen sie entsetzt fest, daß sie tatsächlich hinten überhängen, oder die Beine vorstrecken ... Eine Kontrolle der Balance durch einen Reitlehrer oder durch Videoaufnahmen ist wichtig, damit der Reitschüler ein korrektes Gefühl für seine eigene Balance entwickeln und sich dann auch besser selbst korrigieren kann.

Ausbalanciertes Sitzen mit einem Minimum an Bewegung und Kraft, um den Sitz zu stabilisieren, läßt den Weg offen für eine feine, gefühlvolle Hilfengebung. Schön reiten, ohne riesigen Kraft- und Hebelaufwand der Extremitäten, ist ein lohnendes Ziel, für das es sich anzustrengen lohnt – auch dem Pferd zuliebe!

8.2 Asymmetrie

Jeder hat seine angeborene *natürliche Schiefe*. Nur aus weiter Entfernung kann man meinen, wir Menschen seien symmetrisch gebaut. Deutlich wird die *Asymmetrie* unseres Körpers schon an der Händigkeit, versuchen Sie doch einmal, sich als Rechtshänder mit Links die Zähne zu putzen! Wenn Sie sich im Alltag hinstellen, so besitzt fast jeder Mensch ein bevorzugtes Standbein. Dieses einseitige Stehen hat wiederum Auswirkung auf den gesamten Rumpf und das eigene Bewegungsverhalten. Viele Menschen haben auch unterschiedlich breite Waden. Nicht selten klemmt immer der eine Stiefel beim Anziehen, und der andere paßt tadellos. Unterschiedlich lange Beine sind auch nicht gerade selten anzutreffen. Und da wollen wir schiefe Gebilde uns auf ein Pferd schwingen und erwarten, daß es gerade laufen kann! Das Pferd selbst hat mit seiner natürlichen Schiefe zu tun. Manchmal kommt es damit dem Reiter entgegen und vertuscht dessen Schiefen, und genauso oft verstärkt es die Probleme des Reiters, der dann immer auf der einen Hand ein deutlich besseres Gefühl hat, als auf der anderen Hand.

Eine Schiefe entwickelt sich in den meisten Fällen vom Rumpf aus. Die Extremitäten versuchen dann diese Asymmetrie auszugleichen. Eine seitliche Abweichung der Wirbelsäule kann eine unterschiedliche Schulter- / Arm- und Handhaltung auslösen. Im umgekehrten Fall kann aber auch eine Asymmetrie der Extremitäten, beispielsweise ein verletzter Ellenbogen, zu starken Asymmetrien des gesamten Körpers führen. Für jede erfolgreiche Korrektur ist es zunächst wichtig, die eigentliche Ursache einer Schiefe zu erkennen.

Ursachen im Rumpf

Skoliose ist das Fachwort für eine Abweichung der Wirbelsäule aus ihrer Grundstellung. Meistens ist sie als seitliche Abweichung zu erkennen mit einer Verstärkung von Rippenwölbung und Muskulatur auf der konvexen Seite. Selten ist die C-förmige einbogige Skoliose. Meistens findet man zwei-, drei- und sogar vierbogige Skoliosen. Eine Skoliose kann aber auch durchaus nach vorne und hinten ausgeprägt sein, dann wird von einem Hohl-Runden Rücken gesprochen, und wenn die Wirbelsäule in sich verdreht ist, was am schwersten oft nur röntgologisch zu erkennen ist, spricht man von einer Torsion in der Wirbelsäule.

Alle drei Richtungen können natürlich kombiniert auftreten, was auch meistens der Fall ist. Eine Lateralflexion der Wirbelsäule ist immer mit einer Rotation kombiniert. Damit ist die Auswirkung einer seitlich abweichenden Skoliose auf das gesamte Bewegungsverhalten nicht gerade gering einzuschätzen.
Bei den Skoliosen unterscheidet man die fixierten festen Skoliosen von denen, die man aktiv mit Muskelkraft ausgleichen kann.

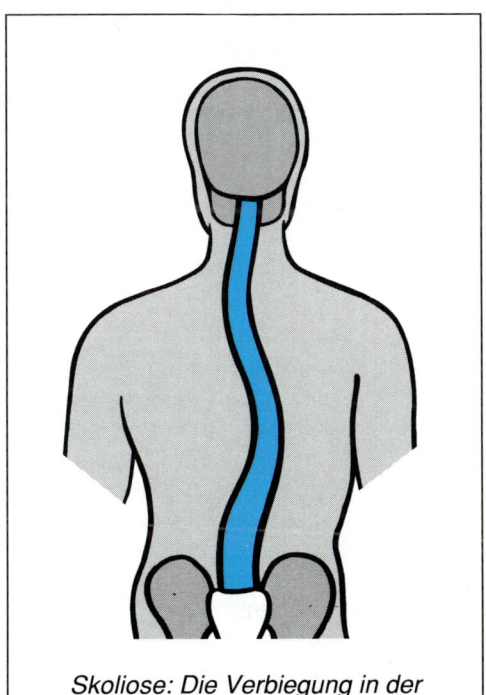

Skoliose: Die Verbiegung in der Wirbelsäule

Selten ist eine Skoliose wirklich fixiert. Diese aktiv ausgleichbaren Skoliosen sind das, was man als Haltungsschwächen, bis hin zu Haltungsschäden, bezeichnen kann. Und gerade für diesen großen Bereich ist das Reiten eine Sportart, die helfen kann, muskuläre Stabilität wiederherzustellen. Einseitige Entwicklung oder einseitiges Training der Muskulatur kann eine weitere Ursache für Asymmetrie im Rumpf sein. Eine extrem ausgeprägte Händigkeit oder eine einseitige Sportart (Tennis) können die Muskulatur einer Rumpfseite stärker werden lassen, wenn die Gegenseite nicht stabil genug gegenhält. Dann kommt es als Folge zu einer skolioseähnlichen Abweichung der Wirbelsäule. Diese ist in den meisten Fällen gut ausgleichbar.
Eine verschieden große Beweglichkeit einzelner Wirbelsäulenabschnitte im Seitenvergleich, besonders in der Höhe der Brustwirbelsäule, kann die Ursache für unterschiedlich hohe Schulterblätter sein. Besonderes Augenmerk sollte hier der Rotationsbewegung gelten.
Degenerative Veränderungen, Wirbelsäulendeformitäten nach Bandscheibenvorfällen oder anderen Erkrankungen wie Scheuermann, Bechterew ... ziehen nicht selten Bewegungsverlust und Asymmetrien nach sich. Im Einzelfall müßte hier sogar ein Arzt (wenn möglich mit Reitkenntnissen!) entscheiden, ob das Reiten bei einem solchen Krankheitsbild eine sinnvolle Sportart ist.

Ursachen an den Extremitäten
Eingeschränkte Beweglichkeit eines oder mehrerer Gelenke kann am ganzen Körper zu Schiefen führen. Wenn Sie beispielsweise die Hände immer unterschiedlich hoch halten, so sollten Sie die Gelenkbeweglichkeit der Ellenbogen und Schultergelenke im Seitenvergleich testen. Liegt dort kein Befund vor, so ist die Ursache meist zentral im Rumpf anzusiedeln.
Muskulatur kann verkürzt sein, verschieden dehnfähig und verschieden kräftig. Einseitige Schwächen in der Muskulatur sind häufig

| Einknicken in der Hüfte (von hinten) | Einknicken in der Taille (von hinten) | Einknicken in Hüfte und Taille (v. hinten) |

Einknicken in der Hüfte (von vorne) Einknicken in der Taille (von vorne) Einknicken in Hüfte und Taille (v. vorne)

die Ursache, wenn ein Reiter im Verlauf der Reitstunde immer schiefer wird.

Verletzungen aller Art sind die häufigste Ursache für Asymmetrien mit Ursache an den Extremitäten. Knochenbrüche, Sehnenscheidenentzündungen, Muskelrisse ... um nur einige davon zu nennen.

Degenerative Veränderungen treten meist symmetrisch auf, können aber auch einseitig verstärkt vorkommen. Arthrose, Rheuma ... möchte ich hier als Beispiele anführen.

Die Auflistung der möglichen Ursachen für Schiefen soll keine Aufforderung sein, dem Reitlehrer in der nächsten Stunde zu erklären: „Ich habe eine Skoliose, ich kann nicht gerade sitzen." Ganz im Gegenteil, Ursachen erkennen ist keine faule Ausrede, sondern ein Appell, an der wirklichen Ursache zu arbeiten und für sich eine grundlegende Verbesserung von Haltung und Bewegungsverhalten auch im Alltag zu erreichen!

Auf dem Pferd kommt die Asymmetrie im Rumpf in zwei typischen Fehlhaltungen am häufigsten zu Tage: dem Einknicken in der

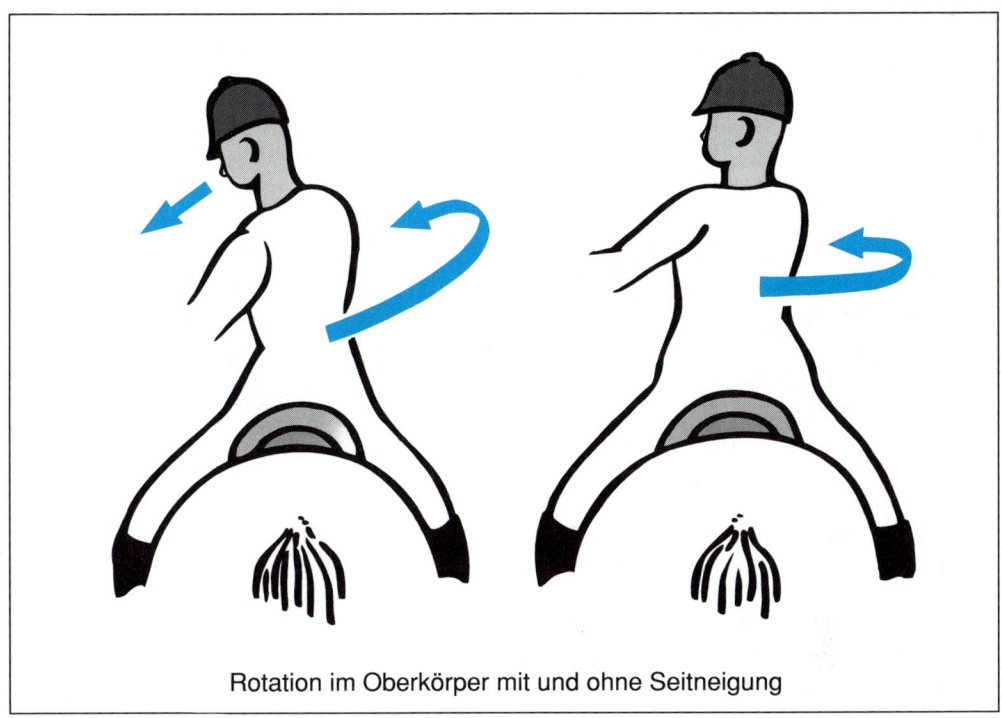

Rotation im Oberkörper mit und ohne Seitneigung

Hüfte oder in der Taille. Dies passiert meistens in der Wendung, beim Angaloppieren, in Seitengängen oder bei fehlerhaften einseitigen Hilfen. Oft treten das Einknicken in der Hüfte und in der Taille kombiniert auf, aber da Ursache und Wirkung sehr verschieden sein können, möchte ich beide Arten des Einknickens näher beschreiben.

Einknicken in der Hüfte

Beim *Einknicken in der Hüfte* wird die Sitzbasis nicht mehr korrekt belastet. Sie erinnern sich, daß wir das Nach-vorwärts-abwärts-Schieben der inneren Hüfte mit einem Kippen auf die innere Basis des Sitzdreiecks verglichen hatten, und daß deshalb jede Gewichtshilfe mit einer Vorwärtsbewegung kombiniert ist. Besonders in den Momenten, wo diese Belastung der inneren Sitzbasis gefordert ist, muß der Reiter aufpassen, in der Vorwärtsbewegung zu bleiben. Sitzt er nicht nach vorne, so kommt er hinter die Bewegung. Sein Gewicht bleibt zurück und er rutscht nach außen.

Als Folge wird das innere Bein sich vermehrt nach außen drehen, und der Reiter wird mit dem Ober-, manchmal auch Unterschenkel am Sattel Halt suchen. Eine unabhängige Schenkelhilfe des inneren in der Wendung eigentlich vortreibenden Schenkels ist nicht mehr möglich. Das äußere Bein fliegt in der Kurve meist unkontrolliert nach vorne, das Pferd ist nicht mehr vom Sitz eingerahmt. Die Wirbelsäule selbst ist nicht zwingend mitbeeinflußt. Daher kann ein Reiter mit eingeknickter Hüfte noch eine recht stabile Oberkörperbalance aufweisen.

Einknicken in der Taille

Anders ist es, wenn ein Reiter in der Taille einknickt. Hier findet die Ausweichbewegung direkt in der Wirbelsäule statt, und zwar meist im Übergang von Lenden- zu Brustwirbelsäule. Meistens geschieht das seitliche Ausweichen in den Situationen wie Abwenden, Biegen, Seitengängen, Angaloppieren, ... also in den Momenten, in denen der Oberkörper mit in eine Bewegungs-

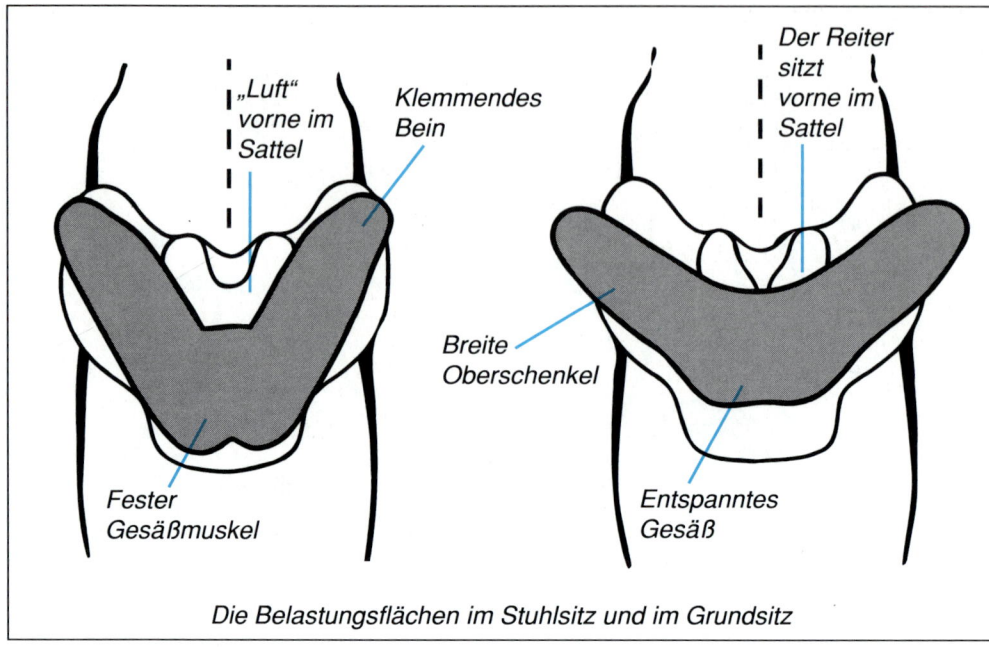

„Luft" vorne im Sattel	Klemmendes Bein
Fester Gesäßmuskel	Breite Oberschenkel

Der Reiter sitzt vorne im Sattel

Entspanntes Gesäß

Die Belastungsflächen im Stuhlsitz und im Grundsitz

richtung genommen werden muß, und der komplizierte Drehsitz gefordert wird.

Einknicken in der Taille ist eine „elegante" Möglichkeit, dem Drehsitz auszuweichen. Der Bereich des Übergangs von LWS zu BWS ist genau die Umschaltstelle von der Hauptbewegungsrichtung Seitneigung (LWS) zu Rotation (BWS). Für die BWS gilt, daß sie zwar isoliert rotieren kann, aber jede seitliche Neigung stets mit einer Rotation zur gleichen Seite kombiniert auftritt. Wenn nun ein Reiter links um die Kurve reiten will, so sollte sich sein Oberkörper mit nach links drehen, ohne an Länge zu verlieren. Diese Rotation ist schwieriger, als das seitliche Einknicken in der Taille, bei dem auch die gewünschte Rotation erreicht wird. Probieren Sie es sich ruhig auf einem Stuhl einmal aus. Drehen sie den Oberkörper isoliert und mit seitlichen Einknicken in der Taille. Sie werden spüren, daß die korrekte isolierte Rotation viel mehr Konzentration benötigt.

Auswirken wird sich ein Einknicken in der Taille vermehrt auf die Oberkörperbalance. Der Oberkörper verliert dabei an Spannung

und Stabilität. Die Schultern werden häufig verschieden hoch oder verkrampft gehalten. Die Hände sind als letztes Glied der Reaktionskette meist am stärksten betroffen. Reiter, die in der Taille einknicken, haben eine Rückwärtsbewegung der inneren Schulter, und ziehen das Pferd häufig mit dem inneren Zügel durch die Wendung. Ein schlabbernder oder durchhängender äußerer Zügel ist oft zu beobachten. Dem Pferd kann keine konstante Anlehnung vom Reiter geboten werden.

Die Gewichtsverteilung über dem Becken muß sich nicht zwingend mit verändern. Somit ist die Bein- und Schenkellage nicht unbedingt mit beeinflußt.

Meistens zieht ein Einknicken der Hüfte ein Einknicken der Taille als Kettenfolge nach sich und umgekehrt. Der Kopf wird als Balanceglied oft schräg gehalten. Es gilt also, herauszufinden, wo die primäre Ausweichbewegung stattfindet, um eine erfolgreiche Korrektur möglich werden zu lassen. Beobachten Sie sich oder einen Reitschüler besonders in den kritischen

Der Stuhlsitz ist besonders leicht seitlich aus der Balance zu kippen

Momenten (Wenden, Biegen, Seitengänge, Angaloppieren ...) Fliegen ihm zuerst Hände oder Beine davon, rutscht er zuerst mit dem Gesäß nach außen, oder dreht die innere Schulter zuerst zurück? Wenn es gelingt, das Problem an seiner Wurzel zu packen und auszumerzen, dann sind automatisch auch alle in Folge entstandenen Ausweichbewegungen beseitigt. Gerade bei seitlichen Asymmetrien ist die Korrektur am richtigen Ende von großer Wichtigkeit, sonst wird der Reiter sich nur immer mehr verkrampfen und eher noch schiefer sitzen.

Beim Einknicken in der Hüfte hatte ich bereits dargestellt, daß der Reiter in der Wendung hinter die Bewegung kommt. Spätestens hier können Sie verstehen, wie komplex der ganze Bereich Balance und Asymmetrie zusammenhängt. Besonders anfällig für seitliche Abweichungen ist der Stuhlsitz. Wenn Sie sich die Belastung des Sattels näher anschauen, so sitzt der Reiter im Stuhlsitz weiter hinten im Sattel, die Oberschenkel werden hochgezogen. Somit

entsteht eine Unterstützungsfläche, die für Vor-Rückbewegungen recht stabil ist, die aber für seitliche Angriffe auf das Gleichgewicht nicht viel Halt zu bieten hat. Diese Tatsache löst das Rätsel, warum ängstliche Reiter, die sich in den Stuhlsitz geflüchtet haben, bei plötzlichen Wendungen oder sogar nur etwas stürmischem Angaloppieren so schnell seitlich vom Pferd kippen.

Am treffendsten wird diese labile Form des Stuhlsitzes mit dem Vergleich: „Wie ein Klecks Butter auf der heißen Kartoffel!" beschrieben. Auch wenn viele der alten Reitlehrersprüche nicht gerade schmeichelhaft sind, der phantasievollste Vergleich hat nicht selten seinen berechtigten Ursprung!

Korrektur

Oh, je! Ein Fehler zieht den anderen nach sich, kein Reiter ist ohne Fehler – darf man sich da überhaupt noch guten Gewissens auf das Pferd trauen?
Keine Sorge, man darf! Gerade das Reiten

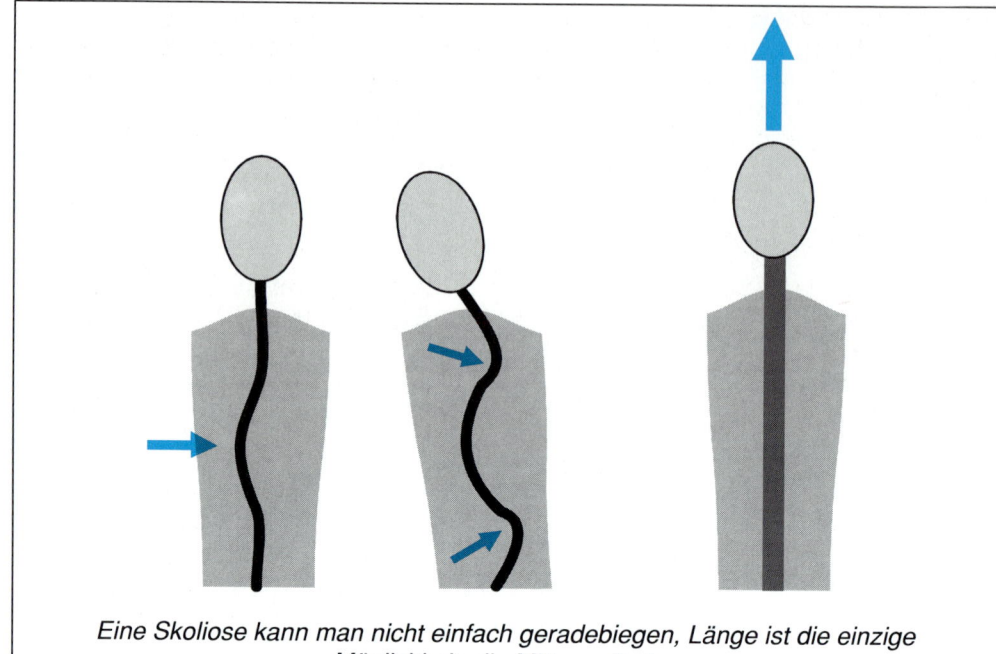

Eine Skoliose kann man nicht einfach geradebiegen, Länge ist die einzige Möglichkeit, die Mitte zu finden

ist eine der wenigen Sportarten, die Symmetrie in der Bewegung fordern und fördern. Jede gute Bewegung verlangt einen stabilen Rumpf. So könnten wir ohne Rumpfstabilität weder Gehen noch Stehen. Wenn ein Gangbild verbessert werden soll, so muß zunächst am Rumpf die Fehlerursache gefunden und behoben werden. Beim Reiten ist dies fast einfacher als beim Gehen, da im Dressursitz der Reiter auf dem Gesäß sitzt, und somit die Bewegung direkt auf den Rumpf übertragen wird. Die langen Hebel Beine sind nicht zwischengeschaltet. Der Pferderücken gibt dem Reiter eine gewisse Symmetrie vor, und die Gleichgewichtssinne müssen im Sinne von Symmetrie arbeiten. Dies kann bei leichten Haltungsproblemen schon für eine Korrektur ausreichen. Vielen Jugendlichen fällt eine aufrechte Körperhaltung im Alltag enorm schwer, auf dem Pferd jedoch kommen Motivation plus der Stimuli/Reize durch die Pferdebewegung als positive Impulse, und die aufrechte Haltung wird viel unbewußter und selbstverständ-

licher eingenommen. Hilfreich ist dabei sicherlich auch, daß es eine Haltung in der Bewegung ist, also nichts Starres und Verkrampftes!

Die Korrektur einer Asymmetrie ist nicht ganz einfach. Wenn Sie einmal eine Gerte verbogen hatten, und Sie versuchen diese durch Biegen zur Gegenseite wieder zu begradigen, so gelingt dies nicht. Die Gerte dreht sich unter der Hand weg, und bleibt penetrant in ihrem alten Bogen. Es gelingt höchstens, einen zweiten Bogen mit der Gegenrichtung hineinzubiegen, so daß die ganze Gerte insgesamt wieder gerade erscheint. Genauso reagiert unsere Wirbelsäule. Durch Dehnen in die Gegenrichtung wird gar nichts erreicht, im Gegenteil, die Schiefe oder die Skoliose wird eher schlechter.

Der Körper hält die kritischen Segmente der Wirbelsäule fest, sie werden en bloc (wie ein fester Betonblock) bewegt. Damit wird die

Gegendehnung auf die Segmente über und unter dem Bewegungsblock gemünzt, wo als Folge eine Überbeweglichkeit und Instabilität entsteht. Es gilt also zunächst einmal diesen Bewegungsblock zu lösen, um bei freier Gelenkbeweglichkeit neu an der Symmetrie und an dem Gefühl für Symmetrie und Aufrichtung zu arbeiten.

Und nun komme ich zu einem Lieblingswort der Krankengymnasten: „Länge!". Wenn Sie ein Stück Schnur nehmen und in Kurven auf den Boden legen, so ist es deutlich kürzer, als wenn es gerade liegt.

Je mehr Sie etwas in die Länge ziehen, desto gerader wird es, oder andersherum, jede Abweichung von der Mittelstellung geht mit einem Verlust an Länge einher. Wenn Sie folglich ihre Schiefe beseitigen wollen, so müssen Sie den Rumpf in die Länge ziehen. Ein schönes Bild ist hierbei auch der Gartenschlauch, der in Kurven auf dem Rasen liegt, sobald aber das Wasser angedreht wird, versucht der Schlauch aufgrund des raumfordernden Wasserdrucks sich möglichst gerade hinzulegen. Und wem ist nicht schon mal beim Sprengen der Halle oder beim Hufewaschen der Schlauch aus der Hand geglitten und hat sich selbständig gemacht?

So ähnlich reagiert auch Ihre Wirbelsäule: Wenn Sie sich von innen heraus aufrichten, als ob Sie einen inneren Wasserhahn im Becken aufdrehen, und lassen diese Aufrichtung durch die gesamte Wirbelsäule bis in das Hinterhaupt vordringen, so können Sie damit schon mit einer Menge an Schiefen gründlich aufräumen. Dieses Gefühl für Länge im Rumpf sollte man sich gut einüben. Es ist wichtig vor jeder Bewegung, beim Reiten vor jedem Übergang, vor jeder Wendung und eigentlich sowieso immer und jederzeit. Nur dann können Sie Ihren Oberkörper frei in jede geforderte Richtung mitbewegen.

Bleibt segmental aber immer noch ein Bewegungsblock, so sollten Sie auf die Übungen, die ich im Oberkörperkapitel erläutert habe, zurückgreifen. Besonders das segmentale Verbessern der Rotationsfähigkeit ist dann hilfreich.

Beim Reiten muß man sich häufig von der eigentlichen Aufgabe ablenken. Je mehr man merkt, daß man schief rutscht, desto weniger kann man es abstellen. Es ist ein regelrechter Teufelskreis. Ganz wichtig ist hier eine schnelle Reaktion des Reiters. Je schneller er mit in die Pferdebewegung kommt, desto weniger wird er schief rutschen.

Balancetraining, auch für die Richtung vorne und hinten, kann helfen, die seitliche Stabilität zu verbessern.

Das Gefühl für die *Mitte* muß sensibel geschult werden. Lenken Sie Ihre Konzentration wieder ganz auf Ihr Bewegungszentrum Becken und spüren Sie Ihre Belastung auf der Sitzbasis. Die muß stimmen, um jede Korrektur am Sitz vorzunehmen. Benutzen Sie das Riemchen, wenn Sie in eine Wendung reiten, die korrekte Belastung der Sitzbasis muß dabei konsequent beibehalten werden. Dann können Sie auch selber merken, ob Sie lieber zuerst in der Hüfte, oder zuerst in der Taille einknicken. Einknicken in der Hüfte verlangt die Korrektur der Beckenstellung, Einknicken in der Taille die Verbesserung der Wirbelsäulenaufrichtung und -rotation.

Das Pferd kann einen freilich auch wunderschön nach außen setzen, um sich dem korrekten Unter-das-Gewicht-treten zu entziehen. Bei manchen Pferden rutscht der Sattel immer eine Spur zu einer Seite, und ist bei nachlässiger Sattelpflege einseitig ausgesessen. Hier wäre Aufpolstern des Sattels zuerst nötig. Um sich nicht nach außen setzen zu lassen, wird sehr viel Gefühl und Oberkörperbalance verlangt. Manchmal ist es hilfreich, den Steigbügel der Gegenseite gut auszutreten. Ein Reitlehrer, dem wir alle in der einen Stunde im Galopp nach außen wegrutschten, setzte sogar 5,– DM aus, wenn einem von uns im Galopp der innere

Der lieblich herabschauende Kopf

Herunterschauen von Hinten

Einseitig hohe Schulter (von vorne)

Einseitig hohe Schulter (von hinten)

Nach außen rutschen in der Wendung

Steigbügelriemen platzte. Das ist sicherlich auch ein Extrem, aber es machte uns deutlich, wieviel mehr Gewicht wir im äußeren Bügel hatten.

Gewicht konsequent mit dem gesamten Oberkörper in die gewünschte Richtung zu verlagern ist hier gefragt, und kein Nach-Innen-Lehnen. Pferde, die ihren Reiter extrem schief setzen, haben mit ihrer eigenen Schiefe Probleme. Je nach Rittigkeit und Ausbildungsstand ist ein passendes Konzept für dieses Pferd nötig. Verbessern des Schwungs bei geraderichtender Arbeit kann vieles deutlich verändern. Wie heißt es so schön? Ein Pferd soll in der Arbeit schöner werden! Und das bezieht sich nicht nur auf die Muskulatur, sondern auch auf die Bewegung des Pferdes. Und ein schiefes, unausbalanciert daherlaufendes Pferd kann man nicht als schön bezeichnen, selbst wenn es im Stand einem Gemälde entsprungen zu sein scheint.

Länge gilt hier auch für das Pferd. Sie werden das Pferd nie geraderichten können, wenn Sie es immer nur versuchen, andersherum zu biegen. Ein Pferd vermehrt auf der einen Hand zu longieren, auf der man meint, gegen die natürliche Schiefe anzukommen, ist eine fromme Hoffnung, die sich als Trugschluß herausstellt. Genauso fatal ist jedes Engmachen oder Rückwärtsreiten dieses Pferdes. Es gilt Länge zu fördern, um ein gerades Pferd zu erhalten. Hier bekommt das Gummiband nach vorne wieder einen wichtigen Stellenwert. Das Mittel der Wahl ist korrektes Dehnen in die Tiefe. Wendungen und Biegung sollten Sie dabei anfangs nur über eine kürzere Zeit verlangen, damit sich das Pferd auftrainieren kann, und auf keinen Fall lernt, sich durch Engmachen zu entziehen.

Nur Mut! Sie können es schaffen, ausbalanciert auf dem Pferd zu sitzen. Das Gefühl, daß sie dann spüren, wird Sie für manche schweißtreibende Stunde vorher belohnen.

8.3 Steifheit

Steif zu sein, bedeutet eine gewünschte oder geforderte Bewegung nicht ausführen zu können. Aber Reiten ist Bewegung! Ein guter Reiter sitzt immer geschmeidig in der Bewegung, er ist ein Teil der Bewegung seines Pferdes. Jedes Aus-der-Bewegung-kommen bedeutet Disharmonie und stört gleichzeitig die Bewegungen von Reiter und Pferd. *Steifheit* hat viele Ursachen und tritt meist kombiniert mit anderen Problemen wie zum Beispiel Balance auf.

Ursachen für Steifheit:
Die Ursache zu erkennen ist die wichtigste Voraussetzung, um Steifheit abzubauen. Es gibt viele Gründe für Steifheit. Meist entsteht ein sogenannter „Teufelskreis", viele kleine Probleme ziehen das nächste nach sich und es bildet sich ein riesiges, ohne Hilfe oft unüberwindliches Problem. Die hier aufgelisteten Ursachen sollen zeigen, wie vielseitig das Phänomen der Steifheit ist.

a) Gelenke
Gelenkendstellungen
Ist ein Gelenk in seiner Bewegung ausgereizt, so kann es am Bewegungsende nicht mehr federn, es hat kein Spiel mehr. Wie im Kapitel über die Physiologie beschrieben, steht das Gelenk am Bewegungsende unter Spannung des Kapsel-Band-Apparates.
Die funktionelle Gelenkmittelstellung, wie sie beim Reiten von fast allen Gelenken gefordert wird, ist die Stellung mit dem geringsten Gelenk-innendruck. Es leuchtet ein, daß aus dieser Stellung heraus Bewegung mit minimalem Kraftaufwand in alle Richtungen möglich ist.

Funktionsstörungen/Blockierungen
Wie eine Schublade, so kann auch ein Gelenk „klemmen". Dann hat es nicht mehr seine normalen Bewegungsausschläge, eine scheinbare Mittelstellung kann zur Endstellung werden. Die Ursache dafür muß von einem Fachmann (Arzt, Krankengymnast ...)

gesucht werden. Am Beispiel der Hüfte möchte ich solche Ursachen darstellen.

Sie sitzen auf dem Pferd und sollen den Oberschenkel weiter zurücklegen. Dies gelingt Ihnen entweder garnicht, oder nur, wenn Sie in der Lendenwirbelsäule in ein verstärktes Hohlkreuz ausweichen. Die Hüftstreckung ist eingeschränkt. Die Folge: Ein gestreckter Dressursitz ist nicht mit losgelassenem Hüftgelenk möglich. Die Ursache ist aber nicht geklärt. Sind es verkürzte Muskeln, Sehnen, Kapsel-Band-Apparat, zu wenig oder zu viel Gelenkflüssigkeit, Knorpelschädigungen (Arthrose) ... Dies soll keine Entschuldigung für einen nicht gestreckten Dressursitz werden, sondern die Aufforderung, etwas gegen die Ursachen von bewegungseingeschränkten Hüften zu unternehmen.

b) Muskulatur
Störung des Muskelzusammenspiels
In der Muskelphysiologie habe ich die Arbeitsweise der Muskulatur dargestellt. Man kann keinen Muskel einzeln betrachten, er ist immer eingefügt in eine Kette von Muskeln und arbeitet mit seinen Gegenspielern in feinster Abstimmung zusammen. Die Haltung selbst hat schon Einfluß auf den Spannungszustand der Muskulatur. Somit muß auch die Muskulatur im Zusammenhang mit den Gelenkstellungen gesehen werden. Eine besonders wichtige Rolle spielt dabei der Rumpf; eine gute Rumpfaufrichtung ist Voraussetzung für jegliche geführte Bewegung der Extremitäten.

Schwächen
Wird ein Muskel über seine Kraft hinaus beansprucht, so reagiert er häufig mit einer Dauerkontraktion, die zumeist auch schmerzhaft ist. Ein typisches Beispiel ist der verspannte Nacken. Da der Schultergürtel nicht vom Brustkorb getragen wird, hängt das gesamte Armgewicht am Nacken, und dessen Muskelstränge werden fest und können sehr empfindlich weh tun.

Zuviel des Guten

Wenn man sich zu sehr anstrengt, beispielsweise beim Treiben, wird Muskulatur zu stark und einseitig belastet, was zu Steifheit in den Beinen, aber auch an anderen Körperabschnitten führen kann. Man preßt dann die Schenkel so stark ans Pferd, daß die Hüfte festgestellt wird und kein Mitschwingen in die Bewegung mehr möglich ist. Hier liegt die Ursache meist in einem unausgewogenen Gebrauch der Hilfengebung, im angeführten Beispiel herrschen die Schenkelhilfen vor, anstatt daß der gesamte Reiter von Kopf bis Fuß am Treiben teilnimmt.

Haltung, Gelenkstellung, unterschiedliche Kraft oder Dehnfähigkeit sind mögliche Ursachen für ein gestörtes Muskelzusammenspiel. Um dies genau auszutesten, wäre wieder ein Fachmann vonnöten. Allerdings erfordet nicht jedes Problem gleich die Hilfe eines Orthopäden oder Krankengymnasten; der eigene Körper ist der beste Therapeut. Probieren Sie verschiedene angebotene Hilfen aus und spüren Sie, wie Ihr Körper darauf reagiert. Das ist die zuverlässigste Garantie für Erfolg!

c) Atmung

Die Atmung hat einen nicht zu unterschätzenden Einfluß auf das Bewegungsverhalten. Generell kann man feststellen, daß die Ausatmung entspannend wirkt. Schnelles hektisches Einatmen erhöht die Muskelspannung im Körper reflektorisch. Die Atmung ist nicht mit dem Bewußtsein gekoppelt. Es ist ja auch ganz gut, daß der Kopf für andere Dinge frei ist und man nicht über jeden einzelnen Atemzug nachdenken muß. Aber so entstehen viele Probleme unbewußt: Luft anhalten, Pressen, wenn es anstrengend wird, unregelmäßiges Ein-Ausatmen in schwierigen Situationen... Beobachten Sie immer wieder Ihre Atmung. Günstig ist, wenn die Ausatmung länger als die Einatmung dauert und man keine Kraft zum Einatmen benötigt. Zwischendurch mal bewußt auszuatmen kann Wunder wirken.

Atmung soll aber nicht bewußt gesteuert werden, sondern Atmung muß man geschehen lassen, so wie man sich auf dem Pferd nicht bewegen, sondern vielmehr bewegen lassen sollte.

d) Angst

Angst ruft feste Bewegungsmuster ab und ist ein Feind jeglicher Bewegung. Der Schutzreflex löst stets ein Beugemuster aus, im Extremfall krümmt man sich in eine Embryonalhaltung zusammen. Hier muß mit viel Geduld gearbeitet werden, rational läßt sich Angst weder erklären noch beseitigen. Die wichtigsten Stichworte, um Angst abzubauen sind das Gegensatzpaar Gewöhnung – Ablenkung. Gewöhnung einerseits durch eine wiederkehrende Routine in der (zu Anfang leichten!) Aufgabenstellung gibt ein sicheres Terrain vor und grenzt neue, angstbesetzte Aufgaben erst einmal ab. Ablenkung - durch Spiel, durch Konzentration auf gruppendynamische Elemente (Quadrille usw.) ist bei Erwachsenen nicht so leicht zu erreichen wie bei Kindern, aber genauso nötig.

e) Streß

Streß löst stets Automatismen aus. Dies kann je nach Typ bei manchen Reitern auch eine Ursache für Steifheit sein. Streß beim Reiten kann durch Überforderung oder Leistungsdruck entstehen. Man kann aber auch den Streß von ganz woanders her mitbringen, und an solchen Tagen gelingt dann auch beim Reiten häufig nichts mehr. Den Kopf immer soweit frei haben, daß man sich ganz aufs Reiten konzentrieren kann - schön wärs!

f) Kälte

Ein kalter Muskel kann keine Leistung erbringen. Im kalten Gelenk ist die Gelenkflüssigkeit nicht in der richtigen Konsistenz, um ein optimales Gleiten der Gelenkflächen zu ermöglichen. Wer friert, verkrampft sich, zieht die Schultern hoch... Der Körperkern muß die lebenswichtigen Organe schützen.

So zentriert sich die Körperwärme bei Kälte auf den Rumpf und in den Extremitäten wird die Durchblutung auf ein Minimum reduziert. Auch kurzfristige Aktionen wie die Hände reiben, anhauchen, schlagen, sich draufsetzen oder sie unter der Mähne verstecken bringen keine dauerhafte Verbesserung der Blutzirkulation.

Beim Reiten soll einem zwar warm werden, aber häufig kommt man kalt aufs Pferd, und damit tut man sich und dem Pferd keinen Gefallen. Warm, und ich meine damit warm bis in die Finger- und Fußspitzen, wird einem erst, wenn der Körperkern soweit aufgeheizt ist, daß er wieder Wärme abgeben kann. Ich habe viele sogenannte Aufwärmprogramme ausprobiert, da ich häufig genug in der eisigen Halle stehen mußte, oder im Gelände noch einige Kilometer vor mir hatte... das einzige, was wirklich nützt, ist meiner Erfahrung nach Rennen. Absteigen und mit dem Pferd an der Hand einige Runden um die Halle drehen ist die beste Methode, um schnell und anhaltend warm zu werden. Jedes Pferd dankt es dem Reiter, wenn er warm auf seinen Rücken kommt.

g) Alter / allgemeiner Trainingszustand

Reiten ist eine der wenigen Sportarten, die auch bis ins hohe Alter ausgeübt werden können. Aber auch hier ist ein 17jähriger Reiter mit Sicherheit elastischer als ein 70-jähriger. Letzterer hat dafür bestimmt mehr Erfahrung und Gefühl, womit eine Menge körperlicher Defizite wettgemacht werden können. Hier spielt wieder die Lösungsphase für Reiter und Pferd eine wichtige Rolle.

h) Das Zusammenpassen von Pferd und Reiter

Zum Reiten gehören immer zwei. Die Ursache für Steifheit kann deshalb nicht beim Reiter allein gesucht werden.

Der Bewegungsablauf
Manche Reiter können ein Pferd mit viel Schwung nicht sitzen, andere brauchen gerade viel Schwung als Stimulus und Reiz für das Hüftgelenk, um durch viel Bewegung von unten gelöst zu werden. Dafür können sie Pferde mit flachen Bewegungen nicht sitzen und fühlen sich auf solchen Pferderücken unwohl. Jeder Mensch hat seine individuellen Körperschwingungen und manchmal paßt das Pferd einfach dazu. Ein guter Reiter sollte sich natürlich auch den unterschiedlichen Pferdebewegungen anpassen lernen, aber es ist wichtig, diesen Punkt bei der Auswahl eines Pferdes zu berücksichtigen, sei es zum Kauf oder im Reitunterricht. Ein Pferdewechsel kann mit bestimmten Problemen im Sitz manchmal gänzlich aufräumen.

Die Breite
Je breiter das Pferd ist, desto weiter muß sich das Bein im Hüftgelenk abspreizen lassen. Dabei kann es schnell passieren, daß man an die Endstellung des Gelenkes kommt und somit ein Mitschwingen in der Hüfte unmöglich wird. Auf der anderen Seite kann es schwierig sein, die Beine an ein extrem schmales Pferd heranzubekommen, was auch häufig zu Steifheit in den Beinen und der Hüfte führt. Die Ursache dieses Problems liegt seltenst am Futterzustand des Pferdes, eher an den anatomischen Gegebenheiten des Pferderumpfes. Daran läßt sich schwerlich etwas ändern. Eine gute Beratung bezüglich des Sattels kann noch am ehesten hilfreich sein.

Losgelassenheit des Pferdes
Die ganze Zeit habe ich immer wieder idealistisch die Ursache beim Reiter gesucht. Dies ist auch häufig genug der Fall, aber es gibt auch das Gegenteil. Es wäre utopisch, sich ein Pferd immer losgelassen, durchlässig und arbeitswillig vorzustellen. Auch Pferde haben Schokoladenseiten, und die Losgelassenheit ist eines der ersten Ziele in der Ausbildungsskala des Pferdes. Ein festgezogenes Pferd mit strammem Rücken und steifen kurzen Tritten wird es dem Reiter nahezu unmöglich machen, losgelassen zu

Pferde zu sitzen. Die Bewegungsharmonie wird also sowohl vom Reiter als auch vom Pferd gefordert.

Korrektur

„Verkrampfen Sie sich doch nicht so, lassen Sie die Schultern locker! ..." Solche und ähnliche Anweisungen gehören zu den völlig sinnlosen Korrekturen, da sie nicht umgesetzt werden können. Es entsteht eher Frust seitens des Reiters, der nicht weiß, wie und wo er was loslassen soll, und seitens des Reitlehrers, der meint, daß sein Schüler nicht mitarbeitet und nicht tut, was er sagt.

Es gibt kein Patentrezept, um Steifheit abzubauen. In den folgenden Hinweisen möchte ich Wege aufzeigen, mit der Steifheit umzugehen, und Gesichtspunkte, die man dabei beachten sollte. Um die Ursache für Steifheit zu finden, muß man auch wissen, wo man hinschauen kann. Als erstes sollte man immer die Sitzbasis überprüfen. Auch

minimale Balanceprobleme dort können extreme Auswirkungen auf die Losgelassenheit des Reiters haben. Jede andere Korrektur kann nicht ausgeführt werden oder wird die Situation sogar verschlechtern, wenn die Sitzbasis nicht stimmt. Reparaturen an einem Turm, bei dem die Statik schon im Fundament verbiestert ist, sind zwecklos.

Überprüfen Sie also die Beckenstellung, schauen Sie auf die Linie Spina-Schambein, betrachten Sie das Hüftgelenk: Findet dort Bewegung statt? Steifheit im Rumpf ist häufig kombiniert mit unruhigen, unkontrollierten Extremitäten. Die Korrektur an den Extremitäten anzusetzen, würde die Situation nur verschlimmern. Der Pferderücken bewegt sich. Wird diese Bewegung nicht im Hüftgelenk schon aufgenommen und abgefedert, so läuft sie weiter im Rumpf hoch. Wenn man eine Kette von Kugeln an einem Ende anstößt, so fliegt die letzte Kugel davon. So auch beim Reiten: Ist die Hüfte fest, so läuft

Das festgestellte Hüftgelenk im Trab verhindert einen tiefen Sitz – Das Pferd kommt auf die Vorhand

Der Reiter weicht mit festem Hüftgelenk der Galoppbewegung der Pferderückens aus, was im Extremfall ...

... zu Hebelbewegungen Oberkörper gegen Unterkörper und damit extremer Unruhe im Sitz führt

der Impuls weiter und die Bewegung kann im Schultergürtel, Kopf, etc. ankommen.

Unruhige Hände sind meist die Folge eines unausbalancierten Sitzes, so daß die Hände nicht unabhängig von der Pferdebewegung sind. Die Aufforderung, die Hände still zu halten, ist grundsätzlich falsch. Es wäre geradezu paradox. Das Pferd bewegt sich, und der Reiter soll stillhalten? In Gegenteil, er muß in die Bewegung kommen, um Steifheit zu überwinden. Die Hände sollen in Wirklichkeit nicht still gehalten werden, sondern eine stetige Verbindung zum möglichst ruhigen Pferdemaul darstellen. Das erklärt auch, warum Reiter, die an der Longe die Hände einfach ohne Zügel freihändig aufstellen sollen (die beliebten Lehrgangs-Sitzübungen), keineswegs in der Lage sind, diese Hände annähernd unbeweglich zu halten, wenn die Verbindung zum Pferdemaul fehlt. Wichtig ist, sich immer wieder vor Augen zu halten, daß beim Reiten alle Gelenke an der Bewegung teilnehmen müssen, und daß, wenn ein Gelenk festgehalten wird, die Bewegung in einem anderen Gelenk doppelt ankommt und dort zu Unruhe und Ausweichbewegungen führt.

Man muß also das Gelenk finden, das nicht an der Bewegung teilnimmt, und dort arbeiten. Die Korrektur muß immer ins Vorwärts, genau wie beim Pferd, in die Bewegung ausgeführt werden.
Das Endziel, ein ruhiger, geschmeidiger Sitz, beinhaltet feinstes Muskelzusammenspiel und minimale Bewegung der Gelenke. Dies läßt sich wieder gut mit dem Stehen vergleichen. Stellen Sie sich erneut hin, belasten beide Beine gleichmäßig, (Knie nicht überstrecken!) und schließen die Augen. Dann können Sie spüren, daß Sie nicht still stehen, sondern daß Ihr Gewicht immer etwas über den Füßen schwankt. Sie müssen Ihr Gleichgewicht immer wieder neu regeln. Dies geschieht ganz automatisch und mit minimaler Bewegung durch ein ganz fein abgestimmtes Muskelzusammenspiel.

Wie erlernt man das nun? Beobachten Sie immer wieder die Kinder, sie zeigen den natürlichsten Weg des Bewegungslernens. Ein Kind, das gerade laufen lernt, kann laufen, aber nicht stillstehen; im Stand wackelt es und ist unsicher. Es ist für die Muskulatur einfacher, zu bewegen, als Gleichgewicht im Stand zu regulieren. In der Entwicklung kommt also zuerst die Bewegung und dann die Haltung, wobei Haltung als Minimalstbewegung anzusehen ist!

Jeder Reitschüler wäre also überfordert, wenn man gleich Haltung zu Pferde verlangen würde. Stillhalten macht steif. Vielmehr sollte man Bewegung üben, um die Haltung zu verbessern. Was für Möglichkeiten gibt es da beim Reiten? Verbessern wollen Sie die Balance des Oberkörpers über dem Becken, von der in hohem Maße die Beinlage abhängt. Ein häufiger Übergang von Dressursitz zum Leichten Sitz trainiert Balance. Betonte Hüftgelenksbewegung, wie Leichttraben, auch ohne Bügel, kann mit einem festgestellten Hüftgelenk aufräumen. Das Leichttraben ohne Bügel fordert eine größere Bewegung im Hüftgelenk als das Aussitzen. Hier kann man wieder über die größere Bewegung die feinere verbessern. Wichtig ist, sich vor Augen zu halten, daß es beim Leichttraben ohne Bügel nicht so sehr auf die Höhe des Aufstehens (was nur durch Anpressen der Beine geschehen würde) sondern vielmehr auf die Mitbewegung des Hüftgelenkes in der Pferdebewegung ankommt. Zulegen, Einfangen und dabei den Oberkörper mit in die Bewegung nehmen, wieder ein Wechsel, Leichter Sitz beim Zulegen, Dressursitz beim Einfangen, übt Geschwindigkeit und Tempokontrolle, auch Anforderungen, die häufig Balance- und Steifheitsprobleme auslösen können. Rhythmusvorgaben, zum Beispiel Cavalettis, sind oft hilfreich. Das Reiten im Gelände hilft zu einer inneren und äußeren Losgelassenheit. Die Überlegung, wie Steifheit gelöst werden kann, ist eine gute Grundlage für das Konzept einer Reitstunde, in der übrigens ruhig auch

Das losgelassen gehende Pferd...

gelacht werden darf. Man sollte sich genau überlegen, wie die Lösungsphase auszusehen hat. Sie muß auf die individuellen Bedürfnisse von Reiter und Pferd abgestimmt werden. Man sieht und diskutiert immer wieder, wie ein Pferd gelöst wird, der Reiter hat gelöst aufs Pferd zu steigen. Ich habe auch Vorträge gehört, in denen eine Turnhalle neben der Reithalle gefordert wurde, dazu eine Führanlage für Pferde, so daß der Reiter aus der Turnhalle warm auf das schon gelöste Pferd steigen kann.

Für mich macht aber gerade die *Lösungsphase,* das Zusammenfinden von Pferd und Reiter in Bewegung und Hilfengebung einen wesentlichen Reiz des Reitens aus. Wenn man die Möglichkeit hat, mehrere Pferde hintereinander zu reiten, so kann man an sich beobachten, daß man das zweite Pferd meist besser reitet als das erste, da man schon warm geritten ist, beim dritten oder vierten, je nach Kondition, wird es wieder schlechter, da Konzentration und Kraft dann nachlassen.

Für Sie ist es zunächst wichtig, herauszuspüren, wo Ihre eigenen Schwierigkeiten mit der Losgelassenheit liegen. Wenn es kalt ist, empfiehlt es sich, mit dem Pferd an der Hand einige Runden durch die Halle zu traben, bevor man aufsitzt. Bauen Sie in Ihre lösende Arbeit auch Übungen für sich mit ein. Üben Sie z.B. den Übergang vom Dressursitz zum Leichten Sitz, ohne das Pferd in seinem Bewegungsablauf dabei zu stören. Hierbei empfiehlt es sich, den Bügel leicht (ein bis zwei Löcher) zu verkürzen, da man sonst zu leicht in den Spaltsitz verfällt. Traben Sie leicht und konzentrieren sich ganz auf das Hineinfedern ins Bein beim Hinsetzen, um die Hüfte zu lösen. Kontrollieren Sie Ihre Hände etc. Um tiefer in den Sattel zu kommen, und nicht durch ein In-die-Bügel-Stellen auszuweichen und die Hüfte festzustellen, ist es günstig, das sogenannte Angstriemchen mitzufassen und sich in den Sattel zu ziehen. Durch die konsequente Belastung der Sitzbasis kann die Hüftmuskulatur besser entspannen. Beim

verliert bei dem zu lose sitzenden Reiter an Schwung und fällt "auseinander"...

Die festgehaltene Hüfte verursacht beim Reiter einen festen Rücken (Hohlkreuz), hohe Zügelführung und hochgezogene Knie und Unterschenkel. Das Pferd hält sich im Rücken fest, das Hinterbein kann nicht vortreten und das Pferd wird in der Ganasche eng.

8.

In sich zusammengesunkener „schlaffer" Reiter

Reiten ohne Bügel trägt das Gewicht der Beine mit zur Dehnung bei.

Oft kann ich beobachten, daß sich Pferde viel besser lösen, wenn es der Reiter auch tut! Es gibt natürlich auch den Fall, daß ein Pferd ein völlig anderes *Lösungsprogramm* braucht als der Reiter. In solchen Fällen muß man verschiedene Möglichkeiten wie Longieren, Freilaufen, Freispringen ... ausprobieren. Wenn nicht beide, Pferd und Reiter, sich zufriedenstellend lösen können, ist jede weitere Arbeit nur begrenzt möglich. Tun Sie sich und Ihrem Pferd etwas Gutes, lernen Sie sich mit allen Schwierigkeiten kennen, und finden Sie Ihre Lösungsphase, dann sollte der weiteren Arbeit keine Grenze gesetzt sein!

8.4 *Schlaffheit*

Es genügt, eins oder mehrere Gelenke nicht unter Kontrolle zu haben, um den ganzen Sitz in Unruhe geraten zu lassen. Es entsteht zuviel Bewegung, zuwenig Spannung im Sitz. Damit wird zugleich die Einwirkung grober und undifferenzierter. Ursachen für *Schlaffheit* gibt es vielfach, und häufig treten mehrere Ursachen kombiniert auf.

Ursachen für Schlaffheit

a) Überbewegliche Gelenke
Gelenke können aus verschiedenen Gründen mehr Spielraum geben als normal notwendig. Das kann angeboren oder durch Bänderüberdehnungen bzw. Zerrungen er-

worben sein. Ein solches überbewegliches Gelenk kann von der Muskulatur nicht mehr optimal ummantelt werden, es wird häufig instabil. Gerade bei zu lockerem Kapsel-Band-Apparat eines Gelenkes ist gutes muskuläres Training die einzige Möglichkeit, dort Stabilität herzustellen.

b) Niedrige Muskelgrundspannung

Jeder Mensch besitzt seine ihm eigene *Körpergrundspannung*. Es gibt Leute mit einem hohen, eher festen Grundtonus der Muskulatur, und andere, die eher schlaff sind, da ihre Muskulatur eine niedrigere Grundspannung aufweist. Dies ist also typbedingt.

Hoher oder niedriger Blutdruck kann dabei mit eine Rolle spielen. Leute mit niedrigem Blutdruck fühlen sich häufig schlapp und lassen sich leicht ein wenig hängen. Wenn der gesamte Organismus eher schlaff ist, dann fällt es schwer, die Aufrichtung im Rumpf zu halten. Der Brustkorb sinkt ab, man sinkt in sich zusammen. Damit wird die Atmung eingeengt, der Stoffwechsel weiter gedrosselt, der Teufelskreis nimmt seinen Lauf.

c) Schwächen der Muskulatur

Wenn es einem Muskel an Kraft fehlt, ein Gelenk zu sichern, treten die unerwünschten Wackelbewegungen auf. Meistens versucht der Reiter dann zu retten, was zu retten ist und verkrampft sich dabei zusehends, bis da, wo eigentlich Kraft fehlt, Steifheit eintritt. Beobachten Sie sich und andere Reiter – nicht selten kann man vor einer Steife ein Wackeln fühlen oder bemerken.

Die Muskulatur, die hierbei gebraucht wird, ist wieder die abbremsende Muskelarbeit, die erst eine kontrollierte Bewegung möglich werden läßt. Wenn Sie beispielsweise gezielt zu einem Gegenstand greifen, so arbeitet die abbremsende Muskulatur mit der hinführenden Muskulatur in einem schnellen, feinen Wechselspiel. Nur dann können Sie die Hand auch genau an diesem Gegenstand

abbremsen. Gelänge dies nicht, so würde ihre Hand gegen den gewünschten Gegenstand prallen und ihn eher wegschieben als ergreifen. Diese abbremsende Muskelarbeit habe ich Ihnen als Arbeit in die Länge mehrfach beschrieben. Es ist für den Muskel die schwierigste Art von Arbeit, sie kostet am meisten Kraft, ermüdet am schnellsten und benötigt ein hohes Maß an Koordination. Um nun beim Reiten nicht nur eins, sondern alle Gelenke in der Bewegung dynamisch zu stabilisieren, ist viel Konzentration, Koordination und eine gute Grundkondition nötig. Deshalb bekommt man von Reiten auch so schnell Muskelkater!

d) Balanceprobleme

Wer mit seiner Balance auf dem Pferderücken kämpft, benötigt anfangs oft mehr Bewegung als später nötig. Kommt der Oberkörper hinter die Bewegung, so wackelt das Bein nach vorne weg und umgekehrt. Oder bis im Oberkörper ein stabiler, in sich ausbalancierter Turm aus Becken, Brustkorb und Kopf gebaut ist, kann auch innerhalb des Rumpfes Wackeln auftreten. Dies hängt wieder eng mit einem guten Muskelzusammenspiel zusammen.

e) Steifheit in anderen Körperabschnitten

Der menschliche Körper ist eine Einheit. Und wenn irgendwo etwas zu viel ist, ist an einer anderen Stelle etwas zu wenig. Es entsteht so eine Art von innerem Energieausgleich. Für das Reiten heißt das, wenn sich ein Reiter an einer Ecke fest hält, so zeigt sich dies als Wackelbewegung an einer völlig anderen Stelle des Körpers. Ein klassisches Beispiel ist der wackelnde Kopf. Und die Anweisung, den Kopf doch endlich still zu halten, kann gar nicht oder nur verkrampft über kurze Zeit ausgeführt werden. Meistens liegt eine feste Hüfte mit festgestellter Lendenwirbelsäule dem ganzen Problem zugrunde. Sobald der Reiter dort loslassen und mit in die Bewegung schwingen lernt, wird sich der wackelnde Kopf von alleine korrigieren. Schlaffheit und Wackeln von Körperabschnitten sollte man stets auf die wirkliche Ursache hin untersuchen. Bevor man eine Korrektur gibt, die den wackelnden Punkt zu festigen versucht, muß man sich zuerst die steifen Regionen heraussuchen und dort Beweglichkeit verbessern. Bewegung geht vor Haltung!

f) Falsches Verständnis und Gefühl für Losgelassenheit

Viele Reiter wollen es zu gut machen, und meinen, wenn sie überhaupt keine Kraft einsetzen, besonders weich und feinfühlig zu reiten. Schön und gut. Es stimmt schon: je korrekter man sitzt und je korrekter ein Pferd ausgebildet ist, desto weniger Kraft benötigt der Reiter. Aber daß Reiten völlig ohne Kraft und vor allem Spannung funktioniert, ist ein Märchen. Wie soll sich ein Pferd unter so einem schlappen Reiter kraftvoll entfalten und tanzen?

Die eigene Aufrichtung und Versammlung jedes Reiters ist zur Unterstützung des Pferdes gefragt. Auch das liebevolle Auf-das-Pferd-Hinabschauen, das man bei vielen Reitern beobachten kann, wenn sie so ganz voller Konzentration bei der Sache sind, verhindert eine Aufrichtung des Rumpfes und verlangsamt die Reaktionsfähigkeit des Oberkörpers. Die Auswirkungen des nach vorne hängenden Kopfes auf die Muskelspannung im Rumpf sind im Oberkörperkapitel ausführlich dargestellt.

Losgelassenheit hat nichts mit locker und schlaff gemeinsam. Im Gegenteil – wie oben beschrieben ist es die der geforderten Situation adäquate Grundspannung der Muskulatur, bei der ein steter Wechsel zwischen Anspannen und Entspannen auftritt. Losgelassenheit ist eine pulsierende, spannende Sache, die durchaus mit hohen Spannungsgraden der Muskulatur vereinbar ist. Genauso sollte auch ein Pferd in der Piaffe oder Passage, den höchsten Versammlungsgraden, noch immer losgelassen gehen – eine schwere, nicht immer einzuhaltende Gratwanderung.

g) Müdigkeit und Konzentrationsschwächen

Wenn man abends nach der Arbeit müde auf dem Pferd sitzt, dann passiert es leicht, daß man in ein Zu-Lose-Werden ausweicht. Jeder Mensch hat seinen Haltungstyp und sein Haltungs- und Bewegungsschema. Wenn man müde ist, hängt man quasi in den Gelenken, die Muskulatur sichert sie nicht mehr oder nur unzureichend. Beim Reiten wird man vom Pferd bewegt, und muß auf diese Bewegung reagieren. Fängt die Muskulatur diese Bewegungsimpulse nicht ab, so läuft sie in wackelnden Bewegungen durch den ganzen Körper. Gut nachspüren läßt sich dies im Schritt. Wenn Sie sich im Schritt einfach einmal ganz in sich zusammensinken lassen, so werden sie merken, daß die Bewegungen des Pferderückens sich verstärkt durch ihre ganze Wirbelsäule hindurch deutlich werden. Erst wenn Sie sich wieder aufrichten, erscheint der Sitz wieder ruhig. Kein Reiter ist ohne Haltungsprobleme. Und fast immer sind manche Körperabschnitte beweglicher als andere. Bei Müdigkeit kann dann dieser Bereich nicht mehr genügend gesichert werden, dort werden Ausweichbewegungen sichtbar.

Konzentration ist eine wichtige Eigenschaft des Reiters. Wenn man sich nicht mehr auf eine geforderte Aufgabe oder bestimmte Situation konzentrieren kann, so weicht man in seine eigenen Ausweichbewegungen aus. Dies kann häufig ein Zu-lose-Werden im Sitz nach sich ziehen. Das Pferd verlangt den ganzen Reiter mit seiner ganzen Konzentration.

h) Unsicherheit

Unsicherheit und Angst gehen reflektorisch immer mit einem Verlust der Rumpfaufrichtung einher. Wer sich seiner Sache nicht sicher ist, wird nicht „aufrecht und stolz" durch die Lande reiten. Damit sinkt die Grundspannung der Muskulatur, und der Reiter rutscht in seine Ausweichbewegungen hinein. Haltung kann nicht gewahrt werden. Angst zieht meistens Verkrampfung und Steifheit nach sich, Unsicherheit eher ein Zu-lose-Werden und Wackeln im Sitz.

f) Zusammenpassen von Pferd und Reiter
Der Bewegungsablauf
Hier gibt es keine feste Grundregel. Pferde mit *viel Schwung* werden von manchen Reitern als angenehm empfunden, der Schwung gibt ihnen Impulse, die die Aufrichtung fördern, und es ihnen leichter macht, sich aufzurichten und mit der nötigen Grundspannung Haltung aufzubauen. Auf einem Pferd mit *flachem Gang* werden diese Reiter nicht genügend gefordert und weichen nicht selten in instabiles Wackeln aus.

Andere Reiter wiederum sind mit viel Schwung überfordert und der Schwung läuft geradezu durch ihren Körper hindurch, bewegt dabei einzelne Gelenke oder Körperabschnitte, ohne daß es dem Reiter gelingt, diese unter Kontrolle zu bekommen. Ausprobieren, auf möglichst vielen verschiedenen Pferden sitzen, das kann helfen, seinen persönlichen idealen Bewegungsablauf eines Pferdes zu finden. Gleichzeitig lernt man, sich unterschiedlichen Pferdebewegungen anzupassen, was einen guten Reiter auszeichnet.

Losgelassenheit des Pferdes
Die Lösungsphase soll dazu dienen, die korrekte Losgelassenheit von Reiter und Pferd zu erlangen. Das bedeutet nicht, daß die Grundspannung der Muskulatur niedriger werden soll, sondern das *feine Muskelzusammenspiel* soll angeregt und gefördert werden. Kein Muskel sollte eine Dauerspannung bekommen. Viel zu häufig werden Pferde beim Lösen in eine niedrigere Grundspannung gebracht, abzulesen an schleppenden Hinterbeinen und hängenden Köpfen. Dem Reiter ergeht es dabei nicht besser. Ein Reitlehrer hat dies einmal sehr treffend auf den Punkt gebracht: „Ihr löst und löst und löst euch auf! – Und dann wundert ihr euch, daß das Arbeiten nicht klappt!".

Korrektur
Für eine erfolgreiche Korrektur eines zu losen Sitzes ist es von großer Wichtigkeit, die Ursache zu erkennen. Die Gefahr, daß der zu locker sitzende Reiter sonst fest und steif wird, ist groß!
Auch hier gilt wieder die Regel: *Über Bewegung zu Haltung.* Zunächst muß an einer kontrollierten Bewegung gearbeitet werden, um dann die Haltung wahren zu können. Sowohl der zu steife Sitz wie auch der zu lose Sitz muß über Bewegung - genau wie ein Pferd – ins Vorwärts korrigiert werden. Im Halten irgendwelche Spannungen aufzubauen und nachzuspüren, kann nur selten hilfreich sein. Denn die Aufrichtung vom Rumpf wird von der Muskulatur organisiert, die unbewußt und nur bedingt der Willkürmotorik unterliegt. Und die korrekte Losgelassenheit orientiert sich an der geforderten Situation, also an der Bewegung des Pferdes. Man kann die Grundspannung für den versammelten Trab auch nur im versammelten Trab einnehmen, erfühlen und trainieren.
Die eigene *Körperwahrnehmung* sollte man schulen. Es ist gut, zu spüren, wo man gerne ausweicht, und wie und wo man in ein Zulose-Werden hineinrutscht. Nicht selten kann man an sich beobachten, wie Ober- und Unterkörper sich gegeneinander be-wegen. Diese Bewegungen treffen meist in einem überbeweglichen Teil der Wirbelsäule aufeinander. Sie kann sowohl nach hinten, durch ein Absinken des Brustkorbs, als auch nach vorne, ein Nach-vorne-Wegkippen des Beckens Richtung Hohlkreuz, stattfinden. Das Nach-hinten-Wackeln bringt den Reiter hinter die Bewegung; es ist aber leichter zu korrigieren. Im Schritt kann man beispielsweise eine Hand auf das Brustbein legen und sich das Stabile-Mobile Gefühl, stabiler Brustkorb und mobiles vom Pferd bewegtes Becken, herstellen. Der Reiter muß hierbei verstärkt an der vorderen Muskelkette, den Bauchmuskeln arbeiten. Der ganze Brustkorb muß mit nach vorne in die Bewegung genommen werden.

In der zweiten Version, beim Ins-Hohlkreuz-Ausweichen, ist die Korrektur diffiziler. Der Reiter hat keine stabile Sitzgrundlage, das Becken weicht der Pferdebewegung nach vorne aus, er sitzt vor der Bewegung, neigt zum Spaltsitz. Hier fehlt es der tiefen Rückenmuskulatur häufig an der Fähigkeit, in die Länge zu arbeiten und dabei Halt zu geben. Die unteren Bauchmuskeln sind meist schlaff und bieten keinen aktiven Gegenhalt. Hier muß sorgfältig an einer konsequenten Belastung des Sitzdreiecks gearbeitet werden. Geschlossenheit im Sitz, und damit eine feine Einwirkung auf das Pferd ist bei Ausweichen mit Wackelbewegungen unmöglich. Hier hat Sitzschulung Vorrang vor Einwirkungsschulung. Der Reiter bekommt sonst ein falsches Gefühl für die Hilfengebung.

Armkreis mit Nachschauen

Ein klassisches Beispiel für einen zu losen Sitz sind Jugendliche in der Pubertät. In den Wachstumsschüben wachsen die Knochen schneller als die Muskeln. Dadurch kommt es zu einem unkoordinierten, häufig schlaksigen Bewegungsbild.

Feinkoordination wird erst wieder erlangt, wenn das Wachstum abgeschlossen ist. Beim Reiten wird dies auch durch überschießende, zu große Bewegungen auf dem Pferd deutlich. Die Muskulatur ist in dieser Phase gar nicht in der Lage, die geforderte Grundspannung in feiner Koordination auszuführen. Verlangt man aber genau das eine Stunde lang von einem Reitschüler, so endet es zumeist in Frustration, Steifheit und schmerzhafter Ermüdung der Muskulatur. Trotzdem kann man bei solch einem Jugendlichen für Momente, manchmal auch nur Sekunden sehen und erahnen, wohin er sich entwickeln wird. Ich erinnere mich an eine Jugendliche, die vor dem Wachstumsschub recht nett ritt, mit Beginn des Wachstums aber jegliche Koordination verlor und schon beim Leichttraben entsetzlich ins Wackeln kam. Trotzdem konnte sie für Momente, einige Schritte und Tritte ihr Bein hervorragend plazieren. Man konnte sich gut vorstellen, wie es aussehen würde, wenn

sie einmal gut reiten könnte. Geduld ist hier gefragt. Inzwischen ist aus dieser Jugendlichen im Verlauf zweier Jahre eine talentierte junge Reiterin geworden, deren Stärke ein ruhiger, geschlossener und unabhängiger Sitz ist.

An diesem Beispiel möchte ich zeigen, daß Körperaufrichtung und Kontrolle ein *Reifungsprozeß* ist, der ins Unterbewußtsein eingebaut werden muß. Es bedarf der Geduld und langen intensiven Trainings. Einen zu losen Sitz kann man nicht von einer Sekunde auf die andere abstellen. Es muß über eine lange Zeit daran gearbeitet werden.

Sitzschulung hat Vorrang vor *Einwirkungsschulung*. Benutzen Sie das Riemchen am Sattel. Das Reinziehen hilft, den Oberkörper stabil zu bekommen und die Sitzbasis konsequent zu belasten. Versammlung von Reiter und Pferd kann nur kurzzeitig eingenommen werden. Sitzen Sie eventuell nur eine halbe Runde aus, und wenn Sie merken, daß das Gewackel wieder losgeht, traben Sie leicht und beginnen dann noch einmal, steigern Sie diese Reprisen behutsam. Genauso wie auch ein Pferd, das man ununterbrochen in Versammlung reitet, irgendwann fest wird, so passiert es auch dem Reiter. Ein Pferd wird man zwischen den Phasen mit hohem Versammlungsgrad immer wieder nach vorne reiten, zulegen oder zwischendurch eine Runde in die Tiefe dehnen lassen, damit die Losgelassenheit der Muskulatur nicht verloren geht. Für den Reiter gilt dies ebenso. Nach einer Phase, in der viel Stabilität im Rumpf verlangt wird, sollte er sich auch wieder entspannen können. Eine Schrittpause, Leichttraben, Zulegen im Leichten Sitz, alles sind Möglichkeiten, die hohe Grundspannung des versammelten Dressursitzes abzubauen und der Muskulatur die Chance zu geben, Losgelassenheit zu wahren.

Unruhige Hände, Kopf und wackelnde Beine haben meistens ihren Ursprung im Rumpf. Mit einer lokalen Korrektur muß man äußerst vorsichtig sein, damit nicht das Gegenteil, nämlich Steifheit, eintritt. Dennoch gibt es einige Übungen, die hilfreich sind.

Beim wackelnden Kopf kann man viel mit Hilfe der Augen arbeiten. Ein Armkreis, bei dem man in der vorderen Ebene der Hand hinterherschaut, beendet das Kopfwackeln sofort. Ebenso hört es meist auf, wenn der Reiter zu einer Seite schaut, und mit den Augen einen Punkt fixiert.

Unruhigen Händen hilft oft das Riemchen, man kontrolliert sich dabei selbst, man merkt ja, wenn man es ungleichmäßig spannt. Gleichzeitig stabilisiert man den Rumpf, die Voraussetzung für die unabhängige Hand. Unruhige Hände merkt man besonders deutlich beim Leichttraben, wenn die Hände mit dem Aufstehen und Hinsetzen gleichzeitig mit hoch- bzw. heruntergenommen werden. Hier gilt es nicht, die Hand still hinzustellen, das hieße nur ein Extrem durch das andere zu ersetzen. Aber es hilft, nach vorne ans Pferdemaul zu fühlen, sich auf den gleichmäßigen Kontakt nach vorne zu konzentrieren, um schließlich die Hände unabhängig vom Sitz auf das Pferdemaul einzustellen.

Wackelnde Beine sind häufig eine Folge bei Überforderung im Rumpf. Bei Jugendlichen in der *Pubertät* kann man dies besonders gut beobachten. Ich selber trug eine Zeitlang den Spitznamen: „Miss Schlabberschenkel". Es ist hilfreich, auch mal in Jodphurhosen zu reiten, da man ohne die langen Stiefel den Pferdeleib an der Wade viel besser spüren kann. Nur wo man seine Körperpartien deutlich spürt, kann man an ihrer Kontrolle arbeiten.

Insgesamt ist ein loser Sitz leichter zu korrigieren als ein steifer; dosiertes Training ohne Überforderung und ein wenig Gefühl für Bewegung sind nötig.

8.5 Schmerzen

Den perfekten Reiter gibt es nicht. Das haben Sie bei der Lektüre dieses Buches inzwischen verstanden. Nicht nur konstitutionelle Probleme oder Haltungsschwächen können beim Reiten stören, leider sind wir auch nicht immer topfit, wenn wir ein Pferd besteigen. Und wenn einem irgendwo am Körper etwas weh tut, so löst dies ganz automatisch eine Kette von Ausweichbewegungen aus. Wenn jemandem der große Zeh weh tut, so wird er sofort ein anderes Gangbild haben und versuchen, der Belastung des Großzehs auszuweichen. Durch dieses Ausweichen entsteht ein Hinkmechanismus, der sich natürlich auf die anderen Gelenke, Knie, Hüfte und weiterlaufend auf die Wirbelsäule auswirkt. Beim Reiten ist es genauso. Ein kleiner *Schmerz* irgendwo im Körper kann für *Ausweichbewegungen* verantwortlich sein, die einen ausbalancierten, losgelassenen Sitz verhindern.

Freilich kann ich jetzt die These aufstellen, daß ein solcher Reiter nichts auf dem Pferd verloren hat. Aber die Praxis zeigt, daß dies nicht so einfach zu reglementieren ist. Sie kommen beispielsweise mit einem Anflung von Grippe und leichten Kopfschmerzen in den Stall. Da Sie sich nicht wohl fühlen, wollen Sie Ihr Pferd nur longieren. Aber die Halle ist gerammelt voll, draußen ist es dunkel, die Außenplätze stehen unter Wasser, die Weiden sind gesperrt oder nicht vorhanden ... Da Sie Ihr Pferd nicht stehen lassen wollen, und auch kein anderer guter Reiter schnell noch Zeit hat, Ihr Pferd zu bewegen, müssen Sie selber ran.

Solche und ähnliche Situationen sind nicht selten. Und manchmal steigt man nach so einer Stunde ab und hatte eine Sternstunde, die Schmerzen, das Unwohlsein waren wie weggeblasen. Klar, Reiten hat ja auch einen großen gesundheitsfördernden Wert. Wie viele Leute bekommen ihre Rückenschmerzen mit Reiten in den Griff! Man sollte folglich das Reiten mit Schmerzen nicht generell verbieten, sondern Hilfestellungen geben, wie man so mit Schmerzen umgehen kann, daß man das Pferd möglichst wenig stört, und selbst eine Linderung seiner Schmerzen erfährt.

Wenn Schmerzen zu arg sind, oder überhaupt nicht nachlassen, dann sollte man sich seinem Pferd zuliebe wirklich überlegen, ob man sich ihm wirklich zumuten kann.

Kopfschmerzen

Die Ursachen für Kopfschmerzen können sehr vielfältig sein. Wenn Sie durch eine verminderte Durchblutung hervorgerufen werden, dann kann das Reiten besonders nützlich sein. Ungünstig ist Reiten, wenn der Druck im Kopf schon so hoch ist, daß man bei jedem Trabtritt des Pferdes im Aussitzen das Gefühl hat, der Schädel platzt gleich. Dann kann man keinesfalls eine Besserung durch Aussitzen bewirken. Vermeiden sollte man bei Kopfschmerzen große Anstrengung, also Versammlung und Erschütterungen, also Aussitzen, Springen ... Wenn Sie Ihr Pferd mit Kopfschmerzen besteigen, muß Ihr Konzept für den Tag angepaßt werden.

Sie werden sicherlich keinen Streit vom Zaum brechen wollen und können. Ein Lösungsprogramm, das Sie nicht anstrengt, und das das Pferd willig und gerne mitmacht, sollte geritten werden. Manchmal sind Kopfschmerzen auch durch Verspannung der Muskulatur hervorgerufen. Wenn Sie sich mit dem Pferd lösen, haben Sie gute Chancen, auch Ihre Kopfschmerzen zu lösen.

Rückenschmerzen

Wer hat sie noch nicht gehabt? Irgendwann zwickt jeden mal das „Kreuz". Bei stärkeren, lang anhaltenden Beschwerden muß ein Fachmann nach der Ursache forschen. Bei kleineren Beschwerden, Verspannungen, kleinen Blockierungen, minimalen Zerrungen ... kann das Reiten sehr hilfreich sein. Die Bewegung des Pferdes im Schritt löst Verspannungen besonders gut. Im Trab und Galopp wird die Muskulatur duch Impulse von unten zu korrektem Muskelzusammenspiel angeregt. Dadurch entseht eine Verbesserung der Haltung und darüber eine Linderung der Schmerzen. Hier gilt der Grundsatz: „Der eigene Körper ist der beste Therapeut!" Sie müssen lernen, in sich hineinzuhorchen und zu spüren, was Ihrem Rücken angenehm ist, was ihm gut tut und welche Dinge die Beschwerden verstärken. Unter dieser Prämisse dürfen Sie reiten, was Sie wollen.

Dehnungsübungen wie beide Arme um den Pferdehals legen und langsam Wirbel für Wirbel wieder aufrollen, das Klopfen des Pferdes ... können helfen, die Muskulatur zu entspannen, blockierte Gelenke zu öffnen.

Hüftschmerzen

Sobald die Hüfte weh tut, kann man sie nicht mehr loslassen. Ursachen können eingeschränkte Beweglichkeit, verkürzte feste innere Oberschenkelmuskulatur, aber auch degenerative Veränderungen des Gelenkes sein. Liegt die Ursache in der Muskulatur, so werden die Probleme im Verlauf einer Reitstunde deutlich besser. Es kann sein, daß man anfangs mit kürzerem Bügel reiten muß, und es erst später schafft, die Streckung des Hüftgelenkes bei langem Bügel losgelassen zuzulassen. Auch Reiten ohne Steigbügel bei konsequenter ruhiger Belastung der Sitzbasis kann hilfreich sein. Wechsel von Leichttraben und Aussitzen, Vorneigen und Aufrichten, um über größere Bewegungen das feine Mitschwingen zu erreichen, sind weitere Möglichkeiten. Ist das Hüftgelenk betroffen, so hängt es sehr von Art, Ort und Grad der Schädigung ab, ob das Reiten gut oder von Übel ist. Werden Hüftschmerzen beim Reiten nicht besser, sondern eher stärker, sollte folglich ein Fachmann aufgesucht werden.

Schulter

Schmerzen in der Schulter gehen meistens zuerst mit einem Bewegungsverlust der Auswärtsdrehung einher. Für das Reiten bedeutet dies, daß die Hand nicht mehr korrekt aufrecht getragen werden kann. Vorheriges Dehnen, leichtes weiches Bewegen von Schultergürtel und Arm (mit gebeugtem Ellenbogen, damit der Hebel verkürzt wird) können lösend wirken. Gute Aufrichtung in der BWS ist wichtig, um der Schulter überhaupt die Chance zu geben, losgelassen hängen zu können. Zwischendurch kann man den Arm entlasten, indem man ihn lang herunterhängen läßt. Und gleichzeitig ist es ja auch eine Überprüfung, ob das Pferd korrekt geritten wurde, wenn man es auch mit Zügeln in einer Hand gut reiten kann.

Diese Beispiele der typischen großen Gelenke sollen Wege aufzeigen, wie Sie mit Schmerz umgehen können. Schmerz ist eine Polizei im Körper. Er zeigt an, daß irgendetwas nicht in Ordnung ist, und der Körper wird automatisch gezwungen, diesen Körperabschnitt zu schonen, damit er sich erholen kann. Das bedeutet, daß Schmerz auch eine Schutzfunktion ist, und den Körper vor schlimmeren Schäden bewahrt. „Schmerz, dein Freund und Helfer"!

Wer eine solche Einstellung zu seinen Schmerzen hat, dem fällt es wesentlich leichter, damit umzugehen. Das *Schmerzempfinden* kann sehr unterschiedlich ausgeprägt sein. Man kann es auch nicht auf einer Skala einteilen und erst recht nicht bewerten und vergleichen. Wenn Reiter X nach gezogenem Weisheitszahn am nächsten Tag in der Springstunde war, kann Reiter Y für einen ganze Woche krank darniederliegen. Schmerz ist auch psychosomatisch stark beeinflußbar. Wenn Ihnen zum Beispiel die Schultern weh taten, und Sie plötzlich abgelenkt wurden, von einer Aufgabe, die Sie erfolgreich lösen, ganz gefordert werden, dann rücken Schmerzen völlig in den Hintergrund und sind nachher nicht selten wie weggeblasen. Wenn man sich hingegen auf die Schmerzen konzentriert, kommt man innerlich einfach nicht von ihnen los. Ablenkung für das Denken ist ein wichtiger Faktor beim Umgang mit Schmerzen.

Atmung kann Schmerzen verstärken oder lösen. Weiter oben hatte ich dargestellt, daß die Ausatmung reflektorisch mit einem Lösen der Muskelspannung zusammenhängt. Häufig entsteht ein Schmerz, weil ein Muskel verkrampft ist. Diesen kann man dann über die Ausatmung lösen und damit den Schmerz verringern. Steigern lassen sich Schmerzen auf jeden Fall durch hektische gepreßte Atmung, die dann meist noch einen Teufelskreis an zusätzlichen Verspannungen und Schmerzen (Schulter / Nackenbereich) nach sich zieht. Atmung und Lösung sind wichtige Parameter im Umgang mit Schmerz. Die lösende Arbeit beim Reiten bietet hier einige Möglichkeiten. Atmung wird vertieft, der Reiter konzentriert sich auf das Pferd, ist im Kopf von den Schmerzen abgelenkt, sein Körper paßt sich weich und rhytmisch einem Bewegungsablauf an, wird dadurch gelöst. Unterstützen kann man dies weiterhin über Dehnung und Entspannung. Beim Reiten hieße dies auch größere Bewegungen und Dehnungen auf dem Pferd durchzuführen, und nur in kurzen Reprisen zu arbeiten, dazwischen eine Schrittpause, dem Pferd mal um den Hals zu fallen, Arme und Beine einfach hängenzulassen, bevor man wieder neu in eine Arbeitsphase startet.

Wenn Sie diese Punkte beachten, kann Ihnen Ihr Hobby auch gesundheitlich von hohem Wert und Nutzen sein.

Photos oder Zeichnungen über Schmerzen habe ich nicht extra ausgewählt. Vielmehr möchte ich Sie auffordern, die Abbildungen in diesem Buch erneut anzuschauen, und dabei auf den *Gesichtsausdruck* zu achten. Fast immer kann man einem Reiter am Gesicht ablesen, wann er sich wohl fühlt oder wann er verkrampft eine unnatürliche Haltung einnimmt.

8.6 Denken

Wer kennt es nicht, das Gefühl, daß der *Kopf* im Weg ist? Wenn man etwas zu sehr will, zu gut machen will und nichts mehr geht. Wir sind keine perfekten Maschinen und können unsere körperlichen Fähigkeiten nicht per Knopfdruck im Kopf an- und ausschalten. Beim Reiten wird vom Reiter eine Kontrolle seines gesamten Körpers verlangt. Sich auf alles gleichzeitig zu konzentrieren, ist unmöglich.

Wenn man versucht, an alles gleichzeitig zu denken, ist der Kopf nicht mehr frei, sich auf die eigentliche aktuelle Situation zu konzentrieren und zu reagieren. Die Schwierigkeit liegt darin, daß die meisten Reaktionen des Reiters über autochtone (automatisch reagierende) Muskeln erfolgen, die nicht der Willkürmotorik unterworfen sind. Wenn man versucht, jede auch noch so kleine Bewegung *bewußt* auszuführen, wird man immer zu langsam sein. Wirklich reiten kann man erst, wenn dafür der Kopf ausgeschaltet wird,

man sich auf diese automatischen Reaktionen einläßt, und den Kopf für andere Dinge frei behält. Beim Erlernen einer neuen Bewegung ist dies sicherlich nicht sofort möglich. Beim Leichttraben zum Beispiel wird man sich solange auf den Takt, das Hoch und Herunter konzentrieren müssen, bis man das Leichttraben als Bewegung erlebt hat. Dann rückt es ins Unterbewußtsein, und man kann sich auf andere Dinge konzentrieren.

Ganz ohne Köpfchen geht das Reiten aber keinesfalls vonstatten. Wichtig ist vor allem, für jede Veränderung vom Pferd, von sich selbst und von der Umwelt offen zu sein. Nur wer schnell und sicher wahrnimmt, kann adäquat und korrekt reagieren. Der Reiter sollte sich so konzentrieren, daß er seine gesamte Wahrnehmung wach hält. Ein erfahrener Ausbilder sagte mir einmal: „Du mußt in Dein Pferd hineinhören und es fragen, wie es heute geritten werden möchte!" Dann ist man in der Lage, die richtige Arbeit mit dem richtigen Konzept für die Stunde zu planen. Konzentration auf Wahrnehmung ist auch bezüglich des eigenen Körpers gefordert, wann sitzt man hinter oder vor der Bewegung? – Solche Balanceprobleme müssen sofort bemerkt werden, damit man sich nicht ein falsches Balancegefühl antrainiert. Zur Wahrnehmung gehören alle Sinnesorgane und auch die den Muskeln und Gelenken eigenen Reflexorgane, die Stellung und Spannung melden. Ein Reiter, der vor lauter Konzentration auf das Pferd herunterschaut, hat auf diese Weise die Augen, eines der wichtigsten Sinnesorgane, ausgeschaltet.

Ein frei getragener Kopf, der über die Pferdeohren hinweg in die Bewegungsrichtung schaut, ist für die Wahrnehmung von großer Bedeutung. Einleuchtend ist dies im Gelände, wo man so jede kommende Bodenunebenheit wahrnehmen kann. Im Springen geht der Blick immer zum nächsten Sprung, um die Distanz einzuschätzen. Aber auch in

Der voller Konzentration herunter-schauende Reiter blockiert sich selbst in seiner gesamten Wahrnehmung, und stört seine eigene Balance

Kopf hoch, Hände ruhig, Brustbein vor, locker lassen, treiben, Bein lang, federn im Absatz, vorwärts, nachgeben, stellen...

Alles auf einmal

der Dressur muß man schauen, wie sonst kann man sich korrekt im Viereck orientieren? Positives Denken ist beim Reiten gefragt. Motivierend sollen Gedanken wirken. Eine Aufgabe sollte immer als lösbar erscheinen, im Kopf sollte man nie das böse Ende vorwegnehmen.

Wenn der Reiter so denkt, wird Leo wahrscheinlich nichts anderes übrigbleiben, als den Kopf hochzureißen. Solche Gedanken sind fatal. Man sollte sie strikt aus seinem Kopf verbannen und sich auf einen positiven, lösbaren Gedanken konzentrieren. Im obigen Beispiel könnte der Reiter denken: „Beim nächsten Mal lasse ich mein äußeres Bein besser dran" oder „Beim nächsten Mal stelle ich Leo vorher besser nach innen" ...
Zuviel auf einmal denken, den Kopf nicht frei haben und sich durch demotivierende Gedanken selbst blockieren sind die typischsten Fälle, wenn der Kopf im Weg ist. Dazu kommt noch der sogenannte „Vorführeffekt". Wenn man etwas besonders gut vorzeigen möchte,

Bei "A" seh' ich mal zu den Zuschauern 'rauf...

Hoffentlich reißt Leo den Kopf nicht hoch!

Positiv denken!

sich immer wünscht, reiten zu können ... Und an anderen Tagen geht einfach alles schief. Da wäre man am besten gar nicht erst aufgesessen.

Eine wichtige Rolle spielt die Beziehung zwischen Reitlehrer und Reitschüler. Es gibt Reitlehrer, die einen zu persönlichen Höchstleistungen bringen können. Ich habe einen Reitlehrer, der ständig an irgendetwas korrigiert, bis er sich dann umdreht und „Besser gehts nicht" murmelt. Damit zeigt er mir, daß er seine Ziele im Unterricht für mich ganz oben ansetzt. Das ist für mich eine so positive Motivation, daß ich meinen inneren Schweinehund überwinde und mich durch manche Situationen durchbeiße, in denen ich alleine gescheitert wäre. In solch einem Unterricht gelingen manchmal Leistungen, die man sich selber nicht zugetraut hat. Ebenso kenne ich die umgekehrte Situation. Ein Reitausbilder warf mir einmal verachtungsvoll vor, nicht korrekt in die Tiefe reiten zu können. Er brauchte nur in der Hallentür zu erscheinen, und mein Pferd nahm die Nase hoch; von Dehnungshaltung keine Spur mehr erkennbar.

klappt häufig gar nichts mehr. Etwas zu sehr wollen kann den Kopf so blockieren, daß die Wahrnehmung auf die aktuelle Situation nicht mehr funktioniert, man reitet dann den fliegenden Wechsel, obwohl das Pferd nicht ganz ausbalanciert und versammelt galoppiert, und der Vorzeigewechsel mißlingt.

Und zuletzt ist der innere Mensch nicht zu unterschätzen. Wir bringen unsere ganze Emotionalität mit auf das Pferd. Unser gesamtes Denken und Bewegen wird von unserer inneren Situation mit geprägt. Es gibt Tage, da kann man Bäume ausreißen, fühlt sich wie Gott in Frankreich, reitet, wie man

Nicht nur die Unterrichtssituation, auch das gesamte Umfeld spielt eine wichtig Rolle. Manchmal herrscht in einer Reithalle eine konzentrierte Arbeitsatmosphäre, in der es sich vorzüglich reiten läßt. Ein einziger Störenfried reicht, und alle Harmonie ist dahin.

Seine Sinne offen zu haben, das Pferd ganz wahrnehmen zu können, das wünsche ich jedem Reiter, denn daraus erwächst die beglückende Harmonie, das Übereinstimmen von Reiter und Pferd.

Danke

Dieses Buch hätte nie fertig werden können, wenn nicht so manche lieben Pferde und Menschen mit nimmermüder, unendlicher Geduld neben und hinter mir gestanden hätten.

Mein Dank gilt insbesondere:

■ Isabelle, der keine Nacht zu lang, keine Diskussion zu viel, kein Aufwand zu groß war, um neben Familie, Kindern, Pferden, Umzug, Haushalt und Beruf die Entstehung dieses Buches vom ersten bis zum letzten Gedanken kritisch und fachkundig zu begleiten

■ Dem Verlagsleiter, der mir dieses Buch zugetraut hat

■ Allen meinen Reitlehrern, insbesondere meinen lieben Eltern, die mir äußerst vielseitig die Komplexität des Reitens erfahrbar machten

■ Den Krankengymnastik-Lehrkräften, die mir mehr über Reiten beibrachten, als sie selber wußten

■ Den Computerspezialisten, die mir eine angst- und virenfreie Begegnung mit dem Ungetüm ermöglichten, indem sie alle technisch anspruchsvolleren Vorgänge selbst durchführten

■ Dem kreativen Zeichner, dem es gelang, den Text durch Bilder zu bereichern

■ Allen Reitschülern, die meine geballte Theorie in die Praxis umsetzten mußten - und aufgrund meiner penetranten Korrekturen bestimmter Körperteile stets genau wußten, an welchem Kapitel ich gerade arbeitete

■ Allen Pferden, die mir und meinen Reitschülern geholfen haben, graue Theorie zu verstehen

■ „Paula", „Vasall" und „Bariton" in ihren Hauptrollen als „Re-akteure" auf Sitz und Sitzfehler und „Leo", unserem Shetty, der dafür sorgte, daß die Pferde heil und psychisch ausgeglichen zu Fototerminen erschienen

■ Dem Mannheimer Reiterverein, der für Fototermine den optimalen Untergrund und Hintergrund bereitstellte

■ Dem tapferen Fotographen, der seine gute Laune auch dann nicht verlor, wenn es Mauern zu versetzen galt, Bäume und ähnliche Hintergrundsrequisiten passend eingestellt werden mußten, und der trotz sengender Hitze und klirrender Kälte nie den richtigen Augenblick verpaßte

■ Doris, die freiwillig, zuverlässig und gut gelaunt alle undankbaren Hintergrundsaufgaben übernommen hat

■ Meinen Freunden, die drei Kreuze schlagen werden, daß dieses Buch endlich fertig ist, weil sie teils aktiv, teils passiv von der Dynamik des Bücherschreibens in Mitleidenschaft gezogen wurden

■ Der letzten Minute, denn wenn es sie nicht gäbe, wäre so manches nie fertig geworden ...

Literaturhinweise:

- *Richtlinien für Reiten und Fahren*
  Band 1 und 2
  Deutsche Reiterliche Vereinigung e.V.
  (FN)
- *Sportlehre*
  Deutsche Reiterliche Vereinigung e.V.
  (FN)
  FN-Verlag, Warendorf, 1992
- *Gymnasium des Reiters*
  H. und V. Schusdziarra
  Verlag Paul Parey, 1978
- *Reiten aus der Körpermitte*
  Sally Swift
  Albert Müller Verlag AG,
  Rüschlikon-Zürich, 1989
- *The Classical Seat*
  Sylvia Loch
  Unwin Hyman Limited, London, 1988
- *Balanced Riding*
  Pegotty Henriques
  Threshold Books Limited, London, 1987
- *Ride with your Mind*
  Mary Wanless
  Methuen, London, 1987
- *Anatomie des Menschen*
  Rauber und Kopsch
  Georg Thieme Verlag, Stuttgart, 1987
- *Funktionelle Bewegungslehre*
  Susanne Klein-Vogelbach
  Springer-Verlag, 1984